教育部立项推荐中等职业学校物流专业
紧缺人才培养培训教学指导方案配套教材

现代商务礼仪

（第 3 版）

黄剑鸣　主　编

中国财富出版社有限公司

图书在版编目（CIP）数据

现代商务礼仪／黄剑鸣主编．—3 版．—北京：中国财富出版社有限公司，2021.4

（教育部立项推荐中等职业学校物流专业紧缺人才培养培训教学指导方案配套教材）

ISBN 978－7－5047－7416－3

Ⅰ.①现⋯ Ⅱ.①黄⋯ Ⅲ.①商务—礼仪—中等专业学校—教材 Ⅳ.①F718

中国版本图书馆 CIP 数据核字（2021）第 066411 号

策划编辑 张 茜 崔晨芳 **责任编辑** 邢有涛 崔晨芳

责任印制 尚立业 **责任校对** 孙丽丽 **责任发行** 杨 江

出版发行	中国财富出版社有限公司		
社　　址	北京市丰台区南四环西路 188 号 5 区 20 楼	**邮政编码**	100070
电　　话	010－52227588 转 2098（发行部）		010－52227588 转 321（总编室）
	010－52227588 转 100（读者服务部）		010－52227588 转 305（质检部）
网　　址	http：//www. cfpress. com. cn	**排　　版**	宝蕾元
经　　销	新华书店	**印　　刷**	宝蕾元仁浩（天津）印刷有限公司
书　　号	ISBN 978－7－5047－7416－3/F·3290		
开　　本	787mm×1092mm　1/16	**版　　次**	2021 年 5 月第 3 版
印　　张	13	**印　　次**	2021 年 5 月第 1 次印刷
字　　数	262 千字	**定　　价**	39.00 元

前　言

我国素有“礼仪之邦”的美誉。先贤孔子曾说：“不学礼，无以立。”礼仪是现代社会人际交往中的重要桥梁和工具，现代社会礼仪的知识也已发展到前所未有的水平。礼仪知识的学习与应用的重要性不亚于现代人掌握外语、电脑、驾驶、法律等热门的专业知识和技术的重要性，甚至可以说是每一个人在现代社会的安身立命之本。党的十八大后，我国进入社会主义建设新时期，我国政府积极推动“一带一路”倡议，自习近平总书记在党的十九大报告中提出“坚持和平发展道路，推动构建人类命运共同体”以来，我国与国际社会的交往日渐频繁与深入，礼仪知识的学习与应用是我们与世界各国人民友好交往，构建人类命运共同体的重要举措和必要条件。本书是根据教育部《关于制定〈2004—2007年职业教育教材开发编写计划〉的通知》和《教育部等六部门关于实施职业院校制造业和现代服务业技能型紧缺人才培养培训工程的通知》的指导，由中国财富出版社有限公司组织一批长期工作在教学第一线的教师编写的物流专业系列配套教材的其中一本。本书全面介绍了现代社会开展商务活动必须掌握的各方面的礼仪知识与技能，具有较强的系统性、理论联系实际、深入浅出、紧跟时代、强化实操等特点，如编写了通信联络礼仪、应聘礼仪、商务办公礼仪等新知识，对操作性强的部分配以图片说明，做到了图文并茂，便于读者理解与学习；为加强实操训练，各章都配有适当的思考与练习、案例分析等。本书适合作为大中专院校开设的物流、营销等经济管理类专业商务礼仪课程的教材，也可作为广大从事商务活动的人员学习商务礼仪的参考用书。

本书第3版由广东职业技术学院教学督导黄剑鸣副教授任主编，广东职业技术学院刘梓豪讲师任副主编。虽然作者为编写好本教材做了大量的研究，并全力以赴撰写书稿，但由于时间仓促，水平有限，不足之处在所难免，恳请各位专家和广大的读者不吝赐教，为本书的改进多提宝贵意见。

编　者

二〇二〇年三月

目　录

第一章 概述

中国素有“礼仪之邦”的美誉。中华民族在社会生活交往中历来注重文明礼貌，讲究待人接物的礼节，促进各族人民和睦相处，并友好地对外交流。礼仪经过几千年人类社会生活的发展，到现代社会已更新，增加了许多新的形式与内容，其社会价值与应用价值越来越受到重视，成为现代人际交往的重要桥梁。

第一节 礼仪概述

现代商务礼仪源于社交礼仪，而人类社会的社交礼仪经过千万年的演变发展到今天，已成为人们开展正常交往活动必不可少的重要工具，甚至可以说是每一个人的安身立命之本。

一、礼的起源和发展

关于礼的起源，学术界有多种看法，但比较集中的观点认为，礼俗源于人类自然的社会生活，而礼制则源于古代的祭祀活动。

礼，繁体写作“禮”，由甲骨文和篆体的“豊”演变而成。其中“曲”部代表把一条条的玉石放在盒子里，“豆”部代表放盒子的支架。拿贵重的玉石去祭祀，表示对天上的神灵或先祖的敬意，就是礼。因此，原始社会时期的礼有很浓厚的宗教色彩。据考证，这种用以祭祀祖先和天神的“礼”，在我国始于商朝。到周朝，随着社会等级制度的诞生，“礼”得到进一步的继承和发展，与“往”结合起来，成为区分贵贱、尊卑、顺逆、贤愚的人际交往准则和用以调整人们之间的关系的“礼制”。

我们人类祖先在以狩猎为生的时代，手是重要的谋生、制敌工具。当人们遇到动物或陌生人时，第一反应是用手拿起武器，而自古至今大多数人惯用的是右手。互不相识的人相遇要表示解除敌意，包括进一步表示善意和友好，此时的自然反应是伸出自己一只手（通常是惯用的右手），手心朝上，向对方表明自己手中没有武器；两人走近后再相互摸摸对方的手（也通常是右手）。这一习惯代代相传，流传至今便成为先在欧美各国盛行逐渐推广至全世界广泛适用的握手礼仪；西方人士见面时惯用的脱帽致意礼，以及由西方推广至全世界范围适用的军人举手敬礼等，其起源也与握手礼一脉相承。

人类社会的早期，由于生产力水平低下，人们的生活起居很少有或基本没有家具什物，人们通常就是席地而坐，在地上坐、跪都是很平常的动作。“跪拜”也是原始社会中人们相互致意的姿势和动作，是人们平等交往的象征。随着阶级社会的产生和发展，跪拜逐渐成为一种人类显示尊卑长幼的礼节。

在阶级社会初期，由于生产力水平的低下，虽然上至帝王下至平民皆席地而坐，但跪拜则由人们平等交往的礼节逐步演变为民对君、下对上、幼对长、卑对尊等行使的礼节，并逐渐掺入侮辱人格的成分，“卑躬屈膝”成了贬义词。随着奴隶社会、封建社会等级制度的日益森严，统治阶级将跪拜发展成为日益繁杂、规范的礼仪礼节，以显示统治阶级的尊贵和权威。直到新旧民主革命推翻了封建制度，跪拜礼才得以废除。

西方社会也使用过跪礼。拜占庭帝国时期，皇帝要臣民下拜时吻他的脚，外国使臣觐见时，必须以前额触地。但文艺复兴以后，跪礼便逐渐被废除，慢慢淡出了人们的日常生活，只在教堂礼拜时使用。

纵观几千年的人类文明历史，礼仪虽然长期被剥削阶级用作统治工具，使“尊君”成为阶级社会中礼仪的核心，但经过长期的社会文明发展，礼仪形成了三个层次的内容：第一，礼仪是维护皇权的工具。第二，礼仪是士大夫们追求道德修养和文雅的仪态的重要途径。第三，礼仪是人们相互尊重，平等、友好交往的重要方式，也是人们追求道德修养的重要表现。

以上三个层次的内容，第一层已成为人类文明历史的糟粕，应予抛弃。第二层也存在部分糟粕，士大夫们为显示自己身处“上流社会”的尊贵，往往把某些礼仪变成一种只适用少数人群，几乎一成不变、自我封闭的清规戒律，现代社会应积极对其扬弃。而第三层的内容则大部分应继承发展。

我国素有“礼仪之邦”的美誉，讲求礼仪礼貌是中华民族的优良传统。先贤孔子曾说：“不学礼，无以立。”礼是儒家学说的重要组成部分。孔子一生中所做的一件重要大事就是“克己复礼”。他对礼的理解，一是将礼看成社会的人伦纲纪，二是认为礼是重要的人生修养和应遵守的道德规范，要求人们“非礼勿视，非礼勿听，非礼勿言，非礼勿动”。孟子把“礼”作为他倡导的“仁”“义”“礼”“智”的四德之一，主张人与人之间交往要讲求“辞让”的礼节、风度与仪态。在我国春秋时期贵族子弟必须研修的六艺，即礼、乐、射、御、书、数中，礼仪是被放在第一位的。

悠久的古代文明还给我们留下了许多有关礼的典籍篇章，如《周礼》《仪礼》《礼记》《论语》《荀子》《弟子规》等，其中许多篇章名句至今仍闪耀着文明的光辉。例如，《礼记·表记》中载道："君子不失足于人，不失色于人，不失口于人。"即君子待人接物不在举止上、态度上、语言上失礼。《论语·雍也》说道："质胜文则野，文胜质则史。文质彬彬，然后君子。"即品格质朴但不注重礼节仪表，会显得粗野；反之，虽注重礼节仪表却品格低下，则显得虚伪。只有礼节仪表与质朴的品格相结合，才能成为一个有教养的正人君子。《荀子·劝学》中讲道："故礼恭而后可与言道之方，辞顺而后可与言道之理，色从而后可与言道之致。"意思是只有举止、言论、态度都谦恭有礼时，才能从别人那里得到教诲。虽然这些礼仪教育有拘泥于封建制度的成分，但当中许多正确的内容还是值得我们继承、借鉴和发扬的。

西方社会也有讲究礼仪的传统，文雅的仪风和悦人的仪态是淑女与绅士们孜孜以求的目标。早在公元前2400年，埃及第五王朝的贵族卜塔·霍泰普就写下了《卜塔·霍泰普规则》，教导国人要诚实、对他人要忍让等，虽然当时这本书沦为了贵族统治的工具，但仍然作为教导国人的智慧及礼仪的文献保存在法国卢浮宫和大英博物馆中。在古希腊和古罗马的诗歌、荷马史诗《奥德赛》、中世纪斯堪的纳维亚有关上帝和英雄的古老传说中，对此都有较为详尽的记载。如斯堪的纳维亚古代史诗《伊达》中就详细地叙述了当时用餐的规矩，主客的座次、举杯祝酒等很有讲究，一旦失礼，就要受罚。

在《爱的艺术》这部诗歌中，古罗马的年轻诗人奥维德就曾告诫人们，用餐不可狼吞虎咽，饮酒不可贪杯。1716年在汉堡出版的《论接待权贵和女士的礼仪，兼论女士如何对男士保持雍容态度》，在当时的西方社会极为盛行。19世纪英国女王维多利亚也以崇尚道德修养和谦虚礼貌而著名，当时中上层阶级对于饮食非常讲究，因此维多利亚时代还形成了许多进餐礼仪。到了20世纪，艾米莉·波斯特成为第一个把现代礼仪写成书发表的人，内容包括社交礼仪、商业礼仪、政治礼仪及家居礼仪等。

俗语说："良言一句三冬暖，恶语伤人六月寒。"礼仪知识的学习与应用是进行现代社会人际交往的重要桥梁。在人类历史长河中，古往今来，一个有礼或无礼的举动往往是营造和谐、温馨场面，阻止悲剧发生或是制造矛盾、争执、冲突甚至战争的起因。因此，对礼仪知识的学习与应用，自古至今，特别是在现代社会，是每个人走好人生每一步的必修功课。

二、礼仪的含义和特征

礼仪，一直是人们进行社会交往的重要一环。人际交往之初，因相互不了解，人与人之间容易产生戒备心理或距离感，如果双方能够做到以礼相待，这种戒备心理和距离感会很快消失。

（一）礼仪的含义

和礼最相关的概念有三个，即“礼貌”“礼节”和“礼仪”，平时人们用得最多的是“礼貌”，这三者之间有密切的联系和一定的区别。

礼貌，泛指人们在社会交往中相互表示友好、谦恭、尊重的言行举止。礼貌的外在表现有两个方面，即语言文明和行为文明。它要求人们在待人接物时使用文明语言，不讲脏话、粗话，说话和气，言谈得体；还要求人们行为上大方端庄、文雅有礼，合乎社会规范和遵守一般的礼节。也就是说，礼貌是人际交往中有礼的最基本的表现。

礼节，则是人们在交往过程、交际场合表示尊重、友好的礼貌行为的惯用形式，如握手、鞠躬、问候、拥抱、献花等。它实质是礼貌的具体表现。礼节与礼貌的关系是相辅相成的，没有礼节就无所谓礼貌，有了礼貌就必然伴有具体的礼节。礼貌是内涵，礼节是表现。

礼仪，则是对礼貌、礼节、仪表、仪态、仪式等的统称。其中，“礼”即礼貌、礼节，“仪”即仪表、仪态、仪式等。仪表、仪态，是指人的外表，包括仪容、举止、表情、谈吐、服饰、风度和个人卫生等，是礼仪的重要组成部分。仪式，则是礼的秩序形式，即为表示敬意，在一定场合举行的、具有专门礼节程序的规范化活动，如各种各样的庆典、聚会，各民族的婚礼、丧礼，各种场合的颁奖仪式、签字仪式等。

综上所述，我们可以把礼仪定义为：人们在社会交往中，为表示、表现相互尊敬、友好而实施的礼貌、礼节活动的程式和规范。

（二）礼仪的特征

和世间任何事物一样，礼仪作为一种特定的社会现象有其独特的属性，具体表现在以下几点。

1. 礼仪具有易操作性与规范性

礼仪是人们落实到言行上的事情，其中像问候、握手、鞠躬等人们日常交往的礼貌礼节都是易学、易懂、易做的。一般来说，每个人只要愿意学习、认真学习，是完全可以熟练掌握现代社会交往中的各种礼仪要求与规范的。因此，对于礼仪，除了要加强研究，最重要的是把礼仪的原则、规范、细节落实到行动上。只有把礼仪真正地落实到行动上，才能使受礼的一方切实地感受到施礼者对他的尊重与友好。

同时，礼仪言行的实施要符合一定的社会、民族、时代的规范和程式，如问候语通常是哪几句，握手的次序和力度怎样掌握，奏国歌时要起立、行注目礼，参加宴会时要穿晚礼服等。虽然这些规范和程式并不是写进国家的法律法规，但只有做好了这些人类社会千百年来的社会生活实践中长期形成、积累、流传、发展、约定俗成的规范和程式，才能使礼仪的实施达到应有的效果。礼仪的规范实际上形成了人们在社会生活中应遵循的模式。

2. 礼仪具有继承性与发展性

任何国家的礼仪都是社会历史发展的产物，当代礼仪都是在本国古代礼仪的基础上继承、发展起来的，是人类在长期共同生活中逐渐积累以维护正常社会秩序的经验结晶，是社会文明进步的重要标志，所以能够世代相传继承下来。我国文明源远流长，素有“礼仪之邦”的美称，中华民族向来以“知书达礼”作为自己的传统美德，礼仪在中国传统文化中占有重要的地位。随着社会的不断进步与发展，礼仪也在不断地发展更新，而不是把过去的陈规旧俗一成不变地照搬照抄下来。传统礼仪中，许多精华被保存下来，融入了现代礼仪，成为今天人们处世行事的规矩和习惯。

因此，礼仪除了有很强的继承性外，还有很强的发展性，并充分体现了时代特色。礼仪的发展性主要表现在两个方面：第一，社会自身发展进化，使礼仪不断进步完善，并通过不断发展体现着时代的精神和要求。例如，我国亲朋好友见面时最喜欢用饮食的话题进行问候，这一习惯在我国多地流传甚久，然而在当今我国人民的生活水平大幅提高的背景下，这一问候方式正在不断消失。又如，目前许多人不再是营养不良反而是营养过剩，在餐桌上老是招呼亲朋好友多吃多喝的热情招待方式也越来越不合时宜。第二，社会活动范围的扩大也使礼仪不断发展。在当前的改革开放中，东西方各国政治、经济、思想、文化等因素相互渗透，使我国的礼仪在历史传统的基础上又被赋予新的内容，体现时代变化的特征。顺应时代的发展，当前世界各国都很重视礼仪改革，总的趋势是使礼仪活动更加文明、简洁、实用。如我们的中餐聚会，过去长时间以来主请方往往喜欢亲自为宾客夹菜以示热情友好，受招待方往往也欣然接受。现代社会重视饮食卫生，这种热情方式已很不合时宜。还有，在我们中餐桌上，长期以来，若是同桌都是认识的亲朋好友、熟人、同事，往往会直接用个人的筷子到大家共吃的菜盘里取食，不习惯使用公筷，这是中国人特有的相互信任、友好友爱的表现。随着现代社会对饮食卫生的重视，特别是 2020 年出现的全球新型冠状病毒肺炎疫情，大家深深认识到不用公筷的弊端，以此为契机，我国多个城市向广大民众发起“公筷制”倡议，使“餐桌上应该用公筷”这一中餐新礼仪新风尚越来越深入人心。同时，西方社会习惯了多年的“分餐制”的方式，也越来越被东方社会认为更文明卫生而被广泛接受与仿效。

3. 礼仪具有民族地域的特征，并在国际交流中不断调整

每个国家、民族都有自己的生活方式、思维方式、心理特征、社会文化、风俗习惯等，并在长期的社会生活实践中形成了体现自身特点的礼仪习俗和礼节规范，这些礼俗和规范往往有着鲜明的特征，人们在行使礼仪时总会潜移默化地受到传统文化的影响。如在西方一些国家，亲朋好友见面时一般要拥抱和亲吻脸颊，是热情友好的表现；而在我国，过去一般是行拱手礼，现在一般是行握手礼，也不失热情友好。可见，不同的国家民族有着截然不同的礼仪习俗和规范。

礼仪的民族地域特征，使得人们对外交往时特别注意“入乡随俗”“入境问禁”，充分尊重外民族的礼仪习俗，以防在对外交往时对其他民族造成不必要的冒犯和误会，影响对外交往的顺畅和友谊。同时，各国、各民族之间相互了解、相互学习礼仪，有利于促进各国、各民族之间的交流交往，促进国际经济一体化进程。例如，握手和出席重要场合时穿西服本是盛行于西方民族的礼仪，现已广泛流行于世界各地，成为世界各国通用的礼仪。

当今世界全球一体化的倾向越来越明显，我们把我们人类共同生活的这个世界亲切地称为“地球村”，世界各国人民在互相交往的过程中，调整自己的礼仪，形成大家都能接受的礼仪规范，以做到互相尊重、理解，相处融洽。现今有句话叫作“越是民族的，便越是世界的”，这句话用在礼仪上也十分合适。因此，礼仪除有很强的民族特色外，还有很重要的国际交流意义。

4. 礼仪具有互动性

人际交往是相互影响、相互作用的关系，礼仪是人际交往中双向交流、相互尊重的过程，特别强调互动性。《礼记·曲礼上》说：“礼尚往来，往而不来，非礼也；来而不往，亦非礼也。”这里的“尚”是重视的意思，即重视施礼方与受礼方相互之间的来往。俗话说“你敬我一尺，我敬你一丈”，这话虽有点儿夸张，但充分说明了礼仪的互动效果。“礼多人不怪”。有礼貌的言行总是会受人欢迎的，一般也会得到同样的回报，从而构建起和谐、融洽的人际关系，使人际交往事半功倍。反之亦然，人际交往中双方（有时只是一方）不能以礼相待，势必会造成人际关系的紧张，不但令人际交往事倍功半，甚至可能因摩擦的升级造成严重的矛盾和冲突。

礼仪互动性的特征无论是过去、现在还是未来都是恒久不变的，它促使人们交往时为建立和谐的人际关系而讲究礼让，并不断注意提高在礼貌礼仪方面的修养。

5. 礼仪具有差别性与限定性

俗话说，“到什么山唱什么歌”。这句话包含了礼仪的应用是要看时代、地点、场合等的意思。

时代方面，如在我国封建社会，人们见到尊长行跪拜礼，但封建社会三跪九叩之类的礼节在今天若还应用就十分荒唐。因此，尽管礼仪对传统文化有很强的继承性，但随着社会的发展，礼仪的时代差别还是很明显的。

地点方面，尽管礼仪在不同国家、不同民族间有相互兼容、相互渗透的现象与趋势，但礼仪的民族地域性特征决定了不同国家、不同民族间的礼仪有着一定的差别，有些差别还会很大。因此，行礼时通常客人一方应先了解清楚主方的礼仪及其与己方的差别，并以主方为主，这样能够充分体现对主方的尊敬。当然，也可适当展示己方的礼仪，但应有所克制，特别是对方还不了解己方的礼仪时更应注意不要轻易以己方的礼仪代替对方的礼仪，以免造成不必要的误会。

场合方面，处于不同的社交活动场合当然要使用不同的、与当前场合相宜的礼仪。这方面大致有以下几大分支：

①政务礼仪，也称公务礼仪，指的是国家机关工作人员在进行国家公务活动时应当遵守的礼仪规范。

②商务礼仪，主要是企业的工作人员以及一切其他从事经营、经济活动的人士在进行经济活动中应遵守的礼仪。

③服务礼仪，指的是服务行业，如商店、餐厅、宾馆、公交等工作人员在所从事的工作岗位上应遵守的礼仪。

④社交礼仪，有广义与狭义之分。广义的社交礼仪泛指人类进行各种范围的社会交往时所遵守的一切礼仪，本节所探讨的内容就属于这个范畴；狭义的社交礼仪亦称交际礼仪，意指社会各界人士在一般性的社会交际活动、应酬场合如会面、聚餐等应遵守的礼仪。

⑤家庭礼仪，指的是人们在家庭生活中与亲人、亲戚之间交往应有的礼仪。

⑥涉外礼仪，是涉外交际礼仪的简称，指的是人们在国际交往中，与外国友人打交道时所应遵守的礼仪。

6. 礼仪是道德修养的表现

道德，是调整人们之间以及个人和社会之间的关系的行为规范的总和。一个社会的道德是人们判别是非、好坏、善恶的标准，它不像国家的法律法规那样强制人们遵守，而是通过传统习惯、意志信念、宣传教育、社会舆论等影响力来要求人们遵循，以维护社会的正常秩序。

有道德的人为人处世能够多替别人着想、多站在别人的角度去思考问题，并有强烈的社会意识，自觉地、努力地维护他人、公众、社会的利益，特别是当个人利益与集体的、全社会的利益发生冲突和矛盾时，会自觉约束、抑制个人利益，甚至为顾全大局不惜对个人利益作出一定的牺牲。

礼仪的本质就是对人尊敬、友好，而对人尊敬、友好不能只是停留在口头上或只是内心的一种想法，应该通过实际行动表现出来，做到言行一致、表里如一。凡是愿意做到这一点的人都会自觉地学习、履行礼仪的言行与规范。当然，这必须是发自内心、真诚地去做。

因此，礼与德是互为表里的关系。德是礼的灵魂，礼是德的一个表现形式。《礼记·曲礼上》说："道德仁义，非礼不成。"德行不好的人必定无礼或只有不持久的虚假的令人憎恶的礼，有德才会有真礼。

三、现代商务礼仪的含义

商务礼仪是由广义的社交礼仪派生出来的在特定的商务交往场合应遵守的礼仪。

商务活动，简单地说主要是企业的工作人员所从事的一切经济活动，具体包括见面、接待、洽谈、磋商、谈判、签约、推销、咨询、款项收付、货物交接等活动。

随着社会经济的发展，商务活动是现代社会生活中最广泛的社会交往方式之一。在商务活动中，最重要的交往对象是顾客。现代市场营销理论提出了"以消费者为中心"的经营观念，西方社会还提出了"顾客是上帝"的口号。可见，商务活动能否取得预期的效果，是否赢得顾客是最重要的因素。而要赢得顾客，做到"以客为尊，待客以礼"则是最重要的。

除顾客外，开展现代商务活动还要和许多方方面面的人士打交道，包括政府工作人员、新闻行业从业人员、合作伙伴、竞争对手、社区邻里、社会大众等。在搞好与顾客关系的同时，和商务活动相关的各界人士友好、和睦相处，方能使商务活动顺利进行。

第二节　现代商务礼仪的原则与功能

一、现代商务礼仪的原则

实际生活中，包括商务活动和一切广义的社交活动，在实施礼仪时为将礼仪的特性充分表现出来都必须遵守一定的原则，具体包括以下四点。

（一）敬人与平等

孟子说："仁者爱人，有礼者敬人。爱人者，人恒爱之；敬人者，人恒敬之。"英国作家高尔斯华绥说："尊敬别人，就是尊敬自己。"俄国作家陀思妥耶夫斯基说："对别人不尊敬，就是对自己不尊敬。"这些中外名言告诉我们：人际交往遵循等价交换的原则，你想别人怎么待你，你就要怎么待别人。礼仪归根结底都是为了表示对他人的敬重，因此敬人是礼仪的核心与重点。

在尊重交往对象的同时，还应做到对每一位交往对象一视同仁，给予平等的礼遇。不允许因性别、年龄、种族、文化、职业、身份、地位、财富等以及与己方关系的亲疏远近而厚此薄彼，区别对待，但可根据不同的交往对象采取相应的、不同的方式方法。

（二）遵守与真诚

礼仪是人们在社会交往中的行为规范和准则。因此，参与交往的每一方，无论职位高低、年长年少，都必须自觉、自愿地遵守礼仪，在交往应酬中做到有礼、有节，并有良好的礼貌意识，一切按规定的礼节、仪式行事。否则，若无礼、失礼、违礼，会给自己的声誉、人际关系和事业带来难以估量的不良后果。

遵守礼仪，必须学会自我控制、自我约束、自我对照、自我反省和自我检讨，即必须有高度的自律精神，并且必须出于真心实意。《礼记·礼器》中提道："忠信，礼之本也。"人际交往中的品德因素，最重要的莫过于诚实守信。因此，礼仪绝不能仅仅流于表面，实施礼仪时不虚伪、不做作，真诚地表现出对他人的尊敬与友好，才能发展真正意义上的和谐、融洽的人际关系。

（三）谦逊与宽容

礼仪的本质既然是对人表示尊敬与友好，实施时自然应表现出谦虚谨慎、平易近人的态度，这样才会显得彬彬有礼，那种趾高气扬、目空一切的态度必然与礼仪的本质背道而驰。当然，遵守谦虚谨慎的礼仪原则也不能过度，在保持谦虚谨慎的态度的同时，还应把握好交往的分寸，做到自尊自爱、大方得体、稳重端庄、堂堂正正、不卑不亢。

"海纳百川，有容乃大。""待人要丰，自奉要约，责己要厚，责人要薄。"这些格言告诉我们，与人交往时，既要严于律己，更要宽以待人，要有宽广豁达的胸怀。对他人不同于己、不同于众的个性行为要宽容忍让，对非原则问题不斤斤计较，做到推己及人，宽容豁达，这样才能受人欢迎与敬重，扩大自己的交往空间，并有助于消除人际关系中的紧张与矛盾，营造一种互敬互让的交流氛围。

（四）随俗与适度

在介绍礼仪的特征时，我们已谈到礼仪因地域、国情、文化背景等因素的不同而有或大或小的差异，一般地域相距越远，礼仪的差异越大，存在着“十里不同风，百里不同俗”的局面。因此，我们到了外国或其他民族的聚居地，一定要遵循入乡随俗的原则，尽快学会、掌握当地的礼仪、习俗，这样才能融入他们，与他们愉快相处，达到事半功倍的效果。否则，轻则会闹出笑话、造成误会，重则造成矛盾与冲突而导致严重的后果，极大地影响人际交往的融洽与顺畅。

无论在本国本民族还是在别国别民族，实施礼仪时一方面要注意遵守规范，另一方面要注意遵循适度的原则。应用礼仪时若做得过了头或不到位，都会影响正确表达友好、敬人的效果。因此，施礼时应注意根据不同的场合、人际关系等因素灵活掌握应有的尺度。如在正式场合和面对接触较少的人时，施礼时要做到合乎规范，但在非正式场合和面对关系较亲密者时，则可表现得简洁一些，合乎分寸、恰如其分即可。当然，要达到这种效果，平时必须在实践中勤学多练，以做到运用自如。

二、现代商务礼仪的功能

毛泽东在《中国革命战争的战略问题》中说：“读书是学习，使用也是学习，而且是更重要的学习。”学习的目的在于运用。一个人良好的礼貌仪风，对他的生活、事业、工作、人际交往等都有着巨大的作用，具体表现在以下四点。

（一）塑造个人和企业的良好形象

形象，是指能引起人的思想或感情活动的具体形态或姿态。人的形象是仪容、仪表、举止、谈吐、服饰、教养等内容的综合，其表现构成社会交往的双方在对方心目中总的评价和基本印象。人际交往初接触时一方对另一方所产生的对形象的评价称为第一印象，对今后交往起着重要的影响作用。这是因为第一印象一旦形成，往往难以改变，虽然它存在一定的表面性和片面性。

歌德曾说：“一个人的礼貌，就是一面照出他的肖像的镜子。”为人处世若能认真学习、应用礼仪，使自己仪表堂堂、风度翩翩，具有文雅的仪风和悦人的仪态，自然会塑造出良好的个人形象，成为社交场上受人欢迎和尊重的人。而具有良好的个人形象是一切社交场合最好的通行证。

在社会交往中，每个人都在不同的场合扮演着不同的角色。当人们以个人身份去待人接物时，此时纯粹是表现其个人的形象，交往结果也只影响其本人；但如果一个人代表组织、单位甚至国家对外交往时，其影响就非同小可了。欧洲旅游总会制定的旅游者应遵循的九条基本准则第一条写道："你不要忘记，你在自己的国度里不过是成千上万同胞中一名普通公民，而在国外你就是'西班牙人'或'法国人'。你的言谈举止决定着他国人士对你的国家的评价。"因此，一个人能否塑造良好的形象，就个人而言，影响着人际关系；从商务活动角度看，一个人的形象则是影响一个公司、一个企业形象建立的重要因素，与公司、企业今后的业务能否顺利开展息息相关。

（二）提高沟通效果，促进商务活动顺利开展

人际交往也是信息沟通的过程。虽然现代社会迈入了信息时代，有着高度发达的传播手段，但这些手段仍不能代替人际交往的信息沟通。而且，人际交往之间的信息往往较生动，并具有丰富的情感，能给人以深刻的印象，良好的沟通过程能产生非生命信息不能带来的极大的愉悦感。从事商务活动，离不开大量的人际交往与信息沟通，而要使沟通顺畅和有好的效果，礼仪的应用是非常重要的。交往双方，特别是初相识者，只有在相互尊重、以礼相待的前提下，友好气氛才会产生，进而敞开沟通的心扉，提高沟通的效果，商务活动随之顺利开展。反之，双方则会产生不满情绪，沟通的心扉难以敞开，难以达到理想效果，进而影响商务活动的顺利开展。

（三）协调人际关系，提高企业的经济效益

但凡从事商务活动，都希望能获取理想的经济效益。就现今情况看，大多数商务活动都是通过人际交往进行的，如洽谈、签约、采购、销售等。

虽然现代社会还产生了电子商务类的活动，人们通过计算机网络，不用面对面便完成商品的采购与销售等业务，但电子商务只是让人们的交往由直接转变为间接，而非彻底阻断人们的交往。礼仪是现代社会人际交往重要的润滑剂和调节器，礼仪的本质是尊敬与友好，因此，人们处于被尊敬与友好的环境中，自然会产生和谐的氛围，人际关系也就融洽，各种社会活动才能顺利开展。即使人与人之间有时因误会等产生某些摩擦或不愉快，往往只要一句礼貌用语、一个礼节，便会化干戈为玉帛，重新获得彼此的理解和尊重。商务活动也不例外，人际关系友好融洽的氛围有利于形成各方的合作，促进商务活动的成功，企业也就能够实现与提高经济效益。反之，人际关系紧张，到处树敌，还想有好的经济效益可以说是天方夜谭。可见，企业要创造理想的

经济效益，搞好人际关系不可谓不是一大法宝和前提。

（四）促进文明经商与社会主义精神文明建设

党的十六大明确地向全国人民提出了构建和谐社会的奋斗目标，党的十八大以来我国进入社会主义建设新时期，并提出实现中华民族伟大复兴梦的口号。一个和谐社会必定是人人讲道德，人人讲礼貌，充满了互相尊重、友好祥和气氛的社会。要达到这一目标，每个人都应该从自己的工作、生活中的一言一行做起。中共中央向全国人民颁发的《公民道德建设实施纲要》中谈到礼仪教育问题时指出，各地各部门应"结合各自的工作职能，运用多种形式和手段，大力宣传基本道德知识、道德规范和必要礼仪，使之家喻户晓，人人皆知"。从事商务工作，就要做到以礼待人，尊重商务交往中与之打交道的每一个人，做到文明经商。当各行各业的人们都能在各自的工作中、生活中注意做到以礼相待，这样自然会促进整个社会人人讲礼貌的文明风气的形成，促进整个社会的精神文明建设。反之，不学习礼仪，不讲礼貌，人与人之间充满摩擦和争端，与建设和谐社会的目标是背道而驰的。

思考与练习

1. 什么是礼仪？什么是商务礼仪？礼仪的本质是什么？
2. 简述社交礼仪的产生发展过程。
3. 现代社交礼仪有哪些特征？
4. 现代商务礼仪有哪些原则和功能？

案例分析

妇好[①]鸮[②]尊做国礼　亮相美国阿克伦大学孔子学院

中国是礼仪之邦，"礼之用，和为贵"。2018 年 10 月 27 日，在美国阿克伦大学孔子学院成立十周年庆典上，河南省赠送仿殷墟的鼎都后母戊大方鼎、妇好鸮尊等文化艺术品的行为，向孔子学院的外籍学生和国外友人表达了中国文化重视礼仪、追求和谐的美好意愿。"咱们此次仿制鼎都后母戊大方鼎等艺术品的铸造，应用了古代传统搓金工艺，美观大方，浑厚精致，在国外是难得一见的中国艺术精品，鼎身还铸造了英文。"此次礼品的研制者安阳市政协委员、高级民间艺术师、鼎都博物馆馆长韩书清介绍，这些创意文化产品将作为国礼由孔子学院永久收藏。本次仿殷墟艺术品，通过中国最古老的文字甲骨文融合孔子思想，表达了中国重视礼仪，追求和平、和睦、和谐的美好愿望。

注释：

①妇好，是中国历史上有据可查的第一位女性军事统帅，为守护华夏文明做出过巨大贡献。妇好跌宕起伏的人生、荡气回肠的故事、流传千年的传奇，赋予了妇好鸮尊极为厚重的价值。同时，妇好鸮尊是迄今为止发现最早的鸟形酒樽，造型实用，纹饰精巧，具有极高的艺术价值。

②“鸮”是古代对猫头鹰一类的猛禽的统称。在商代，鸮为“战神鸟”，是克敌制胜的象征，也是地位与权力的象征。

资料来源：搜狐网，2018 年 11 月 12 日

1. 谈谈河南省在美国阿克伦大学孔子学院成立十周年庆典上赠送仿殷墟的鼎都后母戊大方鼎、甲骨文、妇好鸮尊等文化艺术品对传播中华礼仪文化的积极意义。

2. 谈谈在海外广而建之的孔子学院对传播优秀的中华文化的积极意义。

第二章　个人形象

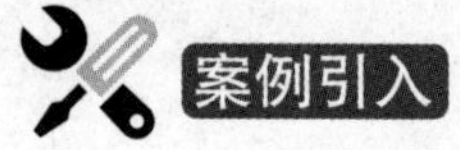

松下与理发师

日本的著名企业家松下幸之助从前不修边幅，一天，理发时，理发师不客气地批评他不注重仪表，说：“你是公司的代表，却这样不注重衣冠，别人会怎么想，连人都这样邋遢，他的公司会好吗?”松下幸之助大受震动，一改过去的习惯，开始注意自己在公众面前的仪表，并且在公司内对员工形象作出严格的规定。现在，松下电器的产品享誉天下，与松下幸之助长期严格要求自己，要求员工懂礼貌、讲礼节是分不开的。

1. 你觉得理发师的话有道理吗？为什么？
2. 员工的形象与企业形象有什么关系呢？

良好的个人形象是商务人员与人成功接洽的“钥匙”，是事业成功的保障因素之一。在社会交往乃至商务交往场合，人们留给初次见面者的第一印象至关重要，它往往会影响到他人对自己的看法和评价。第一印象的形成不需要长时间的接触，一般在第一次见面的前三秒就决定了，由第一印象所产生的看法和评价，对双方的日后交往将产生巨大影响，第一印象一旦形成，将会长久而稳定地保留下来。

我们正处于商品经济高速发展的时代，商务人员要想在职业生涯中获得成功，必须意识到塑造良好个人形象的重要意义，掌握一些能准确表达自己的方法，使自己在与客户接触的第一时间给人留下良好的印象，为自己塑造认真、负责的职业形象。个人形象的塑造不仅关系到一个人的自尊与对别人的尊重，也是一种职业能力的体现。

第一节 良好个人形象概述

一、良好个人形象的内涵

每个人都是通过外在形象来展示自己的特点的，你的衣着、声音和举止会告诉别人你是一个什么样的人，即使别人以前对你并不了解。我们通常在初次见面的几分钟内就会判断一个人的素质、背景和能力。如果你穿着保守，服饰古板传统，没有一点新意，别人怎么可能很快知道你是一个具有创造力的人呢？如果你言谈吞吞吐吐，眼神飘忽不定，别人就会更多地把你当作一个缺乏自信的人，怎么会认为你是一位成功人士呢？如果你的指甲修剪得不整齐或者根本就不修剪，别人很难认为你是一个工作严谨的职员。所以你的眼神、你的说话方式、你的举止就是你最基本的信息，其他人正是通过这些信息知道你是什么样的人，或者判断你可能是什么样的人的。一个良好的形象会令你在任何场合都更加神采奕奕、信心非凡，也会令别人更愿意接近你，使你更快得到周围的人的认可。

人们常常有一种错误的认识，以为个人形象就是纯粹的化妆、美容、发型、服饰等外在包装，良好的个人形象塑造除了外在的包装，还应该有更深刻的内涵。良好的个人形象应该包括以下两个层面：

（一）外在美

一般来说，他人对自己的看法与评价的第一印象，通常由个人仪容、举止、表情、服装、佩饰等要素构成，这也是外在个人形象的具体表现。人的外在美是人自身美的凝聚和显现，它既能给本人以极大的心理满足和美的心理享受，又能给他人以美感，使人赏心悦目。追求外在美，是人的天性，不应加以禁锢、压抑，而是应该加以美学上的积极引导。人的外在美也可以划分为两个部分，有的人天生体格健美匀称、五官端正秀丽，这些人幸运地拥有天然美，但无论一个人的先天条件如何，都可以通过化妆、服饰、发型设计等方式使自己拥有美丽的外表，也可以通过形体的锻炼使自己拥有更完美的体态。天生丽质这种幸运并不是每个人都能够拥有的，而美好的个人形象是每个人都可以去追求和创造的。

（二）内在美

俗话说“相由心生”，这句话对商务人员塑造良好的个人形象同样具有指导意义。仪表美是一个人美好高尚的内心世界、蓬勃旺盛的生命活力的外在体现，这是仪表美的本质。仪表美是内在美与外在美的和谐统一，慧于中才能秀于外。一个人如果没有人格、情操、修养、智慧、才能等内在美作为基础，那么，再好的先天条件、再精心的打扮也只能是一种肤浅的装饰，缺少内涵的美，是不可能产生真实的、持久的魅力的。因此，一个人的外在美是其内在美的一种自然展现，而良好的个性修养、渊博的知识、高尚的道德情操才是外在美的真正源泉，由此而产生的美才可以给人留下难以磨灭的印象，能引起人的内心深处的激动，打下深刻的烙印。只有培养良好的个性，丰富自己的各方面知识，培养高尚的道德情操，才能够把仪容、举止、表情、服装、佩饰的美真正展示出来，且这种美感往往能弥补许多外在的不足，并比外在美有更持久的吸引力。所以说内在美比外在美更重要，许多长相平庸者，往往因内在的深厚修养而同样能散发出无穷的人格魅力！如知识渊博者会透出富有睿智的目光，礼貌极佳者会使人如沐春风……这些就是深厚的内在修养塑造出的良好的个人形象，是典型的内在美。所以内在美比外在美具有无可比拟的深度与广度及真实性和持久性。

二、塑造良好个人形象的基本准则

良好个人形象中内在美需要长期的培养和熏陶，而外在美可以通过短时间学习一定的规范来加以提升，外在美是良好个人形象的外在表现，是美的形式，内在美是良好个人形象的真正内涵，是美的真正内容，对于个人形象塑造，两者缺一不可。商务人员塑造自身良好的个人形象必须遵循以下准则。

（一）内外兼修，秀外慧中

仪表美必须是内在美与外在美的和谐统一，要有美的仪表，必须从提高商务人员个人的内在素质入手。如果没有良好的文明礼貌、深厚的文化修养、丰富的知识等这些内在素质作基础，那么所有外在的容貌、服饰、妆容、举止都会让人感到华而不实、矫揉造作，而不会产生实质的美感。

（二）干净利落，精神振作

整洁、卫生是树立良好的个人形象的首要条件。无论多么美丽的容颜、时髦的服装、精美的饰品，如果以肮脏、凌乱的形象出现在社交场合都是大煞风景的；反之，衣着整洁、干净、利落会给人以精明能干的印象。一般来说，整洁卫生原则上有两个方面的要求：一是注重清洁卫生，即要注意保持身体清洁，做到勤洗头、勤洗澡、勤修指甲、勤修面，忌讳身体有异味；在参加社交活动或工作之前，不要饮酒，不要食用葱、蒜、韭菜等有异味的食物，以免引起他人反感；在工作岗位上不要浓妆艳抹或佩戴夸张的饰物，不要在众人面前炫耀自己。二是在保持卫生的基础上树立整齐的形象，即精神振作、服装挺括，头发要适时梳洗，发型要大方得体，避免给人以凌乱、懒散之感。

（三）适应具体的场合

一个成功的商务人员应懂得在不同的场合为自己塑造不同的形象，比如说一位女性报关人员在报关工作中塑造的形象应该是认真负责与干练；而当她出席公司所举行的晚宴时，塑造的形象应是端庄典雅而不失温柔。

（四）适应个人的特点

比如说一位经理个性粗犷、豪放，若他刻意为自己塑造出温文尔雅的形象，则既会导致自己无所适从，也让周围的人觉得别扭。所以如果不顾自己的特点去盲目模仿别人，则易产生“东施效颦”的结果。

（五）适应约定俗成的各种规范

每个国家和地区都有自己一套约定俗成的规范，在各种商务活动中，工作人员会经常与不同国家和地区的客户打交道，在塑造个人形象时，既要符合自己所在国家或地区约定俗成的各种规范（如中国男性忌带绿色帽子），还必须考虑到商务交往方所在国家和地区的各种礼仪规范，否则可能会在交往中带来各种不必要的麻烦，如应深入了解客户所在国在接待客人时通常都有些什么穿着打扮方面的禁忌等。

个人形象可以说是一个人的社会责任感、道德感、学识修养、个性心理特征和语言风格、仪表姿态、举止动作等因素的总和。商务人员只有塑造出良好的外形、自信的谈吐和适度的举止才能很快赢得人们的尊重。通常认为只有当衣（服饰色彩、款式）、容（容貌修饰）、形（仪态、举止）、神（气质）四者有效结合时，个人形象才是最美的。

第二节　仪表修饰

仪表包括人的容貌、姿态、服饰和个人卫生等方面，是一个人的精神面貌、内在素质的外在表现。仪表端庄、穿戴整齐者比不修边幅者显得更有教养，让人觉得更懂得尊重别人，这已成了一般人的思维定式。相关机构曾做了一个试验：让一个人到100家公司洽谈业务，去前50家时，他衣冠不整，不修边幅，结果只有20%的公司勉强接待了他；在后50家，他换了一副仪表，穿好西装，打好领带，把皮鞋擦得干干净净，结果80%的公司热情接待了他。仪表在人际交往的最初阶段，往往是最能吸引对方注意的，我们常说的"第一印象"的产生多半就是来自一个人的仪表，以上的实验充分证明这一点。心理学家认为，最初印象在见面的几秒钟就形成了，人和人之间的沟通，首先是视觉的沟通，风度翩翩，仪表堂堂，是每一位想获得事业成功的商务人员追求的理想形象。

个人形象既有先天的因素，也有后天的成分。美国著名的前总统林肯委托朋友给他推荐一名顾问，朋友胸有成竹地给他推荐了一位才识过人的阁员，林肯却没有接纳。问及原因，林肯说："我不喜欢那个人的面孔。"朋友很奇怪，问他："为什么以貌取人？他不能为自己天生的脸孔负责呀。"林肯说："40岁以前的相貌由上帝负责，40岁以后要自己负责。"意思是说天生的相貌是父母给的，上帝也改变不了，但后天的形象是可以自己去塑造的。

这件事说明了人的形象对自己的前途有很大的影响，同时说明自我形象是可以通过后天的努力改善的。仪表美是自然美与修饰美的统一，是内在美与外在美的统一，可以说注重仪表美是每一位想获得成功的商务人员的必修课。当然，作为商务人员，如果过分注重外表美，可能会显得浅薄；但如果只注意内在美，而忽视外在美，就好比一颗明珠蒙上了一层灰尘，使人看不见他的光彩。作为商务人员，注意自己的外在美，是热爱生命、热爱生活同时是热爱工作的表现，更是对自己和他人尊重的表现。

在个人形象的塑造中，着装技巧及服饰搭配是能够通过短时间的学习得到提高，并取得立竿见影的效果的。商务人员可以通过以下内容的学习，为自己塑造出焕然一新的形象。

一、着装的原则

服饰是人的形体的延伸，是一种无声的语言。莎士比亚说过，服饰往往可以表现人格。合理得体的服饰不仅能充分展示美好的形象，而且可以反映出一个人内在的审美情趣。

服饰，并不在于数量的多少和是否名贵，而是要恰到好处。所谓得体，就是指服饰的搭配要符合大众的审美标准和审美规范。

（一）整洁原则

整洁是商务人员服饰选择的第一大原则。一个打扮干净整齐的人给人的感觉是积极向上的，能给人留下良好的第一印象；而一个衣着邋遢的人给人的感觉是消极颓废的。无论是在个人社交场合还是商务、场合，合适整洁的服饰可以缩短彼此之间的距离，协调彼此之间的关系，同时能为自身赢得必要的尊重。在与陌生人交往的场合中要想让人尽快接受自己，必须先让人接受你的服饰。

（二）个性原则

个性原则是指得体的着装应该穿出自己的个性、品位，树立自己的个人形象。每个人都是社会中的独立个体，可以通过服饰的选择为自己塑造出自己特有的形象。但在突出个性的同时，有两个问题是必须注意的。

1. 既保持一定的时尚度，亦忌盲目追赶潮流

现代人通常比较关注时尚，所以穿衣打扮方面应该适当考虑时尚要求，只单纯考虑个性需求而完全忽略时尚则会给人落后于时代的不良感。但同时一定要清楚时尚有时有极强的偏向性，不是每一个人都适合的，时尚不宜盲目追赶，况且潮流如过眼云烟，转瞬即逝，盲目追赶潮流的人极易会落在潮流之后。反之，敢于保持自己特色的人不但不易被时尚抛弃，往往还能创造时尚或成为新潮流的引领者。

2. 穿出自己的特色

不同的年龄、经历、身份、职业、文化素养等条件会塑造人的不同气质特点，同样颜色、款式的服饰穿在不同气质特点的人身上会有不同的风采，盲目追赶潮流或模仿别人的穿着只会带来“东施效颦”的效果。一名追求成功的商务人士应该掌握自身特点，挑选符合自身特点的服饰，才能塑造出得体、良好的个人形象。

（三）和谐原则

和谐是一种整体效果的协调，强调服饰与时间、环境、场合及个性的协调统一。这与欧美国家所提倡的 T. P. O 原则是一致的，T. P. O 是英语 Time、Place、Occasion 三个词的缩写，分别代表着装的时间、地点、场合。服饰的穿戴可以说是一门艺术，商务人员借助和谐得体的服饰，可以突出自己外形上的优点，同时掩盖不足，从而展示出良好的形象。

1. 与环境相协调

在穿衣打扮方面，一定要考虑身处不同环境的不同要求，不能过于标新立异。如同样是第一次会见客户，若地点是在一家酒吧，可以穿得休闲或随意一点，这样易让人产生平易近人的感觉；若环境换成一家豪华酒店，就应该穿得隆重而正式，这样才容易让人产生信任感。

同时，服饰的穿着要符合季节的变化特点，颜色、款式、质地要与季节相协调，如一位女士在寒冬腊月还穿一件丝质连衣裙，会让人觉得不合时宜。

2. 与个人年龄相协调

虽说爱美之心人皆有之，每个人都有选择自己喜爱的服饰的权利，但在商务场合，一位50岁的女士穿得娇俏可人或一位20岁的女士穿得老气横秋，除了会让人觉得滑稽，还会造成别人对她们的审美水平甚至其他各方面能力的质疑。

一般来说，年轻人的服饰款式比较新颖，尤其是年轻女士的服饰通常有较多的细节变化和点缀，而中老年人的服饰款式应更多体现稳重与端庄，尤其是中老年女士的服饰设计，通常是简洁大方而典雅的。比如说点缀了蕾丝花边的衬衣穿在一位二十多岁的女士身上可能会让人觉得很美，但如果是四五十岁的女士穿起来可能就会让人觉得累赘，缺乏美感。

值得注意的是：色彩对一个人的气质乃至精神面貌有着至关重要的影响，商务人员选择服装的色彩时应充分考虑这个因素。以前许多人认为亮丽的色彩适合年轻人，而深沉的色彩适合中老年人，其实不尽然，鲜艳的花衣服也有可能把一个小姑娘衬托得老气十足。每个人都有自己适合的颜色，只有选对了适合自己的颜色和款式的服饰，才能更好地表现出自己应有的气质和风度。

3. 与自己的体形相协调

商务人员要想塑造出良好的形象还应考虑自己的体形条件，选择剪裁合体的服饰。

身材修长，高挑挺拔，是商务人员期盼的理想体形，而实际情况是：绝大部分人都没有完美的身段，而巧妙的着装能掩饰、弥补人体某些先天不足，更好地展示自己的优势和长处。每个人的身材都有自己的特殊性，即使是时装模特的体形也不是十全十美的。我们要塑造良好的形象，可以通过运用服饰来扬长避短，给人以美感。

在努力隐藏自己短处的同时，千万不要忽略自己的长处，要尽量突出个人特有的长处，服饰的价值在于表露人的气质。买一件流行的服装并不难，但成功的穿着体现为选择一件自己喜爱而又能衬托出自身优点的服装。可以说，穿衣之道，就在于你能不能穿出你自己。

礼仪小资料

下面就不同身材如何量体穿衣，提出方案以供参考：

（1）个子矮小的人，可利用衣着改变人们的视觉，单一颜色的衣服可以使身材“变高”。选择与衣服同色的裤、袜，竖直条纹的衣料、制服等都有增高的作用。如果上身和下身分别选择强烈的对比色，从色彩搭配来看没有问题，但会让人“更矮”。同时，要避免大花布或带有格子图案的衣料，这会使人显得更矮、更胖。

（2）个子高而瘦的人，不应从头到脚都穿深颜色的服装，那样会显得更瘦，过于紧身或过于宽松的服装都不适合。可以选择色彩鲜明的样式。带有格子图案的衣服有降低身高的作用，女士可穿长及小腿中部的A字裙。横线条的衣服在视觉上感觉更丰满一些。如果女士穿颜色鲜亮的上装（如白色、米色），配条阔裙，腰际系上一条宽腰带，就会使身材有协调的感觉。对于较瘦的女性来说，厚粗的布料容易给人以丰满的感觉。另外，宽大的领子、灯笼袖，上衣塞入裙子里面，系腰带，长及小腿肚的马靴等装扮也会弥补一些缺陷。

（3）个子高而胖的人，可以挑选较为冷色的面料，款式要尽量简洁、清雅。衣服不要做得太紧，宜选冷色系的单一色或竖直条纹的料子，要避免会使人显得更胖的大花或格子图案。另外，衣服的线条款式也能起到补救缺点的效果，如V形领、长背心、宽长的衣袖，都会产生高瘦的效果。

（4）颈短的人，可穿敞领、翻领或低领的上衣。较短的发型，会显得脖子有所增长。颈短的女士最好避免穿戴高衣领或紧围在脖子上的项链，忌留长发，因为它们会使脖子显得更短。

4. 与出席的场合相协调

商务人员通常会接触各种不同场合，可能你的衣橱里有很多衣服，却并非适合所有场合。一名商务人员所接触的各种具体场合，大体上可以分为三类，即工作场合、社交场合和休闲场合。在这三类不同的场合之中，商务人员所选择的服饰，在款式、色彩、面料等方面应当有所区别。

（1）工作场合

所谓工作场合，指的就是上班处理各种事务的场合。办公室属于比较正规的场合，着装应当重点突出“庄重保守”的风格，如果外出会见客户，也应显得端庄稳重。一般男士规范的职业着装是衬衣、西服和西裤。而职业女性的着装应围绕两个核心坐标点，一是成熟优雅，二是含蓄低调。按照常规，在工作场合的着装标准主要是深色毛料的套装、套裙，而女士在夏天的商务套装颜色可以浅一些，比如说有的公司为员工定做工作服时，会为女员工选择杏色或浅蓝色的工作服。工作场合的着装不能过于强调个性、时髦，或显得过于随便。如果一位员工把自己打扮得像参加舞会一样出现在办公室，则会破坏工作场合的气氛，影响工作效率。

当然，具体穿什么服装出现在工作场合，还应该考虑自身工作的性质和公司的文化背景及人文氛围。有的公司统一将某种便装规定为本公司的工作服装，如夹克衫、T恤衫、背带裤等常用作物流公司一些特定工种的工作服装。比如说物流公司中的客户服务人员与货运司机的着装在不同的工作场合有不同的要求，货运司机不可能天天穿笔挺的西服上班，而客户经理也不可能在接待客户的时候穿着皱皱的棉质T恤衫。

当所在公司没有统一的工作服装而又规定上班必须穿正装的时候，最好不要自作主张穿着便装上班。

（2）社交场合

所谓社交场合，通常是指人们在公务活动之外的，在公共场所里与他人进行交际应酬活动的场合，如观看演出、出席宴会、参加舞会、登门拜访、参与联谊聚会等，也是商务人员社交活动中常见的场合。

在社交场合，商务人员的着装应当重点突出“时尚个性”的风格。也就是说，在社交场合的着装，既不必过于保守从众，也不宜过分随便。应尽可能地使自己的衣着时尚一些，并且使之充分地体现出自己与众不同的个人特点。按照以上要求，依照常规，我国的职业女性目前在社交场合的着装，最为常见的主要有时装、礼服、具有本民族特色的旗袍以及其他特色服装；而男士通常穿着西服套装。需要加以说明的是，在许多国家，人们在出席隆重的社交活动时，有穿着礼服的习惯。在为此类社交活动所发出的正式请柬上，往往会对着装做出特别的规定，比如说我国近年来举办的新年音乐会，通常要求男士穿着西装或礼服，而女士要穿着正式的裙装（在西方国家通常要求穿礼服）。

（3）休闲场合

所谓休闲场合，大多是指人们在公务活动之外的公共场合或用于个人休息的场合。最常见的休闲场合包括居家休闲场合、健身房、景点、街市、商场等。

在休闲场合的着装应当重点突出“舒适自然”的风格。也就是说，在休闲场合着装，最为忌讳的是“正规”，在运动场所和游乐场穿着西服套装、在街市漫步时穿着礼服都是日常生活中难以被人接受的着装方式，同时会令交往对象觉得拘谨、不自在。

二、着装规范

服装通常分为正装和便装两大类型，但服装世界是多姿多彩的，正装和便装中的种类和款式也多种多样，每一种服装的穿着都有一定的规范。

（一）西装的穿着规范

西装是全世界最通用和经典的服装，西服套装属于正式服装，有着严谨的穿着规范，而单件西装往往归属于非正式的范畴。西装在不同的历史时期，根据时尚潮流的变化，款式也会有一定的改变。近年来较为被男士接受的是单襟小开领的款式，前襟有三到四颗纽扣、后摆开衩的款式较为流行。西服套装通常还有充当礼服的用途，一套好的西装首先要有好的面料，毛料当然是不错的选择，但近年毛料加入一些其他成分的混纺面料也很流行，这些新式面料使人显得更挺拔，穿着更舒适。作为正式场合穿着的西装一定是套装，通常选择藏蓝色、深灰色或者黑色，白色套装通常可以在社交场合穿，比如参加酒会，单件西装也可在酒会及一些社交聚会中穿，尤其是棉、麻质地的单件西装，带有休闲的味道。

西装套装通常有两大类型，分为两件套和三件套，两件套包括一衣一裤，三件套还多一件西装背心，三件套比两件套显得更为传统，近年来较为通用的是两件套西装。西装套装的外衣有单排扣与双排扣两种。近年来，双排扣西装较少被男士选择，尤其是身材肥胖的男士更不应选择双排扣的款式，因为这种款式的西装会放大肥胖这一特点。双排扣西装在穿着时要求把所有能扣的纽扣都扣上，而当今世界流行简约，服装的流行同样离不开社会心理的需求，双排扣西装显然不符合当前快节奏的时代脉搏。单排扣西装上衣在穿着上较为多样，单粒扣上衣可不扣，单排两扣上衣只扣上面的扣子，单排三扣的上衣可系中间或上、中两粒扣子，单排扣西装套装的扣子如果全部扣上反而会让人觉得呆板。在出席正式场合时西装外衣不能脱下，也不能把衣袖挽起。

西装背心只能和单排扣西装上衣配套。纽扣数目不等，也可分单排扣和双排扣两种。根据惯例，单排扣式西装背心最下面那粒纽扣应不扣，双排扣背心纽扣应全扣上。不管是单穿还是和西装上衣配套，都要认真地扣上纽扣，不能敞开。

为了使西装在外观上不走样，西装的上衣、背心、西裤口袋应尽量不装东西。西装上衣的外胸口袋除了用来放装饰的真丝手帕以外，不要再放其他物品。内侧的胸袋可以放置钢笔、钱包或名片夹，但放置的物品不要过大、过厚。外侧下方的大口袋，原则上不放东西。西装背心的口袋多起装饰作用，可以放怀表。西裤口袋最好不放东西。冬天最多选择一件 V 领羊毛衫套在衬衣外面，可以打领带。

切记在穿新西装前把上衣左袖口的商标或质地标识拆掉。

（二）衬衫的穿着规范

在穿着西装套装的时候，衬衫是必不可少的搭配，衬衫也可以单独穿。

和西装一起穿的衬衫通常称正装衬衫，纯棉是理想的质地，但由于纯棉容易产生皱褶，而经过防皱处理的纯棉面料较为昂贵，现在通常选用棉涤混纺的面料，一般含棉量在60%～70%的面料较为理想。正装衬衫必须是单一颜色，白色是最好的选择，有时蓝色、灰色、黑色、棕色也可考虑，但不能有任何图案。较细的竖条纹衬衫可以在普通的商务场合或社交场合穿着，但印花、格子、大条纹、带有动植物等图案的衬衫都不适合配正式西装。

正装衬衫的领型有多种，选衬衫的时候要兼顾自己的脸型、颈长以及领带结的大小，反差不要过大。

礼仪小资料

正装衬衫和西装配套穿着时要注意以下几点：

(1) 扣衣扣。穿西装的时候，衬衫的所有纽扣都要扣好。只有在不打领带时，才可解开领扣。

(2) 收好下摆。穿正装衬衫时，把下摆均匀掖到裤腰里面。

(3) 大小合身。除休闲衬衫外，衬衫不可过大或过小，衣领和胸围要松紧适度。可以用这个方法判断衬衫的尺寸是否合适：当扣上领扣时，插入两根手指，如果脖子不感到挤压，那么衬衫的尺寸就是合适的。

(4) 衣袖不可过长。最好在手臂向前伸直时，衬衫袖露出西装袖口1厘米左右。

(5) 衣领不要过高。一般在伸直脖子时，衬衫领口露出西装1.5～2厘米。

在公司上班或一般会见客人的时候，可以直接穿衬衫、打领带，但出席正式场合则必须穿上西装上衣。

近年来，立领衬衫在男士中也很流行，穿立领衬衫不用打领带，给人一种挺拔、利落、轻松、休闲的感觉，但不适合搭配正式西装。适合穿立领衬衫的男士有一种儒雅的气质，但正式场合如重要会议、签字仪式、正式拜访等，还是应该穿翻领正装衬衫并打领带，以示庄重。

（三）领带的使用规范

领带是男士穿正式西装必不可少的配饰，也是西装画龙点睛的一笔。

领带的质地最好选用真丝或羊毛的，也可选用混纺材质的领带。但棉、麻、绒、皮革、塑料等质地的领带不可搭配正式西装。

领带的宽窄应和腰围、西装上衣衣领成正比。简易的“一拉得”领带不适合在正式场合使用。领带结的具体大小要和衬衫衣领的大小形成正比，一般领带打好后，下端正好碰到皮带扣或最长不超过皮带扣的下端，可根据自己的体形进行适当的调节。使用领带夹时不要让其暴露于西装领口，把它夹在衬衫自上而下的第四颗到第五颗纽扣之间。

上班时应避免选择颜色过浅或款式过于奇特的领带，年轻人可以选择色彩相对鲜艳、对比较为强烈的款式，中老年人可选择花型较为简洁的款式，但一定要和衬衫、西装的颜色相协调，也要适合自身的气质。一位气质内敛的年轻人如果穿白衬衫、灰西装而配一条鲜艳的领带，可能会给人不伦不类的感觉。

(四) 鞋袜的穿着常识

鞋子的款式繁多，但男士选择与正式西装配套的鞋子时一定要谨慎，只能选深色或单色的皮鞋。黑色牛皮鞋与出席正式场合的正式西装搭配是最合适的，同时应该擦上鞋油，保持鞋面光亮。正式场合穿着的皮鞋不应有多余的装饰，磨砂皮鞋、翻毛皮鞋、款式过于时髦的皮鞋都不适合男士在正式场合穿着。

黑皮鞋也是女士在搭配各种正式服装时合适的选择，女士也可以搭配与套装同一色系的皮鞋，鞋子的合适高度为3~5厘米，作为工作场合的正式着装，应避免过于时髦和鲜艳的皮鞋款式。同时，女士应注意，凉鞋虽然很漂亮，但不适合出席工作场合时搭配套装，这会给人不严谨的感觉。

和正式西装配套的袜子最好是棉质或毛质的，通常应是单色、深色的，黑色较为正规，白色的纯棉袜子适合搭配休闲或运动服装，如果在黑皮鞋和黑西裤之间露出的是一截白袜子，是不符合着装礼仪的。女士在穿着正式的套裙时应选择穿尼龙丝袜，最好备有黑色、灰色、肉色各种颜色的单色丝袜，要遵循的原则是减少裙子与小腿之间颜色的反差，使小腿线条更协调、优美，如果裙子的颜色较深，可考虑选择较深颜色的丝袜，一般选择的丝袜颜色比小腿颜色稍深。带有网眼、镂空、珠饰或印有时尚图案的鞋袜不可在工作场合穿着。

另外，要注意鞋袜应大小配套、完好无损，不能随意乱穿，也不能当众脱下。不要暴露袜口，在正式场合这是既缺乏品位又失礼的表现，无论男士还是女士，都应注意这一问题。同时，袜子不能有丝毫破洞、抽丝、染色现象，否则会被人认为粗心大意或经济条件欠佳。

现在年轻人流行各种不同类型的着装方式，但在正式场合依然要遵循着装礼仪，既要穿出自己的风格，又不失端庄大方。

（五）便装的穿着常识

便装是相对于正式场合所穿着的制服、礼服一类的正式服装而言的其他服装的总称，便装款式多种多样，颜色更是丰富多彩，包括夹克衫、T恤衫、牛仔装、运动装、西短裤、连衣裙等，也包括家居服、卧室装，面料的选择余地也比较大，棉、麻、丝、皮、毛、混纺及各类化纤织物都可选用。正是由于款式颜色的多种多样，商务人员在购买和穿着便装时更应考虑场合与搭配等问题。

便装分为职业休闲装、运动休闲装、生活休闲装、家居服装四大类型。其中，家居服装只适合在家庭内穿着，不适宜外出及招待客人，有人习惯穿着家居服上街购物或会见亲朋好友，这是一种失礼的行为。职业休闲装是指当公司没有严格的着装规定时，可以在一般工作场合穿着的服装。运动休闲装是指人们日常参加体育活动时穿着的服装。生活休闲装是指人们在平时的生活中（比如说一般的朋友聚会、外出购物、旅游等场合）穿着的服装。便装的四大类型主要是从服装的功能上进行界定和区分的，有时候同样的款式既可以作为职业休闲装，也可以作为生活休闲装。比如，有领的T恤衫既可以作为生活休闲服装，也可以作为男士的职业便装；而无领的T恤衫一般作为生活或运动休闲装，但不应该在工作场合作为职业休闲装，除非是某些工作的特殊需求。女士的连衣裙通常既可以作为生活休闲的款式，也可以作为职业休闲装。牛仔装在传统的着装礼仪中是不能出现在工作场合的，但在现代生活中，时装的设计中充分运用了“牛仔”的元素，一些款式大方的牛仔服装除了可作为生活休闲服装外，也可以在一般的工作场合穿。有的企业规定星期一到星期四要穿正规的职业服装，星期五和星期六则允许穿休闲服装上班，这里所说的休闲服装指的就是职业休闲装。但超短的裙装、过分暴露和前卫的款式都不适合在工作场合穿。能够作为职业休闲装的款式设计通常都比较简洁、大方，符合社会大众的审美需求，而作为生活休闲和运动休闲的服装在设计上可以有更多的细节和装饰，款式和颜色都可以充分展示穿着者的个性。

和正式服装穿着相比，便装在搭配方面有着更多的个人发挥空间，基本要求是舒适、自由，但在整体风格上仍应注意各方面的协调统一。

三、服装搭配常识

现今不少年轻人喜欢购买名牌，服装费花费了不少，但总是被人说没品位，到底是什么原因呢？

其实着装的成功在于搭配，名牌有着良好的品质，但如果不懂搭配，再好的服饰也是浪费。掌握服饰搭配的基本原则对商务人员塑造自身形象有重要帮助。服装搭配涉及色彩学及美学的知识。

（一）选择适合自己的服装款式和颜色

首先要了解服饰中的常用颜色及其表现效果。白色表现淡雅、圣洁、纯净，不仅适合夏天，也适合各种肤色和不同气质类型的人。红色是具有扩张感的颜色，有较强的刺激性，代表喜庆、成功和胜利，但肤色偏黄、偏黑的人不大适合。黄色明亮、健康，给人活泼向上的感觉，但同样不适合肤色偏暗的人。蓝色代表平稳、宁静，宝石蓝色对我们黄种人的肤色可以起到修饰的作用，使皮肤显得白皙。绿色被称为生命色，代表青春活力，给人安全感和稳定感。黑色具有神秘感，能体现高贵、沉着的气质，适用于庄重的场合，但身体缺乏张力、不够挺拔自信的人不适宜选择黑色。紫色是一种浪漫而具有神秘感的颜色。灰色为中间色，比黑色随和而又不失庄重。通常，蓝色和灰色被用作制服的颜色。

当然，并非说选择了某种色彩的衣服就一定能表现出相应的气质，每种颜色又有不同的明度和纯度，不同明度和纯度的色彩能体现人的不同风韵。以前许多人仅仅从穿衣者的肤色出发来选择服装的色彩，但一种颜色是否适合一个人还要考虑许多因素，比如穿衣者的个性气质、穿衣者的体态等因素对选择服装也有着重要的影响。以前人们通常认为肤色黑的人不适宜穿着黑色的服装，但实际情况是黑人模特在 T 型舞台上同样能表现出黑色服装的神韵，而日常生活中一些肤色白皙的人在穿着黑色服装时可能会显得毫无神采，可见色彩并非决定服装是否适合个人的唯一因素，人的个性气质和体态对色彩的选择也有很大的影响。

体形丰满的人要避免选择具有扩张感的颜色，许多人以为白色最具有扩张感，其实不然，鲜艳的红色、橙色、黄色会让体形看起来更胖，而体形偏瘦的人应避免选择单一的深颜色，可以选择不同的色彩进行搭配，以使体形看起来丰满些。

衣服是否合身这点不难判断，但一件衣服能否表现一个人的神采，除了颜色之外，领型也很重要，一个面部颧骨突出、下巴较窄的人如果选择“V”领衣服，那会充分体现脸部线条过于锋利的缺陷，这时候如果选择小圆领或“一”字领的服装，效果就会大不一样，脸部的线条会显得柔和。一个圆脸的人如果选择圆领的衣服，脸会显得更圆，这时候可以考虑根据脖子的长短来选择领型，脖子长的人可以选择高领衣服，显得更端庄和典雅；脖子短的人最合适的就是“V”领，能使脸部线条更协调。

选择合适的服装颜色和款式，能帮助商务人员修饰个人形象，同时可以更好地展现个人形象的优点。

（二）掌握服装搭配的基本知识

1. 款式与质地的搭配要协调

服装的款式多种多样，但不是每一种服装都适合搭配在一起，一件运动休闲的棉质针织T恤如果和一条丝质长裙搭配在一起会显得不伦不类，运动休闲的棉质针织T恤让人感觉轻松而随意，丝质长裙是非常女性化的装束，这件上衣和裙子无论在面料和款式上都不应搭配在一起。一件传统西装如果搭配一条牛仔裤，同样会让人感觉别扭，这种别扭的感觉同样产生于服装款式、质地之间的矛盾。

2. 色彩搭配要协调

商务人员出席正式的场合，男士一般选择西装套装，女士选择的是套裙，所以不容易出现搭配上的重大失误，但仍要注意衬衫的搭配及领带的选择。除了穿着套装外，其他服装的穿着就要注意色彩的搭配。一般同一时间全身着装的颜色不超过三种，通常服装的配色有以下几种方法：

（1）统一法。统一法是使服装色彩获得统一效果的方法。正式场合的男士西服及女士套装都以统一颜色为好。这种色调统一的搭配方法对于不同年龄、个性和气质的人都适用，如果自己对色彩搭配不是很熟悉，建议使用这种方法。统一法应注意色调的完全统一，如果黑西服与黑西裤之间有一些色调差别，就会影响服装的整体感。

（2）点缀法。点缀法是在统一法的基础上加上一些反差较大的色块作为点缀，起到画龙点睛的作用。男士的领带、衬衫，女士的丝巾，通常有较好的点缀效果。

（3）渐进法。上衣与下面的裙子或裤子属于同一色系的不同颜色，比如说一位女士穿着深棕色上衣、浅咖啡色长西裤，会给人柔和、雅致的感觉。

（4）对比法。这是一种具有很强视觉冲击效果的搭配方法，使用得当会使人眼前一亮，若不恰当则会显得俗气。通常是具有鲜明对比的上装和下装进行搭配，比如说红与黑、黑与白、红与白、白与蓝等。视觉中有一种错觉的现象，有的颜色显得重些，有的颜色显得轻些，传统的配色是上轻下重，比如说上红下黑、上白下黑、上白下蓝、上白下红等配色给人以平衡、稳重的感觉，而反过来会产生清新和出其不意的效果。通常人们认为黑色、白色能与任何颜色相搭配，实际情况并非如此，黑色与粉红、粉蓝、粉紫、浅黄等几种颜色的反差很大，并不适宜搭配。这几种清新的颜色遇上黑色的搭配马上会变得暗淡，给人不干净的感觉；而米白色若遇上纯白色，也会产生不干净的感觉。

（5）呼应法。这是指同样颜色或同一系列颜色的互相照应，能产生和谐的效果。

比如具有红白两色花纹的上衣搭配一条白裤的效果会好于搭配黑裤，而此时若搭配一条褐色裤子则会显得俗气。这主要是因为白裤与上衣中的白色互相呼应，产生和谐统一的美感。

以上几种方法是日常着装中常用的配色方法，饰物的搭配、鞋帽的选择同样适用。

四、饰物佩戴规范

1. 与个性、着装协调

饰物应与着装巧妙搭配，形成和谐的整体，衬托出穿着者的个性与气质。首先要考虑饰物与着装风格相协调，比如说穿着整齐的西装套装却手提一个帆布休闲手袋是不合适的，女士穿着整齐的套装却在脖子上挂上一条很粗的银链，同样不会产生美感。同时，应注意根据自身特点扬长避短，比如圆脸的女士可选择具有下垂感的小耳坠，增强脸部的线条感。

2. 饰物选用应少而精

饰物通常起点缀的作用，多了反而显得俗气、缺乏修养。商务人员的饰物佩戴应以少为佳，根据场合、服装、身份有选择地佩戴首饰。一般来说，除了手袋，女士身上的饰物不应超过三件，而男士的最理想饰物就是手表。

3. 饰物质地应一致

质地、风格统一的饰物才能产生和谐的美感。如果手链是金色的，脖子上的项链是银色的，而耳环镶嵌珍珠，这样的配饰只能让人觉得杂乱无章。

4. 饰物佩戴要符合习俗

在所有饰物的佩戴中，戒指的戴法是最讲究的，戒指不仅是一种装饰品，还代表了社交信息，如果违背了习俗往往会闹笑话。在西方国家，已婚的人通常会戴上戒指表明身份，而他们通常把戒指戴在左手无名指，有些已订婚的人也把戒指戴在无名指上；戴在食指表示尚未恋爱，正在求偶；戴在中指表示正在恋爱，已有意中人；戴在小指上表示自己是独身主义者；戴在大拇指上很少见，一般没有特殊含义。在某些地区，手链和手镯的戴法也有不同意义，戴在右手腕，表示“我是自由的”，戴左右两手腕或仅戴左手腕，表示已婚。许多人没有意识到上述戴法的特殊意义，但若无意中戴错，而又被别人按习俗理解，那有可能在交往中造成误会。

佩戴首饰并不是为了显得珠光宝气，而是为了提升整体着装的品位。与服装一样，首饰佩戴也有季节的区分，在春夏季可戴轻巧精致的款式，以配合春夏衣裙清爽的特性；秋冬季节可选择较为庄重和典雅的，以衬托出毛绒衣物的温暖气息。同时，切忌用首饰突出自己身体中不漂亮的部位，如脖子上有赘肉的女士不适合戴太有个性的短项链，手指欠修长者不适合戴镶嵌有大宝石或珍珠的戒指。

穿职业装时适合佩戴精致的黄金、白金首饰，穿晚装适合佩戴宝石或钻石首饰，穿休闲装则适合佩戴具有个性化或民族风格的首饰。

希望大家通过学习，总结自身特点，成为衣着有品位的人。

第三节　仪容修饰

仪容在商务人员的整体形象中居于首要位置，能传达最直接的信息，同时可以反映一个人的精神面貌。人的仪容受三方面因素的影响：一是心理因素；二是先天条件，即父母遗传的容貌；三是后天的保养和修饰。

一、良好的心理状态

“相由心生。”这句话看上去带有唯心的成分，但有一定的道理。当一个人开心的时候面容是舒展的，总比皱着眉头漂亮得多。当一个人具有渊博的知识的时候，他的眼神会流露出睿智的神采。若一个人乐观、自信，对生活充满热情、对世界充满爱心，那他的面容也一定会时刻闪现出光彩。良好的心理状态加上丰富的内涵，会使一个人的面容呈现出健康的神韵，这种发自内心的美是任何修饰都无法替代的。

二、日常仪容护理

当然，商务人员只具有良好的心理状态是不足以展现美丽的仪容的。仪容的保养和修饰同样必不可少。在当今社会，工作和生活的节奏越来越快，商务人员要想展现健康的仪容，无论对于男士或女士，必要的仪容护理都是不可缺少的，这包括皮肤的护理、头发的护理及发型的选择等内容。

（一）皮肤的护理

1. 认识皮肤

人的皮肤由表皮和真皮组成，表皮位于最外层，与化妆、美容的关系最为密切。表皮由外向里又可以分为五层：角质层、透明层、颗粒层、棘细胞层、基底层。表皮的五个层次不断地新陈代谢，由基底层向角质层生长转化，角质层不断地衰老并脱落。与真皮相接的基底层含有黑色素，形成皮肤的颜色。黑色素能保护深层的组织免受紫外线强烈照射的伤害，但强烈的阳光可以使黑色素增加，从而使肤色变黑。因此，要保护皮肤免受紫外线的过量照射。

可以用以下四个标准来衡量皮肤是否健康：第一是皮肤是否湿润。皮肤的含水量很高，健康的皮肤中水分的重量是皮肤总重量的70%。因此，保持皮肤充足的水分，是皮肤光滑润泽的前提。第二是皮肤是否具有弹性。皮肤富有弹性，就会光泽平整；皮肤失去弹性，就会变得松弛，出现皱纹。第三是皮肤是否细腻。第四是皮肤的色泽是否红润。

人的皮肤可以分为中性、油性和干性三种类型。不同类型的皮肤应选用不同的化妆品，并采用不同的方法保护。中性皮肤，油脂分泌量适中，皮肤表面柔滑滋润，富有光泽，是比较理想的皮肤。干性皮肤，皮肤外观细腻，皮肤表面油脂分泌量少，毛孔不明显，不易长粉刺，但脸部无光泽，易起小皱纹。这类皮肤应选用含有保湿成分的化妆品，以保持皮肤的湿润。油性皮肤，皮肤表面油脂分泌量较多，面部油亮光泽，毛孔明显，易生粉刺，但不易起皱纹。这类皮肤要注意皮肤表面的清洁，选用能够控油的护肤品。

此外，也有人是混合型皮肤，即额头、鼻子、下巴部位偏油性，其他部位偏干性。

随着季节和年龄的变化，皮肤的性质也会有所变化，一般夏季皮肤普遍偏油，干性皮肤也会显得光泽滋润；冬季皮肤偏干，皮脂分泌量相应减少。随着年龄的增长，皮肤的油脂分泌会逐渐减少，年轻时呈现油性或中性皮肤，中年以后会逐渐转为中性或干性皮肤。

皮肤护理是仪容修饰的基础，保养得当的优良肤质是任何化妆品都不能修饰出来的。

2. 保养皮肤

随着年龄的增长，人的皮肤会逐渐老化，失去光泽和柔韧度降低、产生皱纹等生理现象是不可避免的，但是采用科学的方法保护皮肤、延缓皮肤的衰老是可能的。皮肤的健康与身体的健康、精神的愉快密切相关。保养皮肤，第一，要保持心情愉悦，这是最好的“护肤品”。人在笑的时候，会促进血液循环，从而增强皮肤的弹性。第二，要保证充足的睡眠。睡眠充足，会使人感到精神振奋，容光焕发，眼睛光亮有神。皮肤专家认为，晚上10：30至第二天早上4：30是皮肤吸收营养的最佳时间。第三，要养成多喝水的习惯。多喝水可以保持皮肤的细腻、滋润，还要注意室内空气的湿润。第四，正确使用护肤品，白天要注意防晒和保湿，晚上要注意保湿和滋养。第五，要注意合理的饮食。从食物中摄取各种营养成分，所获得的是一种自然健康的美，其美容功效非任何护肤品所能及。此外，还可以采用以下方法进行皮肤的护理。

（1）洗脸

洗脸水的温度不宜过高。洗脸的方向应从下向上，从内向外，长期养成好习惯，可以防止面部肌肉下垂。干性、中性、油性等不同性质的皮肤应有针对性地选用洗面乳洁面，以达到更好的清洁效果。

（2）蒸面

用加湿器或将开水倒入脸盆，若加入薄荷、菊花等植物精华会更好。用水蒸气蒸面，可以使毛孔张开、体温升高，加速血液循环，使皮肤吸收水分，增加光泽。

（3）面部按摩

按摩可以起到运动皮肤的作用，促进血液循环，活动面部神经，改善皮肤的状态，减缓皮肤的老化过程。按摩的方法很多，一般可以用两手掌相互摩擦发热，然后顺着脸部肌肉的生长方向，逆着皱纹，由下向上、由内向外进行按摩，指法要轻。也可以用经络美容法，按摩有关的经络和穴位，使皮肤健康柔润。

此外，还可以使用各种面膜或营养液敷面，进行皮肤的保养与护理。在保养皮肤的基础上，还需要掌握一定的美容化妆专业方法。

（二）头发的护理及发型的选择

保持头发的清洁与整齐是对头发护理的基本要求。

在出门前、上岗前或摘下帽子时，都要自觉整理头发，保持头发的整齐。

保持头发的清洁必须经常洗头发，特别是在炎热的夏天，更要及时清洗。洗头发的水温不宜太高，四十摄氏度左右为宜，要选用质量较好且适合自己的洗发水，洗发水不适宜长期使用相同的牌子，再好的洗发水当头发适应并在头发上残留一定的化学物质时，洗发效果都会受影响，可以定期更换洗发水品牌。头发洗净后最好自然晾干，经常使用电吹风的话，温度不要太高，如果不需做特别的定型，头发吹至七八成干即可，这样做有助于保护头发。

发型是人仪容的组成部分。发型要与脸型、体形、年龄、职业、气质等因素相适应，体现和谐的整体美。在商务活动中，男士的发型变化较女性少，一般适宜留短发，基本要求是前不遮眼、左右不遮耳朵、后不碰衣服领子，同时可以考虑以下几个因素。

1. 发型与脸型协调

发型对人的容貌有极强的修饰作用，甚至可以“改变”人的容貌。任何一种脸型都有相适应的发型，所以要根据自己的脸型选择发型。例如，鹅蛋脸是东方女性的标准脸型，可选任何发式；圆脸应将头顶部头发梳高，使脸部增加几分“力度”，并设法遮住两颊；长脸看起来面部瘦削，发型应适当遮住前额，并设法使双颊显得宽些；方脸应设法掩饰棱角，使脸形显得圆润；额头窄的脸型，应增加额头两侧头发的厚度。

2. 发型与体形协调

发型的选择会对体形的整体美产生极大的影响。比如，身材矮胖的女性应避免大波浪卷发，那样会显得更加臃肿；而卷曲的波浪式发型，对于瘦削的身材有一定的协调作用；体形较为矮小的女性则应避免披肩长发。

3. 发型与年龄、职业协调

发型还可以反映一个人的文化修养和社会地位。不同年龄的人在发型选择上也应有所不同。年轻女性可选择披肩长发或短发及一些时髦的发式，相反，年龄较大的女士则可选择一些比较端庄成熟的发型，如波浪式、内弯式及各种发髻等，以体现成熟女性的风韵，给人一种稳重、高雅之美。

选择发型并非一味地追求新潮，有的发型在演员、模特身上可能非常美丽，但未必适合自己。要找到自己的最佳发型，除了考虑脸型、身材、气质、年龄等因素外，职业也是很重要的因素。不同的职业有不同的环境氛围，与此相适应、相协调的发型才能更好地体现个人的风度。在商务活动中，无论男性还是女性，发型都应体现出持重、干练、成熟的特征。

4. 发型与服饰协调

对于同一个人来说，发型并非一成不变的，为体现服饰的整体美，发型可以根据服饰的变化而改变。如穿着礼服或制服时，可选择盘发或短发，以显得端庄、秀丽、文雅，披肩长发能显示女士的秀美，但在工作中往往不大合适，留披肩长发的女士在工作中应注意把头发束起，避免影响工作；穿着休闲服装时，则可选择更多适合自己脸型及体形的时髦发型。

三、彩妆修饰

世界上没有一个人的长相是十全十美的，而彩妆修饰可以帮助人在塑造形象时扬长避短，并凸显自己的特点。

（一）不同脸型的化妆技巧

扬长避短是彩妆修饰的重要技巧。下面介绍几种常见的脸型应如何化妆。

1. 圆脸

圆脸的人化妆应加强面部的立体塑造，在涂粉底时可用偏深的粉底涂面部两侧，使面容变得狭长，在额部、鼻梁、下巴处涂明亮色以增加立体感。鼻侧影略向眉头部位揉擦，以抬高鼻根，使鼻子看起来更挺拔。眉毛作上挑圆弧形描画。眼影不宜用浅亮色，深色眼影可使面部的凹凸感加强。

2. 方脸

方脸的特征是棱角分明，因此化妆底色不宜太浅，色彩沉着的底色加上红褐色的腮红，会使方脸有结实感而圆润。眉型可以是略粗的带角度的弧形，又细又弯的眉会与脸的轮廓线形成较明显的对比。眼影与唇膏的颜色可以鲜艳一些，以强调五官来削弱脸部的棱角。

3. 长脸

长脸的人化妆可选择较浅的自然色粉底。腮红用淡红色，从颧骨的中心往耳朵方向推抹成扇形，在下巴、额头上也略施暖色调修容粉，眉毛修饰成向外延伸的平弧状缓和曲线，睫毛膏染外眼睫毛。总之，化妆尽量采用横向的线条与色块来造成视觉错觉，以使脸型看上去短一些。

4. 小脸

小脸的人给人感觉比较可爱，化妆用浅色粉底可使脸部面积显得宽阔。腮红可选用浅桃红、淡红。眉毛、眼睛、嘴唇的颜色可适当明丽，把线条描画清晰，从而使修饰过的五官显得清秀。

5. 大脸

大脸的人化妆可选用比自己原来肤色偏深一些的粉底，因深色比浅色有收缩感，面部的两侧可以涂一些能与底色衔接的修容粉，额部、鼻梁、下巴涂上高光粉，但也需要与底色自然相接形成脸部大的起伏，再用鼻影使脸部唯一的纵长结构更具立体感，鼻影的颜色比肤色略深，并应和眼影融合。眼妆要作为重点，加上眉毛与嘴唇的衬托，使五官明艳清晰，以此来缩小脸部轮廓。

（二）化妆要注意整体效果

女性要体现出健康、优雅及干练的精神风貌，必须保持整体形象的协调统一。

1. 面部局部妆色统一和谐

化妆时使用的色调不仅要一致，化妆线条也应统一，眉毛、眼线、唇线如果简练利索、清爽，会塑造一种理智而干练的形象；如果线条柔和起伏，流畅飘逸，就会产生一种温文尔雅的效果。线条特点不一致的妆面，反而会使面部显得不整洁。这条原则总结为口诀：化妆靠“三线”，其余作渲染，渲染不见线，浓淡晕一片。

2. 妆容与服饰的色彩和风格相协调

人们把化妆称为“给脸穿衣服”，这是因为粉底、眼影、腮红、口红等颜色是以未化过妆的皮肤颜色为基础添加上去的，在设计面部彩妆的时候，和服装、首饰进行整体考虑，才能相得益彰。

3. 妆容与场合气氛统一

不同的活动，不同的场合，对女士的妆容有不同的要求。出席场合的气氛有热烈的、严肃的、轻松的、冷清的区别。在办公室及商务会谈的场合，浓妆艳抹显然不大相宜；在热烈的宴会中，妆容过淡会显得格格不入。

职业女性在上班前化淡妆，打扮得体，不仅能给生活增添光彩，而且能使自己充满活力和信心。当然，化妆的效果要与办公室的工作环境相符合，给人理智明快的印象。办公室的女性，仪容要大方得体，既要自尊自重，又要尊重别人，其衣着、妆容、发型，无论是色彩还是式样，都不应显得过于跳跃，而要与性格、修养、气质和工作环境相统一。如果在工作时间脸上涂上一层厚厚的粉底，嘴唇涂得鲜红，会使人觉得与办公环境不协调。还有的女士喜欢使用大量香水和香粉，让自己“香气四溢”，这在商务场合也是不适合的。

（三）化妆的基本程序

每个人的面容都有自己的特征，因此化妆的技法和风格也是不相同的。但是，化妆的基本程序不会有很大差异，每个人都应在掌握基本化妆程序的基础上，根据自己的特点，采用最适宜的化妆技法。日常化妆的基本程序有七个步骤。

1. 面部清洁和基础护肤

化妆前必须进行面部清洁，这项工作十分重要。首先，用洗面奶等清洁类护肤品洗脸，用水冲净。其次，涂以护肤品，如爽肤水、面部精华、乳液等。使用这类基础护肤品的目的有两个：一是润泽皮肤，二是起隔离作用，防止化妆品直接进入毛孔。

2. 涂粉底

使用粉底的目的是遮盖皮肤的瑕疵，统一皮肤色调。根据自己的肤质选择干粉或湿粉，同时应根据自己的脸型施以粉底，突出面部的优点，修饰其不足。要选择接近自己肤色的粉底，否则会让人感到失真。最好是选用两种颜色的底色，在脸部的正面，用接近自己天然肤色的颜色，均匀地、薄薄地涂抹；在脸部的侧面，可用较深底色，从后向前均匀地涂抹。这样做可以增强脸部立体感。

3. 定妆

上完粉底后用定妆粉，目的是柔和妆面、固定底色。可用粉饼或散粉，粉的颗粒越小，效果越自然。定妆粉不要太白，否则会让人感到像“挂霜”一样，粉一定要涂得薄而且均匀。

4. 修眉

修眉时，应根据人的脸型特点来确定眉毛的造型。一般是先用眉笔勾画出眉毛的轮廓，再顺着眉毛的方向画好，最后把杂乱的眉毛修掉。

5. 上眼妆

眼影有膏状与粉质两种，颜色有亮色和暗色之别。亮色的使用效果是突出，暗色的使用效果是收敛。眼影的亮、暗搭配，在于强调眼睛的立体感。涂眼影时，应在靠近睫毛的部位涂重些，两个眼角的部位也应涂重些。宽鼻梁者涂在内眼角上的眼影应向鼻梁处多延伸一些，鼻梁窄者则少延伸一些。画眼线的作用主要是突出眼睛的轮廓，使眼睛更加明亮。画眼线要注意上、下眼线的区别，一般是上眼线比下眼线画得长、粗、深些，日常妆可以不画下眼线。为了更好地表现眼睛的神采，使其生动而有立体感，可用睫毛夹、睫毛膏等使睫毛卷曲，并增加其浓密感。

6. 涂腮红

涂腮红的部位以颧骨为中心，根据每个人的脸型而定。长脸要横着涂，但都要求腮红向脸部原有肤色自然过渡。腮红颜色的选用，要根据肤色、年龄、着装和场合而定。

7. 涂口红

涂口红时，先要选择口红的颜色，再根据嘴唇的大小、形状、薄厚等用唇线笔勾出理想的唇线，然后涂口红。唇线要略深于口红色，口红不得涂于唇线外，唇线要干净、清晰，轮廓要明显。

以上几个步骤完成后，要全面检查一下整体的效果，尽量不要显露修饰的痕迹，高明的妆容是有妆若无妆，检查一下妆容与衣着、发型是否协调，与自己的身份、气质、年龄以及场合是否相宜。

（四）美容化妆的礼节及应注意的问题

（1）化妆的浓淡要考虑时间、场合。随着时间与场合的改变，女性的妆容应有相应的变化。白天自然光下，一般女性略施粉黛即可；职业女性的工作妆也以淡雅、清新、自然为宜。浓妆多为参加晚间娱乐活动的女性的妆容。

（2）保持妆容。若妆面出现残缺，应及时补妆，否则会给人留下懒散的印象。

（3）不要当众化妆或补妆。有些女士对自己的形象过分在意，不论在什么场合都拿出化妆盒对镜修饰，其实在众目睽睽之下修饰面容是不合适的行为。如果有必要化妆或补妆，应到洗手间或化妆间完成。

（4）提倡积极美容。面部的皮肤是很娇嫩的，任何不科学的外部刺激都会使它受到不同程度的损伤。化妆属消极美容，治标而不治本，众所周知，任何化妆品都有一定量的化学物质，这些化学物质对皮肤多少都会有不良的刺激。所以职业女性还应该懂得一些基本的皮肤护理知识，给皮肤做好基础保养。

（5）香水的使用。香水能够愉悦身心，使人保持神经兴奋，诱发人的视觉联想，能把外在美进一步升华。在使用香水的时候应记住一些基本原则：味道浓的香水适合在冬天、晚上使用，清淡的香水则适宜在夏天、白天使用；香水应在清洁后喷洒，尽可能与体味调和；香水应在出门前半小时使用，适宜涂在动脉跳动处，如耳后动脉、胸前及手腕内侧；腋下、头发、鞋内忌用香水；避免香水与宝石和浅色衣服接触。

第四节 行为举止

举止指的是人们在外观上可以明显被觉察到的活动以及在活动中身体各部分所呈现的姿态，也叫举动或仪态，一般由人的肢体所呈现出的各种体态及其变动组成。在商务交往中，人们正是通过身体的种种姿势的变化来完成各种活动的。

人的举止可以展现人类特有的形体美。人们在社会交往中所推崇的风度指的就是优雅洒脱又符合规范的举止。美的仪态是文明礼貌的体现，自古以来就有“站有站相，坐有坐相”的说法，可见站、坐、走的姿势都有一定的规矩，在一些正式场合对此要求更加严格。

在商务交往中，行为举止对沟通有着很大的影响，不同的姿势有其不同的含义，反映着人的不同心态，甚至可以替代口语，表达口语难以表达的信息。在商务交往中，行为举止只有符合一定的规范，才能体现出商务人员本身的素养及对交往对象的尊重。根据礼仪规范，影响个人风度的举止主要涉及站姿、坐姿、走姿等。

一、站姿

站姿是人的静态造型，是人体动态造型的起点，一般认为站姿是人体最基本的姿势，也是其他姿势的基础，在物流行业的工作中，站立是较常使用的姿势，优美的站姿能显示出一个人的自信，并给他人留下美好的印象。

（一）站姿的规范

对站姿的要求是“站如松”，意为站得要像松树一样挺拔，还要注意站姿的稳健和优雅。站姿的基本要求是：头部挺拔端正，目光平视前方，嘴微闭，肩平并保持放松，收腹立腰，两臂自然下垂，手指并拢自然微屈，中指压裤缝，两腿挺直，膝盖相碰，脚跟并拢，身体重心落在两脚正中，从整体上产生一种精神饱满的体态。由于性别的差异，男女的基本站立姿势各有不同。在商务工作中，对男士的要求是稳重，对女士的要求是优雅。

1. 男士的基本站姿

男士在站立时，一般应双脚平行，大致与肩膀同宽，间距最好不超过一脚掌。全身要端正，双肩下沉，稍微向后发力，头部抬起，双目平视前方，双臂自然下垂伸直，双手贴放在大腿两侧。双脚既可以并拢，也可以稍分开，但不能分得太开。如果站立时间过长，可以将左脚或右脚交替后撤一步，身体的重心分别落在另一只脚上，但上身仍须挺直，伸出的脚不可放得太远，双脚不可叉开过大，交换也不可过于频繁，膝部注意伸直（见图2－1）。

2. 女士的基本站姿

女士在站立时，应当沉肩立腰，胸部自然挺起，下颌部略收，不要上扬，双目平视前方，双手可自然下垂、叠放或相握于腹前，与男士站姿最大的区别在于女士站立时双腿应并拢，不可叉开。站立时，女士可以将重心置于其中一只脚上，成“丁”字形脚位站立，也可以双脚并拢，脚尖分开，张角约为45度，成“V”形站立（见图2－2）。

图2－1　男士的基本站姿　图2－2　女士的基本站姿

（二）站立应注意的问题

站立时应注意以下问题：

（1）站立时千万不要歪脖、斜腰、含胸、屈腿等，这些不美的姿态会破坏自己的形象。

（2）站着与人说话时，要面向对方，并与对方保持一定距离（交际场合的谈话距离为60厘米左右），太远太近都是不礼貌的。

（3）在正式场合，不宜将手插在裤袋里，更不要下意识地做小动作，那样不仅显得拘谨，还会给人缺乏自信和经验的感觉，也有失庄重。

（4）女士穿礼服或旗袍时，可让双脚之间前后距离约5厘米，以一只脚为重心站立。

（5）向人问候或做介绍、握手或鞠躬时，重心应在中间，膝盖要挺直。

（6）站立时双臂交叉抱于胸前的姿势，在世界各地普遍被认为表示的是防御与消极的态度。

（7）站立时，双脚注意不要随意抖动，脚尖不可乱动，也不要乱踢东西。

总之，站姿应该自然、轻松、优美，不论是何种姿势，改变的只是脚的位置和角度，而身体要保持绝对的端正挺拔。

（三）工作场合中的四种站姿

在物流行业的工作中，常常需要工作人员做出统一规范而典雅的站姿，体现出较高的职业素质和服务水平。

（1）自然垂手站姿。这种姿势就是标准的立正的姿势，双手垂立于大腿两侧，也就是基本的站立姿势。

（2）前交手站姿。以自然垂手站姿为基础，双手在腹前交叉（见图2－3）。

图2－3 前交手站姿

（3）后交手站姿。基本规范和站姿的基本要求一致，但两手在身后相搭，贴在臀部。

（4）单背手站姿。这种姿势女士较常使用。以基本站姿为基础，左丁字步时左手背后，右手下垂，成左背手站姿。相反，站成右丁字步，背右手，左手下垂成右背手站姿。

上述几种通过四肢平衡不对称的姿态，仍以基本站姿为基础，如果能在自身的仪态举止中运用自如、分寸得当，加之真诚的微笑，就会给人大方得体的感觉。

二、坐姿

坐姿是社会生活中最重要的人体姿势，也是一种静态造型，其中包含的信息非常丰富。坐作为一种举止，同样有美与丑、雅与俗之分。不正确的坐姿会使人显得懒散无礼，正确的坐姿能让人感觉端庄大方、仪态优雅。

对坐姿的要求是“坐如钟”，即坐相要像钟那样端正。正确的坐姿一般需要兼顾角度、深浅、舒展三方面的问题。角度是指坐定后上身与大腿、大腿与小腿所形成的角度。深浅是指坐下后臀部与座位接触面积的大小。舒展指入座前后手、腿、脚的舒张、活动程度，这点往往能间接反映双方的关系。

（一）入座过程应注意的问题

（1）注意顺序。如果和他人一起入座，一定要注意先后顺序，礼让尊长。符合礼仪的就座顺序有两种：一种是优先尊长，也就是请地位较高、年龄较大的人先入座；另一种是同时入座，这适用于同辈与亲友同事的关系。要注意的是，任何时候，抢先入座都是失礼的表现。

（2）就座时应从椅子左侧进入，或直接走到座椅前，站定后侧身回头看一下自己与椅子的距离，然后右脚撤半步，收回左脚入座。

（3）在正式场合，入座时要轻柔和缓，起座要端庄稳重，不可猛起猛坐，弄得桌椅乱响。更要注意不要带翻桌上茶具之类的物品。在就座的整个过程中，不管是移动座位还是入座，都不可发出嘈杂的声音。不慌不忙、悄无声息能体现商务人员的良好素养。

（4）女士穿裙子时，坐前要用手把裙子拢一下再坐，起立时，右脚先向后收半步站起，向前走一步，再转身走出去，这样显得优雅得体。

（5）离开座位的时候不要突然跳起，避免惊吓他人。

（二）入座后的规范坐姿

正确的入座后的规范姿势，要遵循以下几个方面的要求：

（1）根据座位的高低调整坐姿。在商务交往场合、较为正规的社交场合或有尊者在座时，通常不应坐满座位，一般坐2/3的面积。

（2）上身以规范的站姿为基础，头部端正，腰身挺直，目视前方或面对交谈对象。

一般情况下不应身靠座位的背部。

（3）在商务会谈、正式的拜访、隆重的宴会等极正规的场合，上身与大腿、大腿与小腿基本上应成直角，也就是通常所说的“正襟危坐”的状态。这两个角度若成明显的钝角或锐角，会显得放肆或者疲惫不堪。

（4）关于入座的规范姿势，男女有一定差别，主要差别在于腿脚的放置。男士就座后双腿可以张开，但不应超过肩膀的宽度；而女士就座后大腿务必要并拢，尤其是穿短裙的时候，不可张开双腿就座，这是非常不雅观的。男士、女士正面坐姿如图2－4所示。

（5）在非正式场合，比如说一般的会谈及普通的社交场合，双腿可以斜放或叠放。双腿交叉叠放时，务必要做到膝盖以上并拢，脚尖尽量指向地面。双腿斜放通常是女士的坐姿，大腿要收紧，小腿与地面构成45°～60°的夹角是较为理想的。

（6）双脚自然下垂，脚尖面对正前方或朝向侧前方。根据上身的姿势双脚可保持并拢、平行或外八字状态，但内八字是不雅观的。双脚一前一后也是允许的，但双脚的距离不要太大。

（7）入座之后双手掌心应该向下，叠放在大腿靠近膝盖的部位，在正式场合双手不应放在身前的桌面上；男士可以扶座位两边的扶手，而女士通常扶一边扶手较为雅观。侧坐时双手叠放或相握放置在身体侧向的大腿上最合适。女士侧坐坐姿如图2－5所示，男士侧坐坐姿如图2－6所示。

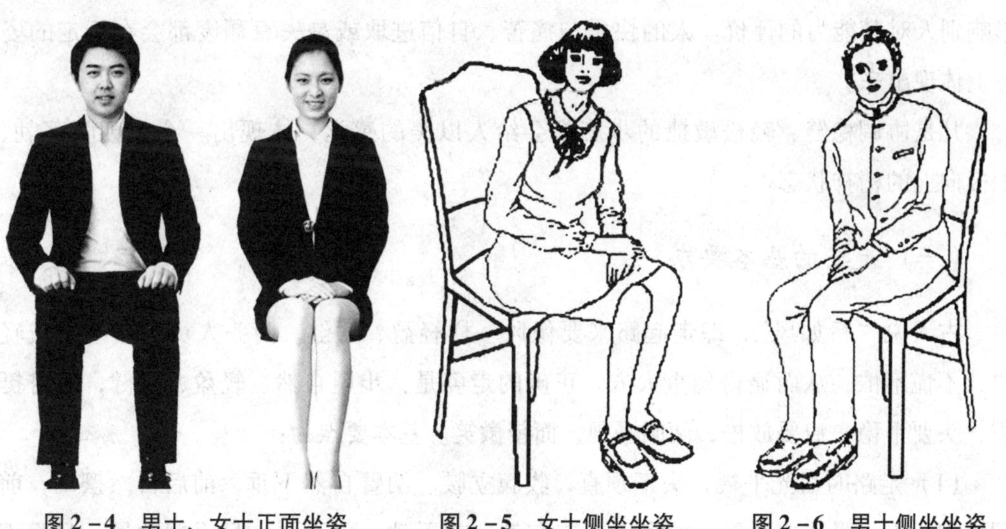

图2－4　男士、女士正面坐姿　　**图2－5　女士侧坐坐姿**　　**图2－6　男士侧坐坐姿**

（三）坐的禁忌

在大庭广众下入座，要注意避免以下情况：

（1）头部晃动。入座后，不应仰头靠在座位背上，也不应长久低头注视地面。闭目养神或左顾右盼都是不礼貌的行为。

（2）腰身不挺直。入座后上身前倾、后仰、歪向一边或趴在任何一个方向都是不可取的。

（3）双手乱放。入座后双手抱于胸前、双手抱于脑后、双手抱膝盖、用手抚摸腿脚都是失礼的行为。双手应尽量减少不必要的动作，身前有桌子时不要将肘部支撑在上面，双手夹在大腿间同样是不雅观的。

（4）腿脚失态。双腿在入座后敞开过大，无论对于男士还是女士都是失礼的行为。不要在公众场合高跷“4”字形腿或把腿伸得太远，叠腿的坐姿会让自己显得傲慢，不宜在尊长面前展示；两腿在公众场合不宜抖动，这样不仅失礼，同时让人觉得紧张；腿脚不宜勾住桌腿，更不要骑在座位上或者把腿架在其他东西上面，不要把脚搭在他人的座位上；将脚抬得过高，以脚尖指向他人，使对方看见自己的鞋底是很失礼的。坐下后切忌在公众场合脱鞋、袜。

三、行走的姿势

行走的姿势亦称走姿，指人在行走的过程中所形成的姿势，规范的走姿具有动态美，是流动的造型，能体现一个人的精神面貌。走姿往往展现一个人的情绪状态并会影响别人对其能力的评价。人的快乐与痛苦、自信进取或是失意颓废都会在行走的姿势上体现出来。

凡是协调稳健、轻松敏捷的步态都会给人以美的感觉，体现出一个人朝气蓬勃、积极向上的精神状态。

（一）走姿的基本要求

古人说“行如风”，即走起路来要像风一样轻盈、矫健。商务人员走路应步伐轻快、不慌不忙，从而显得稳重大方。正确的走姿是：步履自然、轻盈、稳健，腰身挺拔，头要平稳，肩要放松，两眼平视，面带微笑。基本要点为：

（1）走路时目光平视，头正颈直，收腹立腰。两臂自然下垂，前后自然摆动，前摆稍向里折，身体要平稳，两肩不要左右晃动或不动，也不要一只手摆动另一只手不动。走路出步和落地时，脚尖都应指向正前方，脚跟先落地，两脚之间的距离约为自己的1.5～2个脚长。正确的走路姿势还有助于健美。需要注意的是，当前脚落地、后脚离地时，膝盖一定要伸直，踏下脚时稍为松弛，并立刻使重心前移。

（2）手臂伸直放松，手指自然弯曲，摆动时，要以肩关节为轴，大臂带动小臂。

向前摆动时，手臂要摆直线，肘关节略屈，小臂不要向上晃动。向后摆动时，手臂外开不超过30°，前后摆动的幅度为30～40厘米。

（3）在行走前进时，向前伸出的脚应保持脚尖向前，不要向内或向外，双脚行走的轨迹大体保持在一条直线上，同时要克服身体在行走中的左右摆动，使自己的腰部至脚部始终保持挺拔的形态。

（4）全身协调，匀速前进。在商务活动中，商务人员要展示自身沉稳大方的气质，走路必须大体保持匀速，同时要有节奏感。男士要挺拔干练，显出阳刚之美，步幅通常较大，速度为每分钟100～110步。女士要优雅大方，显出阴柔之美，通常步幅较小，速度为每分钟90～100步。

（5）在狭窄的通道，如遇领导、尊者、贵宾，则应主动站立一旁，以手示意，让其先走。

要养成规范的走路习惯，平时就要严格要求自己，否则在正式场合临时想要做出雅观的姿态是很不可能的。精神不振、垂头丧气的人走路会弯腰驼背，拖拖拉拉；相反，对自己的工作充满信心，有兴趣、有目标的人，会自然地表现在其一举一动上，使人感受到他身上所散发出来的魅力。在行走中，若对迎面走来的人点头致意，步伐要渐渐放慢，或稍作停顿，同时露出笑容点头致意，这会给别人好感，其姿态也会使人感到优雅。

（二）走姿的禁忌

在走路时，要避免以下行为：

（1）方向不定。在行走时应明确方向，不可忽左忽右，让人觉得心神不定，缺乏信心。

（2）瞻前顾后。行走时瞻前顾后会让人有做贼心虚的感觉。

（3）速度多变。行走忽快忽慢，会让人捉摸不透。

（4）声响过大。行走时声响过大会妨碍或惊吓到他人。

（5）忌走“八”字步。行走时脚尖向内或向外构成内八字或外八字都是不好看的。

（6）不要勾肩搭背，也不要多人一起并排行走。

（三）特定着装应注意的走姿

有的商务人员虽然穿着合适的服装，但其行为举止不协调，往往让人觉得别扭。如果身穿西装，走起路来摇头晃脑，会让人觉得可笑；又比如身着旗袍，但走路蹦蹦跳跳，会让人觉得很不相称。不同服装对人的举止也有不同要求。一般来讲，以直线条为主的服装要展现矫健、庄重、大方的特点；以曲线条为主的服装要表现妩媚、柔美、优雅、飘逸的气质。

西装以直线条为主，穿西装要注意腰身挺拔，保持后背平直、两腿立直，走路的步幅可略大些，手臂放松，伸直摆动，女士行走时注意臀部不要左右摆动。

旗袍是以曲线为主的，反映出东方女性柔美的风韵，穿着旗袍要求身体挺拔，下颌微收，不要塌腰撅臀，步幅不宜过大，要走成一条直线，两手臂在体侧自然小幅摆动，用腰力把身体重量提起，臀部可随脚步和身体重心的转移稍左右摆动，但上身依然保持平稳。

女性穿长裙显得身材修长，穿长裙时步子频率不能过快，走路要求平稳，以保持裙摆的摆动与脚步协调，有韵律感，转动时要注意头和身体协调配合，调整头、胸、髋三轴的角度，塑造整体美。穿裙摆在膝盖以上的裙装要表现出轻盈、敏捷、活泼、洒脱的特点，行走步幅不宜大，频率可稍快，给人以活泼灵巧的风格。

穿平底鞋时，走路要脚跟先着地，注意脚跟到脚掌的过渡，用力均匀适度。穿高跟鞋时，由于脚跟提高，身体重心前移，为了保持身体的平衡，要求走路时直膝，立腰收腹、收臀，挺胸抬头略收颌，步幅不宜大，膝盖不要太弯，两腿并拢，不强调脚跟到脚掌的推送过程，两脚跟前后踩在一条线上。优雅的走姿如图 2－7 所示。

图 2－7 优雅的走姿

四、其他身体姿势

在商务活动中，商务人员除了站、坐、走之外，其他动作也都有规范要求。

（一）常见身体姿势规范

1. 上下楼梯

在上下楼梯时，头要正，背要挺直，胸微挺，臀部收紧，脚步要轻快而平稳。弯腰驼背的姿势是不雅观的。如果接待客人引导其上下楼梯，扶手那边应让给客人行走。在公共场合上楼梯时，应让尊者、女士在前，下楼时则相反。

2. 上下轿车

轿车是商务工作中常用的交通工具，上下车的姿势同样体现一个人的素养。上车时应侧着身体进入车内，绝对不要头先进去。下车时，也应侧着身体，移着靠近车门，伸出一只脚，再伸出头，起身缓步离去。在接待工作中，上下车时要主动为客人开门、关门。

3. 递物与接物

递物与接物同样是商务工作中常用的动作，应当双手递物、双手接物，表现出尊敬的态度。递上剪刀或其他尖利的物品，应用手拿着尖头部位递给对方。递笔时，注意笔尖不可以指向对方；递书、名片、资料、文件等，文字应正对接收者，要让对方容易看清楚文字内容。接物时不能漫不经心，在双手接物的同时，应点头示意或道谢。

4. 蹲姿

蹲姿也可以是优美的。在取低处物品或拾取落地物品时，不可弯腰或翘臀，而应使用美观的蹲姿。具体做法是：一脚在前，另一脚在后，两腿靠紧向下蹲，前脚全脚着地，小腿基本垂直于地面，后脚跟提起，脚掌着地，臀部要向下。女士如果穿着低领上装，可以一手护着胸口。下蹲时不要东张西望，避免产生猜疑。捡拾物品时，应该走到物品的左侧，呈半蹲状，上身挺直用右手伸手捡拾，然后站立起来，这样下蹲才会好看。

5. 手势

手势是体态语言中重要的传播媒介，它是通过手臂和手指活动传递信息的。手势作为信息传递方式不仅早于书面语言，而且早于有声语言。在商务交往活动中，手势运用得当能更好地表现商务人员的风度。

手势是人们交往时不可缺少的动作，甚至可以替代有声语言。根据世界各地的通用习惯，可以把手势分为四类：

（1）情意手势：表达动作者的情感，加强语气。例如，人们在某件事上准备大干一场时常常会“摩拳擦掌”，意味着心情迫切。又如鼓掌，通常是动作者为表达某种热烈的情感而做出的动作。

（2）象征手势：表示某种抽象的信念，请他人予以理解。例如，一些人用手抚胸口表示自己没有撒谎；法庭作证将手掌向前高高举起，表示下面所说的每句话都真实无误；还有宣誓时所用的手势等。

（3）形象手势：在交往中模仿某种事物，给人一种具体、形象的感觉。例如，以拇指与食指或其他指尖摩擦，通常意指金钱。

（4）指示手势：指示具体的某项行为和事情的手势。例如，在接待宾客时使用的单臂横摆式的请进、请坐等手势。

使用手势应注意：

（1）手势应有助于表达自己的意思，但不宜过于单调重复，也不能动作过大而手舞足蹈。

（2）注意力度的大小、速度的快慢、时间的长短，不可以过度使用。

（3）不能用手指指向他人或自己的鼻尖。谈到自己时应用手掌轻按自己左胸，那样显得端庄、大方、可信。

（4）指示时应掌心向上，手指并拢，不要手指分开或呈弯曲状。

（5）手臂不要过于弯曲，动作要舒展，也不要僵直，缺乏弧度会显得生硬。

（6）运用手势忌不自信、不明确、简单含混、缺乏热情，或与全身配合不协调。

世界各地，不同民族有不同的手势语。有时同一种意思在不同国家或地区用不同手势表达；有时同一种手势在不同的地方却有不同含义，或意思正好相反。因此，与不同的国家地区或民族交往，要了解对方的手势语，以免犯忌。

随着世界交往的增加，有些手势已逐渐被大家认可，成为通用的手势语。如将食指和中指伸出，掌心向外，张开形成“V”字以表示“胜利”；在马路边伸出一只手臂表示叫停出租车等。

（二）个人举止行为的禁忌

这里所说的禁忌行为，是被常人称为“小节”的动作举止。“小节”虽小，但它不仅是影响人体整体形象的主要因素，而且是构成个人公德观念的重要内容。因此，我们不可将其视为毫末小事，而应给予足够的重视。

（1）在众人面前，应力求避免从身体内发出各种异常的声音。咳嗽、打喷嚏、打哈欠等均应侧身掩面再为之。

(2) 公共场合不得用手抓挠身体的任何部位。文雅起见，最好不当众抓耳挠腮、揉眼，也不可随意剔牙、修剪指甲、梳理头发。若身体不适非做不可，则应去洗手间完成。

(3) 出入公共场合，须把衣裤整理好。尤其是出洗手间时，最好与进去时保持一样，或衣冠更整洁才行，边走边扣扣子、拉拉链、擦手、甩手都是失礼的。

(4) 参加正式活动前，不宜吃带有强烈刺激性气味的食物（如葱、蒜、韭菜、洋葱等），以免因口腔异味而引起交往对象的不悦甚至反感。

(5) 在公共场所高声谈笑、大呼小叫都是一种极不文明的行为，应避免。在人群集中的地方特别要求交谈者低声细语，声音的大小以不引起他人注意为宜。

(6) 对陌生人不要盯视或评头论足。自己的行动妨碍了他人应致歉，得到别人的帮助应立即道谢。

(7) 在人来人往的公共场所最好不要吃东西，更不要出于友好而逼着在场的人品尝自己吃的东西。爱吃零食者，在公共场所为了维护自己的美好形象，一定要有所克制。

(8) 感冒或其他传染病患者应尽量避免参加各种公共场所的活动，以免传染他人，影响他人的身体健康。

(9) 应遵守公共活动场所的规则，这是最起码的公德观念，如不随地吐痰，不随手乱扔废物。

(10) 在大庭广众之下，不要趴或坐在桌上，也不要在他人面前躺在沙发里。走路时脚步要放轻，不要弄出太大的响声。即使遇到急事，也要保持冷静，不要因慌张而手忙脚乱。

商务人员如果想塑造良好的个人形象，必须做到内外兼修，进行必要的形体训练，提升自身的气质和风度，使自己的行为举止更加具有韵味。

思考与练习

1. 什么是外在美？什么是内在美？外在美与内在美有什么联系？

2. 结合自己的体会谈谈着装的基本原则。

3. 请你根据自己的特点为自己设计一个合适的发型。

4. 假设你现在要去面试物流公司客户服务员的职位，请为自己设计一个合适的个人形象。

5. 对照言行举止的基本要求找出自己行为举止的优缺点。

为什么这次合作没能成功

张振是国内一家效益很好的大型企业的总经理。经过多方努力，德国一家著名的家电企业董事长终于同意与张振的企业合作。谈判时为了给对方留下精明强干、时尚新潮的好印象，张振上身穿了一件T恤衫，下身穿了一条牛仔裤，脚穿一双旅游鞋。当他精神抖擞、兴高采烈地带着秘书出现在对方面前时，对方瞪着不解的眼睛将他上下打量了半天，露出疑惑的表情。最终，这次合作没能成功。

1. 德国客户为什么对张振的着装露出疑惑的表情?
2. 结合本章内容，请你对张振的着装提出建议。

美中不足

一天，黄先生与两位好友小聚，来到某知名酒店。接待他们的是一位五官清秀的服务员，服务员的接待服务工作做得很好，可是她面无血色，显得无精打采。黄先生一看到她就觉得心情欠佳，仔细留意才发现，这位服务员没有化妆，在餐厅昏黄的灯光下显得病态十足。上菜时，黄先生又突然看到传菜员涂的指甲油缺了一块，他的第一个反应就是“不知道是不是掉我的菜里了”。但为了不惊扰其他客人用餐，黄先生没有将他的怀疑说出来。用餐结束后，黄先生唤柜台内收银员结账，而收银员却一直对着反光玻璃墙面修饰自己的妆容，丝毫没注意到客人的需要。自此以后，黄先生再也没有去过这家酒店。

1. 请指出案例中服务员在仪容上存在的问题。

2. 请指出案例中收银员在举止上存在的问题。

实操训练

学生在老师指导下，采取分组方式进行以下操作训练：

（1）对企业、学校的礼仪队队员进行仪容仪表化妆训练。

（2）对企业、学校的礼仪队队员进行着西装、打领带等训练。

（3）条件允许的情况下，在学员之间开展优雅个性化着装、个人形象设计等比赛活动。

（4）对学习本门课程的学员进行微笑、站姿、走姿的各种姿态练习，做到自然、大方。

第三章　日常交往礼仪

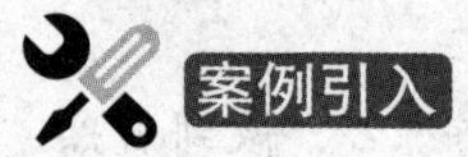

小陈的“不拘小节”

小陈是一位年轻有为的某企业中层管理人员，平时与人见面交往中比较注意礼貌礼仪，平时生活中大家都喜欢和他交往和交朋友。但是到了网络交流，他就不太注意相关的礼仪。在用微信或者QQ等社交软件与人交流时，无论是个人交际还是工作，小陈总是会使用一些带有调侃意味的“表情包”，甚至会把一些语言不文明的“表情包”发给长辈。这和他平时与人见面生活中的作风很不一样，大家都知道他没有任何恶意，但有时候还是不能接受他的行为。但小陈认为表情包可以调节气氛，而且大家都是“开玩笑的”，不必当真，坚持认为网络交流就是要不拘小节。

问题讨论

1. 请大家谈谈关于网络交往中同样应该遵守礼仪规范的看法。
2. 你认为小陈在网络交流时不拘小节的做法需不需要改进，有什么建议？

一个人在社会生活中是不可能不与人交往的，否则难以生存和发展。商务活动往往也是从日常交往活动开始的。通过本章的学习，我们要掌握常用的见面礼仪的规范，了解交谈的礼仪，熟知通信联络礼节，了解馈赠的礼节，做到愉快地与人沟通。

第一节　见面礼仪

一、称呼礼仪

要形成良好的交往关系，尊重他人，首先从礼貌、友好的称呼开始。称呼即称谓，是人们在交往应酬时用以表示彼此关系的名称用语。称呼的选择既要合乎常规，又要亲切自然，照顾被称呼者的个人习惯。称呼主要有以下几类。

（一）尊称

尊称是对别人采用恭敬的称呼，以表示敬重的感情，一般是对上级、长辈、客人的称呼。职场上我们尽可能地使用此类称呼。

1. 职务性称呼

以对方的职务相称，以示身份有别、敬意有加，这是一种最常见的称呼。具体可分三种情况：只称职务（如经理、科长）、在职务前加上姓氏（如李经理、王科长）、在职务前加上姓名（这适用于极其正式的场合）。

2. 职称性称呼

对于具有职称者，尤其是具有中级、高级职称者，在工作中直接以其职称相称，如陈教授、李工程师等。称职称时也如职务性称呼一样有三种情况。

3. 职业性称呼

在工作中，有时可按行业进行称呼。对于从事某些特定行业的人，可直接称呼对方的职业，如老师、医生、会计、律师等，也可以在职业前加上姓氏、姓名。

在我国实际的社会生活中，熟人之间对职务、职称的称呼经常会采用约定俗成的简称，这种做法也是不失敬意和简便得体的，如陈局长简称“陈局”，李处长简称“李处”，赵工程师简称“赵工”等。在我国还有一种情况，即出于尊敬，对职务、职称的副职称呼往往把这个“副”字去掉，如李副局长简称“李局”，周副总经理简称“周总”等，这也是一种约定俗成、广泛接受的称呼方式。当然，这种简称最好是在非正式场合使用，起到亲切、简便、增加敬意的作用，如果是在正式的社交场合，还是以全称为宜。

（二）日常称呼

日常称呼不表示尊卑，一般是对同辈、同级、下属的称呼。

1. 姓名性称呼

可以只呼其名，尤其是上司称呼下级、长辈称呼晚辈。在亲友、同学、邻里之间，也可如此称呼；也可以只呼其姓，但要在姓前加上“老”“大”“小”等前缀。

2. 性别性称呼

对于从事服务行业的人，一般约定俗成地按性别的不同分别称呼“小姐”“女士”或“先生”。

3. 身份性称呼

在双方认识之初且共处一个团体时以身份、关系称呼比较合适，如“同学”“学长”“队友”“室友”等。

（三）谦称

谦称是用一种谦卑的称谓称呼自己及亲属、下属，通过抑己来表示对对方的尊重，如用“鄙人”“在下”来谦称自己，用“家父”“家母”“愚弟”“舍妹”等谦称自己的家属。

恰如其分的称呼能反映出一个人的良好教养、对对方的尊重程度。在使用称呼时还要注意不要说错别人的姓名，此外，误会对方的年纪、辈分、婚姻状况以及与其他人的关系，或者在正式场合使用不当、过于口语化的称呼（如“伙计”“兄弟”“哥们儿”等），或称呼对方的外号，或在公众场合使用爱称（私下表示喜爱的称呼）等。这些都是我们要避免的做法。

二、介绍礼仪

介绍是人际交往中与他人进行沟通、增进了解、建立联系的一种最基本、最常规的方式，是人与人相互沟通的出发点。正确地利用介绍，不仅可以扩大自己的交际圈，广交朋友，而且有助于自我展示、自我宣传，在交往中消除误会、减少麻烦。

（一）自我介绍

自我介绍的内容通常包括三项基本要素：本人的姓名、供职的单位以及具体部门、担任的职务和所从事的具体工作，但要根据实际需要、所处的场合而定，要有针对性。在某些场合，自己并无与对方深入交往的意愿的话，只需介绍自己的姓名，如“您好，我叫李艳”。有时，也可对自己姓名的写法作些解释，如“我叫陈忠，耳东陈，忠诚的忠”。如因工作需要与人交往，自我介绍就应包括三要素了，如“我叫王丽，在××大学从事行政工作”。

在社交活动中，如果希望新结识的对象记住自己，作进一步沟通与交往，自我介绍时除三要素外，还可提及与对方某些熟人的关系或与对方相同的兴趣爱好，如“我叫刘英，是××物流公司的财务主管，我与您哥哥是同学”。

进行自我介绍时，一要充满自信，态度要自然、亲切，语速不快不慢，目光正视对方；二要简洁、清晰，不啰唆；三要选择好时机，当对方无兴趣、无要求、心情不好或正在休息、用餐、忙于处理事务时，切勿打扰，以免尴尬。

（二）为他人作介绍

在社交场合，经第三者为彼此不相识的双方引见，这便是为他人作介绍。一般情况下，为他人作介绍是双向的，即第三者对被介绍的双方都作一番介绍。

为他人作介绍的介绍者，通常是社交活动中的东道主，家庭聚会中的主人，正式活动中地位、身份较高者。如果熟悉被介绍的双方，又应一方或双方的要求，也可充当介绍人。如果一方是二人以上，则由身份最高者出面做自我介绍，然后再将其他人员按一定顺序一一介绍给对方。

为他人作介绍，要先了解双方是否有结识的愿望，不要贸然行事，最好先征求一下双方的意见。介绍的内容大体与自我介绍的内容相仿，可酌情在三要素的基础上进行增减。有时为了推荐一方给另一方，介绍时可以说明被推荐方与自己的关系，或强调其才能、成果，以便新结识的人相互了解与信任。例如：“李经理，请允许我介绍我的朋友张小姐，她也是物流行业的专业人士。你们慢慢聊吧。”

当介绍者走上前来，开始介绍时，被介绍者双方都应当表现出结识对方的热情，起身站立，面带微笑，大方地目视介绍者或对方。同时，被介绍者双方应依照合乎礼仪的顺序进行握手，彼此问候一下，也可以互递名片，交换联络方式。

三、握手礼仪

握手礼是世界最通行的见面礼。不同的握手方式往往能够表达出对握手对象的不同礼遇和态度，交往的效果截然不同。

（一）使用场合

通常，两人初次见面、熟人久别重逢、告辞或送行都可以握手表示自己的善意，这是最常见的。

有些特殊场合，比如向人表示祝贺、感谢或慰问时，双方交谈中出现了令人满意的共同点时，或双方原先的矛盾出现了某种良好的转机或彻底和解时，习惯上也以握手为礼。

（二）握手顺序

长辈和晚辈之间，长辈伸手后，晚辈才能伸手相握，也可以伸出双手表示对长辈的尊敬；上下级之间，上级伸手后，下级才能接握；男女之间，女方伸手后，男方才能伸手相握，当然，如果男方为长者，遵照第一种情况的方法。

在工作场合，握手时伸手的先后次序主要取决于职位、身份。而在社交、休闲场合，它主要取决于年龄、性别、婚姻状况。

在接待来访者时，这一问题变得特殊一些：当客人抵达时，应由主人首先伸出手来与客人相握。而在客人告辞时，就应由客人首先伸出手来与主人相握。前者是表示“欢迎”，后者表示“再见”。如果次序颠倒，就很容易让人发生误解。

应当强调的是，上述“尊者先伸手”的原则不必处处苛求于人。如果自己是尊者、长者、上级，而位卑者、年轻者或下级抢先伸手时，最得体的做法就是立即伸出自己的手进行配合，而不要置之不理，使对方难堪。

（三）姿态要求

握手时应距对方约一步远，保持站立姿势，身体稍微前倾，右臂向前伸出，与身体成五六十度的夹角，手掌心微向左上，拇指前指，其余四指自然并拢并微向前曲，目视对方，面带微笑，附上问候，握住手后稍用力三五秒钟即可放开。

掌心向下握住对方的手，显示着一个人强烈的支配欲，追求高人一等的地位，应尽量避免这种傲慢无礼的握手方式。平等而自然的握手姿态，是两手的手掌都处于垂直的状态，这是一种最普通也最稳妥的握手方式。

交际时如果人数较多，可以只跟相近的几个人握手，向其他人点头示意，或微微鞠躬就行。为了避免尴尬场面出现，在主动和人握手之前，应想一想自己是否受对方欢迎，如果已察觉对方没有握手的意思，点头致意即可。

此外，不要在握手时戴着手套或墨镜，只有女士在社交场合戴着薄纱手套握手才是被允许的。

四、名片礼仪

在社交场合，特别是在各种商务交际场合，名片是人际交往的重要工具，也是商务人员个人形象和企业形象的有机组成。

（一）使用场合

通常，我们可利用名片介绍自己。初次与交往对象见面时，除了必要的自我介绍外，还可以向对方递送名片。这样不仅能向对方表明身份，而且可以节省时间，强调与对方结识的意愿。在这种情况下，对方一般会“礼尚往来”，也将其名片回递过来，从而完成双方交往的第一步。保持联系则是名片的另一个重要用途。大多数名片都有名片主人一定的联络方式。利用他人在名片上提供的联络方式，便可与对方取得并保持联系，促进交往。

赠送名片时，可随赠鲜花或礼物，以及发送介绍信、致谢信、邀请信、慰问信等，还可以在名片上面留下简短附言。

今天，网络已成为我们工作和生活必不可少的工具，电子名片的使用也越来越普遍。职场人士通过电子名片能够帮助个人或企业展示形象、推销自己或企业产品、把握机遇。它不需要专业的技术人员来维护，也不需要很大的资金投入，只要利用服务商的信息平台，就能够让电子名片经常被目标客户浏览，效果不亚于亲手把名片递交到客户手中。

（二）交换礼节

名片的递送、接受、存放也要讲究礼仪，需要注意以下内容：

1. 名片的准备

不要将名片和钱包、笔记本等放在一起，原则上应该使用名片夹。也可将名片放在上衣口袋，不可放在裤兜里。注意保持名片或名片夹的清洁、平整。

2. 名片的递送

递名片的次序是由下级或访问方先递名片，若是介绍时，则应由先被介绍的一方递上。

递送时应将名片正面面向对方，双手奉上。眼睛应注视对方，面带微笑，并大方地说：“这是我的名片，请多多关照。”互换名片时，应用右手拿着自己的名片，用左手接对方的名片后，用双手托住。

在尚未弄清对方身份时，不应急于递送名片，更不要把名片视同传单随便散发。

3. 名片的接受与存放

接受名片时应起身，双手接受，面带微笑注视对方。接过名片时应说“谢谢”，随后有一个微笑和简短阅读名片的过程，阅读时应将对方的姓名、职务念出声来，并抬头看看对方的脸，使对方产生一种受重视的满足感。然后，回敬一张本人的名片，如未带名片，应向对方表示歉意。在对方离开之前，或话题尚未结束的情况下，不必急于将对方的名片收藏起来。

接过别人的名片切不可随意摆弄或扔在桌子上，也不要随便地塞在口袋里或丢在包里，应放在西服上衣左胸的内衣袋或名片夹里，以示尊重。

（三）制作规范

名片的制作是有一定的规范的。名片制作得是否规范，往往会影响交往对象对自己的看法。商务人员在定制名片时应当对下列问题予以关注。

1. 规格材料

目前我国通行的名片规格为9cm×5.5cm，而在国际上较为流行的名片规格则为10cm×6cm。在一般情况下，我们应以前一种标准定做名片。如果参与的商务活动多为涉外性质，则应采用后一种规格。若无特殊原因，不必制作过大或过小的名片，更无必要将名片作成折叠式或书本式。

名片通常以耐折、耐磨、成本较低的纸张作为首选材料，如白卡纸、再生纸等，不宜选用塑料、真皮、金属等不耐用或较昂贵的材料制作名片。

2. 色彩图案

商务交往中，一般要求名片色彩淡雅，要单色，不要花色，一般选择浅白色、浅黄色、浅灰色、浅蓝色。图案选择上，一般可以有企业标识，如单位的所处位置、本企业的标志性建筑、本企业的主打产品等，不要印照片。字体通常用标准的宋体和楷体，中文和外文要两面印刷。

3. 文字内容

无论是社交名片还是商用名片，都应有三项内容：第一是指明本人归属（企业标识、单位全称等）；第二是本人称谓（姓名、行政职务、学术头衔等）；第三是联络方式（地址、邮政编码、电话号码等）。

五、其他见面礼

除以上见面礼之外，下面的礼节也常见于国内外交往。

1. 脱帽礼

戴着帽子的男士，在庄重、正规的场合，或进入他人居所、娱乐场所，路遇熟人，与人交谈、握手或行其他会面礼时，应摘下帽子或举一举帽子，并向对方致意或问好。

（女士在社交场合可以不摘帽子。）

2. 点头礼

点头礼又叫颔首礼，它所适用的情况主要有：遇到熟人，在会场、剧院、歌厅、舞厅等不宜交谈之处，在同一场合碰上已多次见面者，遇上多人而又无法一一问候的。行点头礼时，应该不戴帽子。具体做法是头部向下轻轻一点，同时面带笑容，不要反复点头，点头的幅度也不必过大。

3. 鞠躬礼

鞠躬礼在日本、韩国、朝鲜应用十分广泛。目前在国内主要适用于下级对上级、学生对老师、晚辈对长辈，亦常用于服务人员向宾客致意、演员向观众掌声致谢、举行婚礼或参加追悼活动。行鞠躬礼时，应脱帽立正，然后上身弯腰前倾。男士双手应贴放在身体两侧裤线处，女士的双手下垂搭放在腹前。下弯的幅度越大，所表示的敬重程度就越大。喜庆时鞠躬的次数不能是三次，一般追悼活动时才用“三鞠躬”的礼仪。

4. 举手礼

行举手礼的场合和行点头礼的场合大致相似，它最适合向距离较远的熟人打招呼。行举手礼的做法是右臂向前方伸直，右手掌心向着对方，其他四指并齐，拇指叉开，轻轻向左右摆动一两下。手不要上下摆动，也不要在手部摆动时用手背朝向对方。

5. 拱手礼

拱手礼又叫作揖礼，在我国至少已有2000年的历史，是我国传统的礼节之一，至今还有沿用，常在人们相见（特别是人多不方便逐一握手）时采用。行礼方式：起身站立，上身挺直（若是会见个人时则以微鞠躬状配合），两臂前伸弯曲似拥抱状，相叠于胸前或偏上形成一个“拱形”；应注意拱手礼是男女有别的，标准的男子姿势是右手成拳，左手包住（因右手是攻击手，包住以示善意）在外，以左示人，表示真诚与尊敬；女子两手动作与男子相反，但不抱拳，只伸直压手；双手在胸前抱拳（压手）后自上而下有节奏地晃动两下便礼成。要特别注意左右手不能弄反，那是报丧、求饶等场合才用的。目前，拱手礼主要用于元旦、春节等节日的相互祝贺等活动；有时也用在订货会、产品鉴定会等业务会议中厂长、经理向大家拱手致意。

6. 合十礼

合十礼又称合掌礼，流行于信奉佛教的国家。其行礼方法是两个手掌在胸前对合，掌尖和鼻尖基本相对，头略低，面带微笑。当别人向我们施这种礼节时，我们也应以此还礼。

7. 拥抱礼

拥抱礼是流行于欧美的一种礼节，通常与亲吻礼同时进行，用于官方、民间的迎送宾客或祝贺致谢等社交场合。行礼方法：两人相对而立，右臂向上，左臂向下；右手挟对方左后肩，左手挟对方右后腰。双方头部及上身均向左相互拥抱，然后再向右拥抱，最后再次向左拥抱，礼毕。

8. 亲吻礼

亲吻礼多见于西方、东欧、阿拉伯国家，是亲人以及亲密的朋友间表示亲昵、慰问、爱抚的一种礼节。行礼时，往往伴有一定程度的拥抱，不同关系、不同身份的人相互亲吻的部位不尽相同。关系亲近的女子之间可以吻脸，男子之间是拥肩相抱，男女之间一般是贴面颊，长辈与晚辈之间宜吻脸颊或额头，男子对尊贵的女宾可以吻手指或手背，只有情人或夫妻之间才吻嘴唇。

第二节　交谈礼仪

交谈在日常生活、社交、工作中广泛运用，是人际往来中交流感情、增进了解、获得有效信息的主要手段。它是双向甚至多向活动，由三大因素组成，即“交谈＝语言＋非语言因素＋聆听”。我们该谈什么？如何谈？怎样才能彼此接纳？让我们共同来把握好一些基本技巧。

一、语言

（一）语言要文雅、简洁

语言是社会交际的工具，是人们表达意愿、思想感情的媒介和符号。语言也是一个人道德情操、文化素养的反映。在与他人交往中，如果能做到言之有礼、谈吐文雅，就会给人留下良好的印象；相反，如果满嘴脏话，甚至恶语伤人，就会令人反感、讨厌。

因此，交谈中应注意运用礼貌语言，力求尊重对方，“您好”“请”“谢谢”“对不起”“再见”等要常挂嘴边。

我们可以对一些常用的礼貌用语进行记忆：

问人姓氏说“贵姓”，问人住址说“府上”。

仰慕已久说“久仰”，求人帮忙说“劳驾”。

向人询问说“请问”，请人解答说“请教”。

求人办事说“拜托”，麻烦别人说“叨扰”。

请人谅解说“包涵”，向人祝贺说“恭喜”。

希望照顾说“关照”，赞人见解说“高见”。

请人赴约说“赏光”，自己住宅说“寒舍”。

需要考虑说“斟酌”，无法满足说“抱歉”。

宾客来到说“光临”，等候别人说“恭候”。

请人勿送说“留步”，送人远行说“平安”。

交谈中，我们还要多使用文雅的语言，粗话、黑话切忌使用，外语、方言看场合使用，这样才能体现出一个人的文化素养以及尊重他人的优良素质。

另外，交谈时应根据谈话内容及议题，做到简洁清晰、表达完整。繁言无要，要言不繁，这是交谈中不应忘记的原则。当然，交谈中适度的幽默则会使气氛更加轻松、活泼。

（二）选择合适的话题

交谈的话题指的是交谈的中心内容。一般而言，交谈的话题多少可以不定，但在某一特定时刻宜少不宜多，最好只有一个。唯有话题少而集中，才有助于交谈的顺利进行，话题过多、过激将会使交谈者无所适从。

1. 适宜谈论的话题

为能创造一个愉悦和谐的谈话环境，交谈双方应选择彼此都可以介入又能方便发表意见的话题，即寻求共同的经验范围，如现场气氛、环境布置、天气、当日新闻、国际形势、文艺演出、体育比赛等。在双方有所认识和默契后，话题就有了方向。它可以是高雅的话题，即内容文明、格调脱俗的话题。例如，文学、艺术、哲学、科技、历史、地理、建筑等，都属于高雅的主题。它适用于各类交谈，但要求双方都对它有所了解，忌讳不懂装懂。它可以是轻松的话题，即谈论起来令人轻松愉快、身心放松、饶有情趣、不觉劳累厌烦的话题。例如，文艺演出、流行时装、美容美发、体育比赛、电影电视、旅游观光、名胜古迹、风土人情、名人逸事、特色小吃、科技发展、天气状况等。它适用于非正式交谈，允许各抒己见，任意发挥。它可以是时尚的话题，即以此时、此刻、此地正在流行的事物作为谈论的中心。以当今为例，随着改革开放40多年我国成为世界第二大经济体取得举世瞩目的成果，我国人民的生活可以说发生了翻天覆地的变化，物质精神生活比改革开放前得到极大丰富，给大家带来更多谈论话题，如购房购车的心得、出国旅游的见闻、高楼加装电梯的经验、无人机送外卖的方便等。它更可以是擅长的话题，即交谈双方，尤其是交谈对象有研究、有兴趣、有可谈之处的话题。

须知话题选择之道，在于应以交谈对象为中心。例如，与医生交谈，宜谈健身祛病；与学者交谈，宜谈治学之道；与作家交谈，宜谈文学创作等。交谈中要忌讳以己之长对人之短，否则“话不投机半句多”。因为交谈是意在交流，故不可只有一家之言，否则难以形成交流。

2. 忌谈的话题

虽然说很多话题都可成为良好的谈资，但以下内容则是需要回避的。

（1）关于个人隐私的话题

个人隐私即个人不希望他人了解的事，在交谈中，不要涉及他人的隐私，关心人要有度，关心过度是一种伤害。因此，不应询问对方的年龄、婚姻状况、收入、履历等，也不要随便谈论他人的健康、宗教信仰和政治信仰。同时，不要随便散播和听信流言蜚语。

（2）捉弄对方的话题

在交谈中，切忌说话尖酸刻薄、油腔滑调，乱开玩笑，甚至挖苦、调侃、取笑对方等，使对方出丑或难堪。以捉弄伤害人的话题为中心展开交谈，势必会严重损害双方关系。

（3）非议旁人的话题

有人在交谈之中喜欢传播流言蜚语，非议不在场的人。其实人们都知道“来说是非者，便是是非人”。非议旁人不但不能证明自己待人诚恳，反而让人感觉素质低下、缺乏教养。

（4）内容负面的话题

如果在交谈中不慎谈及一些令对方伤感、不快甚至反感的话题，我们应立即转移话题，不再涉及。

（5）过于围绕自我的话题

有的人谈来谈去总是围绕着自己的生活，开始人们也许还有兴趣听，时间一旦太久便令人失去兴趣甚至反感。因此，谈话过于以自己为中心的做法既自私也失礼。

礼仪小贴士

在你阅读报刊的时候，拿一支彩笔，把每天最有趣的新闻或是好文章勾起来，最好能剪下来。每天只要两条，两个星期之后，你便积累了不少有趣的信息了。在你阅读其他书籍的时候，每天发现其中一两句你认为很有意义的话，用彩笔在那句话旁边画上线，若能抄在你的笔记本上就更好了。如果你坚持每天记住一两句，两三个月后，你就会发觉你的语言比以前丰富多了。在听演讲或别人谈话时，随时都可以听见体现人类智慧的语句。把这些记在心中，写在纸上，久而久之，你谈话的题材和资料就会越来越丰富，你的口才也会越来越好，甚至可以做到出口成章，随便说什么都可以有条理。

对于谈话的题材和资料，一方面要懂得去吸收，另一方面要懂得去应用。只要懂得吸收和应用，即使是一句普通的话，也往往会取得惊人的效果。

二、交谈的非语言因素

现代科学研究发现，一个信息的传递＝7％言语＋38％声音＋55％表情，也就是说，非语言因素的意义比语言因素要深刻。因此，运用好非语言因素对提高交谈技巧尤为必要。

（一）声音要热情、亲切和充满活力

在小范围、面对面的交谈中，高低有度、轻重适宜、快慢有节的声调是很重要的。说话时，要做到声音轻柔、声调放低。柔和的声音最受欢迎，具有亲和力。低而稳定的音调可以让人感受到你的沉着、稳重。声调太高会让人认为你不成熟或过度紧张。所说的话要明白易懂，而且措辞准确、发音清楚。做到语速适中，不快不慢。语速过慢让人着急，没有停顿的语速又让人听得吃力。一定要避免声音单调。抑扬顿挫总比单调使人感兴趣。同时，要正确使用声音表达出强烈的情感，例如关心、怜悯、热爱、同情等。

（二）肢体语言的辅助作用

1. 丰富多彩的面部表情

根据生理学和神经心理学的研究，人的喜怒哀乐等复杂感情在脸上的表露都是由面部肌肉的交错收缩与放松造成的。一般来说，喜则眉飞色舞，怒则咬牙切齿，哀则愁眉苦脸，乐则笑逐颜开。与此同时，与脸部肌肉相联系的口唇，也必然产生相应的变化。

（1）善于观察对方的眼神

眼睛是心灵之窗，我们在人际交往中都会不由自主地用眼神说话，也在有意无意

地观察他人的眼神。比如，深切地注视是一种敬意的表示；暗送秋波是情人交流感情的方式；横眉冷眼是一种仇视的态度……

眼神主要由注视的时间、视线的位置和瞳孔的变化三个方面组成。

据相关研究，人们在交谈时，视线接触对方脸部的时间占全部谈话时间的30%～60%，如果有人超过这一平均值，可认为他对对方本人比对谈话内容更感兴趣；低于平均值，则表示他对谈话内容和对方本人都不怎么感兴趣。不难想象，如果谈话时心不在焉、东张西望或是由于紧张、羞怯而不敢正视对方，目光注视的时间不到谈话时间的1/3，这样的谈话必然不会帮助自己建立良好的人际关系。

交谈时目光所及之处也是有差别的。若把目光放在额头上（以两眼为底线、额中为顶角形成的三角区），属于公务型注视，交谈的气氛应该是严肃认真的；若把目光放在眼睛至唇部之间（以两眼为上线、唇心为下顶点形成的倒三角区），属于社交型注视，交谈的气氛应该是平等而轻松的；若把目光放在眼睛到胸部之间，属于亲密型注视，交谈的气氛应该是亲昵的。

心理学家往往用瞳孔大小的变化规律来测定一个人对不同事物的兴趣、爱好、动机等。兴奋时，人的瞳孔会扩张到平常的4倍大；相反，生气或悲伤时，消极的情绪会使瞳孔收缩到很小。据说，古时候的珠宝商人已注意到这种现象，他们能通过窥视顾客的瞳孔变化而猜测对方是否对珠宝感兴趣，从而决定是抬高还是降低价格。可见，我们在交谈过程中要注视对方的眼睛，观察对方的瞳孔，从而在将自己的心境坦露给对方的同时，获知对方真实的情绪，达到心灵的交流。

（2）展示微笑的魅力

微笑具有独特的魅力。在交谈中，亲切、温暖的微笑能够缩短人与人之间的距离，使人感到轻松愉快，赢得更多的信赖。微笑不但能强化有声语言沟通的功能，增强交际效果，而且能与其他肢体语言配合，代替有声语言的沟通。然而，要笑得好、笑得自然，并不容易。面对亲密的人，笑得过火会显得不稳重；硬挤出的淡淡的笑，则给人一种虚伪的感觉。微笑只有发自内心，才能亲切自然。

2. 不可忽视的肢体动作

无论是坐着还是站着谈话，都应该保持良好的姿态，姿态往往是人的内心某一情感的真实表达。

当与别人谈话时不要双手交叉（这代表傲慢），身体晃动，或是摸摸头发、耳朵、鼻子，这些小动作给人以不耐烦的感觉。

一个善于交谈的人，总是懂得适当利用肢体语言来强调、丰富自己的思想和见解。它可以使你的谈话更富有生气，可以帮助你表情达意。但并非所有的表情和手势都能为你的谈话增加色彩，太夸张或太频繁的手势和表情可能会使对方曲解你的意思，甚至会令对方认为你缺乏教养而反感。

三、交谈中的聆听

“听”是关注反馈的过程。有了这个过程，才能称作谈话或交谈，才能形成沟通、促进交往。

（一）聆听的作用

在人们面对面的交谈中，讲与听是同等重要的，认真地去听，可以收到良好的谈话效果。听，可以满足对方的需要。认真聆听对方的谈话，是对讲话者的一种尊重，在一定程度上可以满足对方的需要，同时可以使人们的交往、交谈更有效，彼此之间的关系更融洽。聆听是一种礼貌，是对别人的尊重，也是一种鼓励，是褒奖对方谈话的一种方式，有助于提高谈话者的兴致。因此，能够耐心地倾听对方的谈话，等于告诉对方“你是一个值得我倾听你讲话的人”，这样在无形中就能加深彼此的感情。

听，可以了解对方（现在讲话者）是否真正理解你（刚才讲话者）说话的含义。听，可以获得必要的信息和最新的情报资料。注意聆听别人的讲话，从他人说话的内容、声调、语速，可以了解对方的需要、态度和性格，这样你就可以与他人进行有效的思想交流，建立良好的人际关系。

注意倾听别人讲话，同时可以思考自己所要说的话，整理自己的思路，寻找恰当的词句，以完整地表达自己的意见，给人鲜明的印象。一般来讲，听比说快，听话者在听的过程中总有些间歇时间，在这些时间空隙里，应该回味讲话人的观点，把讲话人的观点和自己的观点作比较，预想好自己要阐述观点的理由，设想可能有的其他观点等。因此，从某种意义上说，在社交场合最受大家欢迎的人，往往并不仅是能说会道的人，而是更会聆听的人。因为交谈中只有既会讲又善听才可以充分满足双方的需要，也只有如此，才能使交谈顺利进行。如果只顾自己讲，不想认真听对方说话，则一定是交谈中的“自私者”，肯定是不受欢迎的。

（二）聆听的礼仪

聆听时要专心致志，保持目光接触，仔细听对方说话。不要三心二意、东张西望，这会影响谈话的效果。还要排除一切干扰，如外界的嘈杂声音、消极的情绪等，集中注意力认真倾听。

聆听时要积极鼓励对方畅所欲言。倾诉者总是希望与倾听者进行交流，希望被人理解、获得同情等。在这种情况下，倾听者适当地提问、提示、表现出兴趣，会给倾诉者以鼓励。如果倾听者表示“我还没听明白，请您再讲具体一点好吗?”“还有哪些方面需要进一步考虑的呢?”等，这会使倾诉者产生被接受、理解及给予鼓励的感觉，其谈兴才会更浓厚。

聆听的同时，我们还要察言观色。人们在表述自己的想法时，主要通过有声语言，即说话，但也会有意无意地渗透着非语言因素，表达出更为隐秘的心理活动。例如，谈话时的表情兴奋或是沮丧，身体的姿势紧张还是放松，它们同样在透露着言外之意。我们若将说话者的言与行结合在一起分析，将有助于我们理解他人的真实想法，从而做出正确的判断。

大多数人会对诚心诚意倾听自己谈话的人产生好感，从而敞开心扉，倾吐心声。所以，在交谈过程中，我们要耳到、眼到、心到，做一个善解人意的人，赢得对方的尊重和信赖，并让对方乐于与你交谈。善于聆听，是交谈成功的一个重要环节。

第三节　通信联络礼仪

在现代社会生活，人与人的交流除了面谈，电话、网络等通信交流也非常频繁，也就产生了通信联络必须注意的礼仪知识。通信联络礼仪与面谈礼仪一样，要认真学习与遵守，才能保证人际交往、商务活动等顺利进行。下面我们分别介绍接打电话、网络通信、书信往来这几方面的礼仪要求与规范。

一、电话礼仪

电信事业的发展为人际沟通提供了极大的方便，电话的普及率越来越高，现代社会人们越来越离不开电话。打电话看起来很容易，对着话筒同对方交谈，觉得和当面交谈一样简单，其实不然，虽然打电话通常是不见面（现代社会也可以视频通话，这样的话更需要如面谈一样注意遵守礼仪要求与规范。当然，商务交往通常不采用视频通话）的言语交流，但声音的传递如同面谈一样，是表现个人形象的重要途径，不能认为对方看不到你就可以忽视应有的礼貌。因此，打电话是大有讲究的。

（一）打电话

在整个通话过程中，发话人通常居于主动地位，须使自己所打的电话既能正确无误地传递信息、联络感情，又能为自己塑造良好的形象。发话人在打电话时，必须做到时间适宜、内容简练、表达文明。在以上三个方面稍有不慎，就会使自己塑造良好形象的努力功亏一篑。

1. 时间适宜

考虑通话的时间要注意两点：一是何时通话为佳，二是通话多久为宜。

通话的最佳时间有二：一是双方预先约定的时间，二是对方方便的时间。除有要事必须立即通知外，不要在对方的休息时间打电话，如每日上午 7 点之前、晚上 10 点之后以及午休的时间，在用餐时间打电话也不合适。给海外人士打电话，先要了解一下时差，不要不分昼夜，避免打扰对方。打公务电话，尽量公事公办，不要在对方的私人时间，尤其是节假日去打扰对方。另外，若是有意识地避开对方的通话高峰时间、业务繁忙时间、生理厌倦时间，打电话的效果会更好。

在一般情况下，每一次通话的具体时长应有所控制，遵循“三分钟原则”，即发话人应当自觉地、有意识地将每次通话的时长限定在 3 分钟之内，尽量不要超过这一限定。

发话人在打电话时，应当对受话人多多体谅。在通话开始后，除了要自觉控制通话时长外，必要时还应注意受话人的反应。比如，可以在通话刚开始时问一下对方现在通话是否方便。倘若对方不方便，可另约一个时间，届时再把电话打过去。倘若通话时间较长，亦应先征求一下对方意见，并在结束时略表歉意。在对方节假日、用餐、睡觉时，万不得已打电话影响了别人，不仅要讲清楚原因，而且要说一声“对不起”。在他人上班时间内，原则上不能为了私事而通话。

2. 内容简练

在通话时，内容简练，不只是礼仪上的规范，也是限定通话时长的必要前提。根据礼仪规范，发话人要做到内容简练，就必须每次通话之前做好充分准备。最好的办法是把受话人的姓名、电话号码、通话要点等必不可少的内容列在一张清单上。

在通话时，发话人讲话务必要务实。问候完对方，即开宗明义，直言主题，不节外生枝，不无话找话。

3. 礼貌待人

发话人在通话的过程中，无论从语言、态度还是举止上都要待人以礼，尊重对方。具体来说，当我们打电话给某人时，接通后应首先向对方恭恭敬敬地说一声“您好”，然后再自报家门，这是必须遵守的最基本的礼仪规范。切勿一上来就“喂”，然后迫不及待地说自己的事情，这样是非常不礼貌的。

打电话时发话人语调应平稳柔和，面带微笑地与对方交谈，可使你的声音听起来更为友好热情。由于面部表情会影响声音的变化，所以即使在电话中对方看不见你，但从欢快的语调中也会被你感染，给对方留下良好的印象。

在非视频的通话过程中，不能因互不见面而过于放松，应该仍然端正姿态，并使用自然的语调。

（二）接电话

根据礼仪规范，受话人接电话时，也要相应地做到以下几点。

1. 接听及时

电话铃声一旦响起，最好在3声之内接起。接听电话是否及时，反映着一个人待人接物的态度。在电话铃响以后，应亲自接听电话，尽量不要让别人代劳，尤其是不要让小孩子代接电话。尽量不要在铃响许久之后才去接电话。因特殊原因，铃响过久才接电话的话，须在通话之初向发话人表示歉意。

2. 了解来电目的

当对方拨通了你的电话后，你可以运用5W1H技巧弄清来电的目的。5W1H包括：①Who（何人）；②What（何事）；③Why（为什么）；④Where（何地）；⑤When（何时）；⑥How（如何进行）。运用了5W1H技巧，可以使通话内容既简洁又完整，有利于挂断后的整理、传达或进一步处理。

3. 应对有礼

无论在哪里接电话，都要注意做到仪态文雅、庄重。电话要轻拿、轻放，把电话移向自己身边时，不要伸手猛拉过来。通话过程应该声调适中，语气柔和沉稳。不要在接听电话时与旁人打招呼或小声议论某些问题。如果接电话时房内有许多人正在开会或聊天，可先请他们停下来或压低声音，然后再接电话。在通话过程中，为了使对方知道自己一直在倾听，或表示理解与同意，应适时地轻声答些“嗯”“是”“对”“好”之类的话语。通话完毕，可以询问对方“请问还有什么事吗”或“还有什么要吩咐吗”；这一类客套话既是表示尊重对方，也是提醒对方。通话结束时，应请对方先放下电话，再轻放自己的电话。

4. 代接电话

在日常生活中，经常会代其他人接电话。

代接电话时，讲话要有板有眼。被找的人如果就在身旁，应告诉打电话者“请稍候”，然后立即转交电话。但是，如果接到的电话是找你的上级的，不要直接回答在还是不在，要询问清楚对方的姓名和大概意图，然后说“帮您找一下”。将所了解的情况告诉你的上级，由他判断是否接电话。

被找的人如果尚在别处，应迅速过去寻找。切忌大声喊叫“某人找某某人”，使他人的隐私“公开化”，这样做是很不礼貌的。

倘若被找的人不在，应在接电话之初立即相告，并可以适当地表示自己可以“代为转告”。不过，应当先讲“某人不在”，然后再问“您是哪位”或“您找他有什么事情”，切勿颠倒顺序，以免让打电话者疑心：他要找的人就在旁边但不想理他。

表示自己可以“代为转告”的意思时，应当含蓄一些。例如，“需要我为您效劳的话，请吩咐”，这样做在表示热情有礼的同时会让对方感觉“可进可退”。不要一开口就说“你有什么事情尽管告诉我，我一定会代为转告”云云。因为无论因公因私，许多电话内容都有保密要求，不宜让无关人员知悉。因此，在表达热情的同时，一定要尊重他人的隐私，千万不要强人所难，这样才是有礼貌、有修养的表现。

代接电话时，对方如有留言，应当当场笔录下来。之后，还应再次复述一次，以免有误。特别是重要的公务事宜，如果记录有误可能会给相关单位造成重大损失，如有关合同的价格、签约时间、付款方式等重要的商务细节，务必要记录得清清楚楚。

5. 处理非常规电话

日常生活中拨错电话是常事。如果接到打错的电话，要简短地向对方说明情况后挂断，不要为此感到不耐烦甚至出口伤人。

有时候接起电话时，却听不见对方说话，这很可能是电话线路出了问题，遇到这种情况最好的处理方式是，先说一句“对不起，可能线路有问题，我现在听不到您的声音，请您稍后再拨”，再礼貌地挂断电话。

对于恶意骚扰的电话，既没有必要与对方长篇大论浪费时间，更不应该说脏话，以错对错；如果问题严重，应该报警处理，以正社会风气。

（三）手机礼仪

手机为人与人之间随时保持联系提供了极大的方便。现今社会，无论是老人还是小孩，几乎是“人手一机”，许多成年人，特别是公务繁忙的，更是配备两部甚至多部手机。毋庸置疑，手机已深入人们的生活。我们有必要了解使用手机的一些礼仪，其中通话部分应遵循的礼仪与固定电话基本相同。

1. 文明使用

在公共场合特别是楼梯、电梯、路口、人行道等地方，不可以旁若无人地使用手机。迫不得已在公共场合使用手机，应当尽量压低声音以免妨碍、打扰其他人。

在开会时或与别人洽谈的时候，最好的做法还是把手机关掉，起码也要调到震动状态。这样既显示对别人的尊重，又不会打断发言者的思路。而那种在会场上铃声不断的行为，非但不能显示你是业务繁忙的“成功人士”，反而显得你缺少修养。在餐桌上，关掉手机或是把手机调到震动状态也是必要的。

2. 安全使用

不管业务多忙，为了自己和其他乘客的安全，过去很长一段时间在飞机飞行时都是严禁使用手机的。不过，随着科技的进步，飞行时使用手机有不断解禁的迹象，但必须在技术条件允许，并有航空公司明确准许的情况下才能使用。同样，在医院、加油站等公共场所，也应关闭手机。在开启移动电话时，还应注意周围有无禁止无线电发射的标志。

3. 置放到位

一切公共场合，手机在没有使用时，都要放在合乎礼仪的常规位置。放手机最常规的位置：一是随身携带的公文包里（这种位置最正规）；二是上衣的内袋里。

4. 短信礼仪

手机短信（包括手机QQ、微信里的信息）既有书面信函的特点，又有快捷的优势，所以被广泛地使用。在一切需要手机调至振动状态或是关机的场合，对短信也是适用的。否则，短信的声音此起彼伏，就和直接接打手机没有什么区别了。还有，如果你正在与人交谈时，不适宜翻看短信，否则，对方会产生你怠慢他的感觉。如果遇到必须及时处理（包括通话）的重要的商务公务信息，应首先向对方致歉或征求对方同意，如“不好意思，我现在有个重要电话（信息）需要接听（处理），我们可以稍后再谈吗”等。

在短信的内容选择和编辑上，同样需要表现文明，因为通过你发的短信，意味着你赞同短信的内容，从中也反映了你的品位和水准，所以不要编辑或转发不健康的短信。

总而言之，文明而礼貌地使用电话，包括座机和手机，会使你有效地与人沟通，恰到好处地向别人表示尊重，树立良好的社交形象，反之，如果你使用电话时不礼貌不文明，将损害你的形象。

二、网络礼仪

随着信息技术的不断发展和电脑特别是智能手机的普及，网络在人类生活中扮演着越来越重要的角色。

网络本质上是一种无形的联系，是不同的用户进行信息共享、通信与交流的渠道。我们可以在网上搜索资料，探索未知的世界，更免不了玩游戏、聊天、发邮件等。因此，人们在使用网络时必须遵守一定的网络规则及礼仪要求与规范。

（一）良好网络礼仪的准则

1. 记住别人的存在

互联网给予来自五湖四海的人们一个共同聚集的平台，这是互联网的优点，但这一特点往往也使我们面对电脑、手机荧屏时因为不是面对面而使自己的言行过于放松，以致忽略了人际交往中应有的礼仪。记住，当面不该说的话在网上也不能说。

2. 网络与现实行为一致

在现实生活中大多数人都遵纪守法，在网上也应如此。网络中道德和法律与现实生活是相同的，不要以为在网络中活动就可以降低道德标准。

3. 入乡随俗

同样是网络平台，包括 QQ 群、微信群，不同的平台有不同的规则。在一个平台可以做的事情在另一个平台可能就不宜做。比方说在聊天群闲聊、发布的言论放在新闻论坛不一定合适。最好的建议是，先等一等再发言，这样你可以知道该平台的气氛和可以接受的行为。

4. 尊重别人的时间和带宽（流量）

在提问题以前，自己先花些时间去搜索和研究。很有可能同样的问题以前已经问过多次，现成的答案触手可及。不要以自我为中心，别人为你寻找答案需要消耗时间和资源。

5. 给自己留个好印象

网络的匿名性质，使得你的一言一语成为别人对你印象的唯一判断。如果你对某个方面不是很熟悉，应该先通过相关的资讯搜索、学习、了解后再发言。同样地，发帖之前要仔细检查语法和用词用字，切忌故意挑衅和使用脏话。

6. 平心静气地辩论

在网络中，各种意见的碰撞是正常的现象，要注意做到文明辩论，以理服人，切忌搞人身攻击。

7. 尊重他人的隐私

别人与你用电子邮件或其他社交软件进行交流的记录具有隐私性，因此不能将这些信息随意公开。如果不小心看到别人的电子邮件或秘密，不应该到处传播。

8. 不要滥用权力

一些网络平台的管理员、群主等比其他用户有更多权力，如果你是管理员，应该慎重使用这些权力。

9. 宽容

我们都曾经是新手，都会有犯错误的时候。当看到别人写错字，用错词，问一个低级问题或者发布没必要的长篇大论等，不要太在意。如果想给他建议，最好用电子邮件或QQ、微信私聊的方式提出。

（二）安全聊天提示

（1）绝不要通过IM（即时通信）发送敏感的个人信息，如信用卡卡号、密码、住址等。

（2）只与你的联系人列表或好友列表中的人通信。

（3）绝不轻易去面见通过IM认识的网友。

（4）绝不轻易接受陌生人发送的文件和打开各种不明链接，这些东西很可能藏有“木马”等各种新型病毒，电脑、手机一旦中毒，后果将不堪设想。

（5）IM程序会为每个用户分配一个名称，与电子邮件地址类似。该名称通常被称为昵称。选择一个不会泄露个人信息的名称。

（6）与电子邮件地址一样，请不要联机张贴自己的昵称。有些人会查找并利用昵称向你发送垃圾IM消息。

（7）多数IM程序允许用户在启动计算机时自动登录，以方便用户在使用该程序时不必每次都输入密码。如果你使用的是公共计算机，请确保你的IM程序未设置为自动登录。

（8）警惕如何显示你何时联机何时脱机。IM程序允许你的联系人列表中的联系人查看用户的联机状态。然而，此功能可使其他人获得更多用户不愿意提供的信息。

（三）E－mail（电子邮件）礼仪

（1）不要通篇用大写字母，全部用大写字母被认为是在“大喊”，很粗鲁。只有在强调某些重要内容时才能这么做。

（2）不管做什么，不要发送垃圾邮件。这种行为很轻率，不仅会打扰到别人，也会对计算机的系统安全构成威胁。

（3）不要向别人发送内容不友善的邮件。

（4）别把私人邮件公开发布。

（5）用好“附件”功能。你可以把文件添加在邮件中。最好不要添加很大的附件，除非对方确实需要。

（6）善于使用缩写。下面是一些节省空间的缩写：

BTW：by the way，顺便说一句。

FYI：for your information，供你参考。

IMHO：in my humble opinion，以我的浅见，恕我直言。

IOW：in other words，换言之。

LOL：laugh out loud，大声笑。

OTOH：on the other hand，另一方面。

三、书信礼仪

书信虽然因通信技术发达而逐渐淡出人们的日常生活，但仍以其某些特殊的作用，特别是在公务活动中应用，作为目前传递信息、交流思想、表达情感的重要载体之一，我们仍应对书信礼仪予以重视。通信双方在写信、发信以及收信等一系列具体环节上，均有许多技巧与规范应该掌握。

（一）写信

书信由信文和封文组成。

1. 信文

信文，即书写于信笺之上的文字，由称谓、正文、敬语、落款及时间四部分组成。

（1）称谓。应在第一行顶格写，后加冒号，以示尊敬。称谓应遵循长幼有序、礼貌待人的原则，选择得体的称呼。

（2）正文。正文是信函的主体。可根据对象和所述内容的不同，灵活地采用不同的文笔和风格。

①问候语。问候语要单独成行，以示礼貌。有“您好”“节日好”“别来无恙”等。

②先询问对方近况和谈与对方有关的情况，以表示对对方的重视和关切，如“您最近工作和身体都挺好吧”等。

③回答对方的问题或谈自己的事情和打算。

④简短地写出自己的希望、意愿或再联系之事。

（3）敬语。写信人在书信结束时向对方表达祝愿、勉慰之情的短语，多用“此致”“即颂”“顺祝”等词紧接正文末尾。下一行顶格处，用“敬礼”“安康”等词与前面呼应。

（4）落款及时间。在信文的最后，写上写信人的姓名和写信日期。署名应写在敬语后另起一行靠右位置。一般写给领导或不太熟悉的人，要署上全名以示庄重、严肃；

如果写给亲朋好友，可只写名而不写姓；署名后面可酌情加启禀词，对长辈用“奉”“拜上”，对同辈用“谨启”“上”，对晚辈用“字”“白”“谕”等词（见图3－1）。

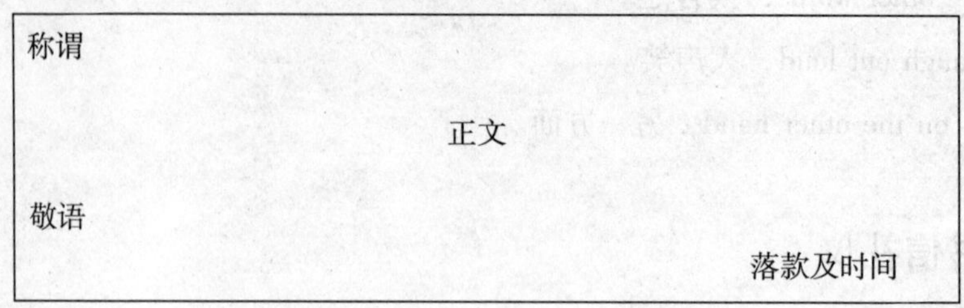

图3－1　信文格式

2. 封文

封文，即在信封上所写的文字。信封上应依次写上收信人的邮政编码、地址、姓名及寄信人的地址、姓名和邮政编码。

邮政编码要填写在信封左上方的方格内，收信人的地址要写得详细无误，字迹工整清晰。发给机关、团体或单位的信，要先写地址，再写单位名称。收信人的姓名应写在信封的中间，字号要略大一些。在姓名后空二、三字处写上“先生”“小姐”等称呼，后加“收”“启”“鉴”等字。

寄信人地址、姓名要写在信封下方靠右的地方，并尽量写得详细、周全一些，最后填写寄信人的邮政编码（见图3－2）。

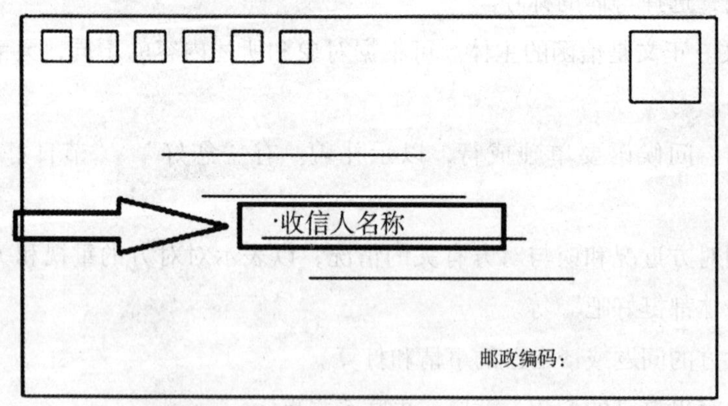

图3－2　封文格式

（二）发信

写好书信之后，写信者在准备、寄发信件时，还有一系列的事情要做。在发信之时，下述礼仪规范亦不可不知。

1. 折叠

在折叠信笺时，既不要随手乱折，也没有必要折得太复杂。折叠信笺的常规方法有四种：一是先将信笺三等分纵向折叠，然后再将其横折，并令其两端一高一低。此法叫作“以低示己法”，意在表示谦恭。二是在折叠信笺时，有意将收信人姓名外露。它叫“外露姓名法”，可令收信人产生亲切感。三是先将信笺纵向对折，随即在折线处再往里折1厘米至2厘米宽，最后再将其横向对折。此法叫作“公函折信法”，多用于因公通信。四是将信笺先横向对折两次，然后再将其纵向折叠到可以装入信封之中的长度。此法称为“随意折叠法”，适用于日常通信。

2. 装入

折好信笺，将其正式装入信封时，要注意的是：一定要将其推至信封的顶端，并且令其与信封的封口之处留有1厘米左右的距离。这样做的好处是，收信人将来拆阅书信时信笺不易被损坏。

3. 附件

有些时候，发信人在信封之内往往还要装入相关附件。在处理这一问题时，应当注意三点：第一，要符合有关方面的具体规定，不要装入违禁物品。第二，要保持信封的平整、美观。不要因所装附件过多，令其膨胀不堪。第三，要向收信人交代明确。在信文之中，要对附件的数量写得一清二楚，必要时还可要求收信人“收到即告”。

4. 邮资

通过邮局寄发的信件，应自觉按规定交付足够的邮资，不要缺资、欠资。需要自己在信封上贴邮票的话，应将其端端正正地贴好。贴邮票时，按惯例，应将其贴在信封正面（横式信封）右上角的指定之处。在一般情况下，最好不要在一个封信上贴多枚邮票。非得这么做时，则将其一并贴在信封背面的封口处。

5. 封闭

根据现行的习惯做法，通过邮局寄达的信件，其信封必须一律封口。而托请他人代交的信件，其信封则原则上不宜封闭。之所以要这样办，对于前者，是为了保障通信秘密；对于后者，则主要是表示对托带者的信任与尊重。

（三）收信

接到他人来信后，收信人在礼仪方面有下列几点需要加以注意。

1. 守法

在人际交往中接触书信，尤其是替他人收取书信时，切勿扣留、私拆、偷阅。

2. 拆信

拆阅信件时的具体做法是否得当，不仅涉及来信能否完整无缺的问题，而且间接体现着收信人的个人修养。拆信时，一要确保信笺完好，二要注意信封拆启后的美观。拆信的最佳之处，当推信封的封口处。有可能的话，最好利用刀、剪拆信，而不要直接下手去撕。无论如何，都不要把信封拆得“犬牙交错”。

3. 保存

收到他人来信后，切勿乱扔、乱放。未经发信人本人允许，千万不要随便将对方的来信公开，这样对对方是非常不尊重的。对于需要长期保存的书信，可整理在一起，妥善收藏。对于无须保留的书信，可集中起来，进行焚毁，或用碎纸机进行破坏性处理，但不宜将其作为垃圾扔掉，或当成废纸卖掉。

4. 回信

在一般情况下，收到他人来信之后，应当去做的就是尽快回信。若是对他人的来信一拖了事，或者不作答复，会让对方觉得自己不受重视。对于他人的来信，不仅要及时回复，而且在回信之中，应当对来信中的问题一一作答。由于特殊原因不能解答的话，亦应及时复信，并在信中解释清楚，请求对方予以谅解。

第四节　馈赠礼仪

馈赠礼品是为了表示敬意、友好、祝贺等心意。礼尚往来是我国的传统美德，也是国际交往中的一种习惯做法。馈赠在私人交往和商业往来中都比较常见。作为商务人员，在贸易活动中也会经常馈赠一些礼品以表示友好和联络感情，有人幽默地称之为润滑策略。但馈赠要遵守一定的礼仪规范，只有符合礼仪的馈赠，才能有利于情意的表达，为受礼方所接受，使馈赠恰到好处，加深双方理解，增进双方友谊。

一、赠礼须知

（一）礼品的选择

1. 礼轻情意重，形式可多样

馈赠是向对方表示诚意，但不一定需要特别贵重的礼物。在正常的人际交往中，一般来说在礼品的选择上，应遵循的原则有三：一是“真诚”，即用意真诚，礼品中融入送礼人真情实感；二是“轻巧”，送礼不宜送笨重的，一般以能够随身携带、精致、小巧玲珑的物品为佳；三是“少量”，送礼一般没有送一堆的，应遵循少量原则。

礼品的形式可以是实物，可以是一次活动，可以是礼金（这多是家庭亲人间交往，如过年给孩子的压岁钱和利事红包等），有时人情也可以是一种礼品，如能通过某些关系（必须是正当的）为朋友、同事买某些东西时拿到出厂价、批发价、优惠价的话，他们在拿到东西的同时就将你的那份情当作礼物收下了。

2. 选择礼品要有针对性

礼品是感情的载体，因人因事因地施礼，是礼仪的规范之一。任何礼品都表示送礼人特有的心意，或酬谢，或有求于人，或联络感情等。所以，对于礼品的选择，也应符合这一规范要求，要针对不同对象的不同条件区别对待。你选择的礼品必须与你的心意相符，并让受礼者觉得你的礼品非同寻常，让受礼者感到珍贵。一般来说，对习惯节俭者，以实惠为佳；对富裕者，以精巧为佳；对恋人、爱人、情人，以纪念性为佳；对朋友，以趣味性为佳；对老人，以实用为佳；对孩子，以启智新颖为佳；对外宾，以特色为佳。实际上，如果你能从言语谈话、兴趣爱好、脾气秉性、房间陈设等多方面对受礼者进行深入的了解和研究，定能恰当地选择合适的礼物，博得对方的欢心。因此，最好的礼品应该是根据对方兴趣爱好选择的、富有意义、耐人寻味、品质不凡却不显山露水的物品。

赠送礼品应考虑具体情况和场合。新年、圣诞节时，一般可送日历、茶、糖果等。在赴私人家宴时，应为女主人带些小礼品，如花束、水果、土特产等；如果主人家有小孩，可送玩具、糖果。应邀参加婚礼，除艺术品、装饰品外，还可赠送花束及实用物品，向新郎新娘表示祝福之心。祝寿其实是庆贺生日，在给长辈祝寿时，“礼数”应该稍多一些，除了衣服要讲究之外，还必须准备一份含有健康、长寿意义的物品；给同辈朋友过生日，则不必过于拘泥于形式，投其所好就行。探病时，有些人喜欢给病人送滋补品或保健品，其实，这并不一定恰当，因为病人正在治疗期，每日要按时服药或进行针剂注射，很可能不适合服用补品。送给病人的礼物以鲜花或小小的盆景为宜。但是，送鲜花是十分有讲究的，有些花（如菊花）并不适于送给病人。一般来说，下列花卉是不错的选择：玫瑰、康乃馨、满天星、百合、鹤望兰等。

特别提醒一下，在过去很长的时间里，有吸烟习惯者之间见面时相互敬烟是一种热情有礼的表现，因此，在礼物馈赠方面，有吸烟习惯者之间会觉得香烟（特别是比较名贵的）是一个很不错的送礼选择。但是，时过境迁，随着近年来“吸烟有害健康”的理念不断深入人心，加上在我国各地公共场所禁烟的力度都在不断加大，目前在许多城市有吸烟习惯者之间见面时互相敬烟的礼节已比较少见。这是一种重视、珍惜健康的文明进步的表现，是社交礼仪方面与时俱进的新风气、新面貌。因此，建议大家今后无论是日常社交或商务活动都应该与时俱进，不要再把香烟作为礼物馈赠。

同理，送酒也要与时俱进。在过去很长的时间里，酒也是社交场合公认的好礼品。但随着健康新理念的发展，酒越来越被认为是对有害健康的产品，甚至有观点认为最安全的饮酒量是零。所以当今社会是否应该把酒作为礼品送，送哪一种及送多少才合适，都应该再三思量。

送礼时最重要的一点就是送出去的礼品要使人开心，而不让人窘迫、伤心。例如，一位男士送给一位女士一枚戒指会让她觉得很尴尬，而她的伴侣这样做却会让她欣喜万分；又如在欢庆的日子给主人送上一件易勾起主人对伤心的回忆的礼品，或是一件易揭开主人内心不愿被人知晓的隐情的礼品，无论礼物多么贵重，都是很不合适的。

（二）礼品的赠送

1. 礼品的包装

送给他人的礼品，尤其是在正式场合赠送于人的礼品，在相赠之前，一般都应当认真进行包装，好的礼品还须靠好的包装来“锦上添花”。

礼物不同于自用，好的内容重要，好的形式更添光彩，精美的包装是礼品的重要组成部分，它犹如礼品的“外衣”。穿上了“外衣”的礼品，显得正式、高档，也反映出送礼者的情趣和心意。不重视包装，会冲淡礼品本身的价值，甚至使受礼者有被轻视的感觉。因此，得体的礼品加上精美的包装可达到“锦上添花”的效果，这样的馈赠才至臻至美。

在进行包装时，要讲究包装纸的材料、色彩、图案及其捆扎、包裹的具体方式。最好用彩色包装纸包装，即使是盒装的礼品也要另行包装，扎上漂亮的绸带。如果你送的是水果，可以用竹条编的篮子盛放，再用透明的塑料纸包上，这样的包装会使你的礼物看上去更加得体。通常要把一件植物礼品包装起来比较困难，可以把它置于一个造型有趣、尺寸合适的容器内，如陶器、玻璃碗、葡萄藤编篮子、装饰草编、纤维制品等，这些都可用来丰富植物礼品的外观，大大增加吸引力。

2. 赠送礼品的礼节

礼品一般应当面即时赠送。但有时像参加婚礼、公司开业、周年庆典等，也可事先送去。庆祝节日、赠送年礼，可派人送上门或邮寄，这时应随礼品附上送礼人的名片，也可手写贺词，装在大小相当的信封中，信封上注明受礼人的姓名，贴在礼品包装的上方。

赠送礼品时要注意态度、动作和语言表达。平和友善、落落大方的动作并伴有礼节性的语言表达，才是受礼者乐于接受的。悄悄地将礼品置于桌下或房间某个角落的做法，不仅达不到馈赠的目的，甚至会适得其反。在对所赠送的礼品进行介绍时，应该强调的是自己对受赠一方所怀有的好感与情谊，即所谓“礼轻情意重”，而不是强调礼物的实际价值。否则，就易落入重礼轻义的俗套。

3. 赠送礼品的时机

商务人员在商务场合赠送礼品则有下面的机会：

（1）一个工厂或新的公司成立。

（2）关系密切的公司周年庆典。

（3）一位重要客户过生日、结婚、生小孩、病愈等。

（4）一个重要部门的领导需要公关。

（5）某人提供你所在行业的最新资讯或把一个商业机会介绍给你，不管这对你有没有好处，你都要适当赠送礼物以示答谢。

（三）送礼的禁忌

送礼前应了解受礼人的身份、爱好、民族、宗教信仰等要素，免得送礼送出麻烦来。比如，在上海去医院看望病人，是不能送苹果的，因为在上海方言中，“苹果”跟“病故”发音相近。鉴于此，送礼时，一定要考虑诸如以下的禁忌。

（1）给年长多病或刚刚离退休的人送钟表。

（2）给准备参加比赛的人送书。

（3）给有生理缺陷的人送他们无法使用的礼品。

（4）将水果刀、剪刀等利器送人。

（5）为异性朋友送贴身的用品（如男士给女士送袜子及内衣）。

（6）花束不去掉包装送人。

（7）过时送礼、事后补礼。

在我们国家，民间普遍有从文字、数字里讨吉利的习俗，比如苹果可以寓意“平安”，数字8与“发”谐音，数字9与“久”谐音，数字6代表顺利，还有双数代表好事成双，等等。所以在我们国家很多地区送苹果都受欢迎，而送礼中遇到数量考虑一般要选择6、8、9等，或者一定要是双数代表喜事成双，一般忌送单数，如南方某些地方给小孩红包必须是两封。又如梨与“离”同音，所以在我国民间都十分忌讳把梨作为礼物送人，尤其是不能送给夫妻、恋人。

总之，送礼的禁忌有很多，有其共性的内容，也有具体民族、具体国家的特性，如其中对颜色、数字、民风民俗等，无法一一列举。作为送礼者，要在送礼前对此了解详尽、准备充分，只有如此，送礼才能够真正起到加强联系、联络感情、增进友谊的作用。

二、礼品的接受

在社交场合，当他人赠送礼品时，作为受赠者切忌显得冷漠，也应讲究接受礼品的礼仪，做到有礼、得体。

（一）欣然接受

在一般情况下，对他人诚心诚意赠送的礼品，只要不是违法、违规的物品，最好的方式应该是大大方方、欣然接受。

接受礼品时，应起身站立，双手接受礼品，然后伸出右手，与对方握手，并向对方真诚地表示感谢。在许多西方国家，受赠者可以当面打开欣赏一番。这种做法表示看重对方，也很看重对方赠送的礼品。然而，在我国很多地方一般是忌讳当场拆启礼物的，若送礼者主动提出拆开礼物则可以打开，这种做法一般适合关系比较亲密者。拆封礼品时，要注意动作文雅有序，不要乱撕、乱扯，随手乱扔包装用品。

另外，要让对方感受到你的愉快，应该找一些悦耳的至少是令人开心的话来说。如你可以感谢送礼人所花费的心血，说："你想得真周到。"也可以感谢对方为买到合适的礼品所付出的努力，如"你竟然还记得我喜欢收集航海模型""我知道这东西现在可不好找了"，等等。

（二）委婉拒绝

接受礼品，一定要把握好原则和分寸。由于种种原因，不能接受他人赠送的礼品时，要讲明原因，婉言拒收。拒收对方的礼品要讲究方式方法，要给对方留有退路，不要使对方产生误会和难堪。

一般情况下，拒收礼品应当场进行，最好不要接受后再退还。当看到对方赠送的礼品不能收时，一是应该对对方的心意表示感谢，二是要讲明不能接受的原因和理由，将礼品当场退还。

如果确因一些原因很难当场退还，也应在24小时之内将礼品退回，而且要保证礼品的完整，不要拆启封口后再退还或者试用过后再退还。

（三）礼尚往来

接受馈赠后，及时回礼才合乎礼貌。尽管在接受馈赠时无法马上回礼，但是在日后，也得准备礼物回赠对方。还礼时要注意时间和形式。

选择还礼的最佳时间包括适逢对方有喜庆活动，或节假日或登门拜访和回访对方之时等。不过，不要把还礼看作“还债”，要自愿、自然。

还礼的形式也是有讲究的，有时还礼不当不如不还。在所还礼品的选择上，可以是用对方赠送的同类礼品作为还礼，也可以用对方所赠物品价格大致相同的物品作为还礼，比如，对方赠你一张 CD，你可回赠一套图书。还礼的价格也没必要非超过赠送的礼品价格。另外，可以某种意在向对方表示尊重的形式来代替还礼。例如，接受礼品后，可以写信或打电话向对方表示感谢，也可以在再见对方时使用其所送的礼品，以示不忘，也可以起到促进相互之间的友好交往的作用。

三、送花礼仪

爱花是人类的天性。一束花，几枝青翠欲滴的枝叶，配上色彩调和的花瓶，使人眼前一亮，把阴沉、烦闷、忧郁一扫而光，带来了满眼的光辉和整室的生气与芬芳，使人们在赏心悦目之余陶醉在美与芬芳带来的安静祥和之中。所以，不论古今中外，鲜花都受到各界人士的喜爱。正式活动中，向贵宾赠送鲜花是必不可少的礼节；日常应酬中，以鲜花赠人也成为一种时尚。

不同的场合要送的花也有所不同，下面列举几种场合以示参考。

结婚：适合送颜色鲜艳并且具有热恋、甜蜜等寓意的花，可增进浪漫气氛。

生子：适合送色泽淡雅而富清香（不可浓香）的花，表示温暖、清新、伟大。

乔迁：适合送稳重高贵的花，如剑兰、玫瑰、也可以送盆栽，表示隆重之意。

生日：诞生花最贴切，玫瑰、雏菊、兰花等亦可，表示永远祝福。

探病：适合送剑兰、玫瑰、兰花，避免送白、蓝、黄色或香味过浓的花。

丧事：适合用白玫瑰、白莲花、菊花等颜色素淡的花，象征惋惜怀念之情。

开业：适合送红月季、红牡丹、一品红等，表示开业大吉，生意兴隆。

送花越来越成为一种时尚，所以，应根据不同场合的礼节要求选择不同的赠送方式。

1. 花与包装

顺应顾客的要求，花店通常会代客人包装，一般都是使用不透水材质，系上缎带。此时要注意的是，花卉上水保湿后，带颜色的包装纸会不会褪色，花朵枝叶会不会因碰撞而折损。总之，要多多留心。送花时，有些国家习惯连包装纸一起送去，如美国，而更多的国家是撕去包装纸后才送去的，如西欧国家。

2. 慎选送花的场合和时机

一般情况下，送花往往是送一束，如探望病人、拜会朋友、参加宴会等，但花束如果显得稀落疏离，则寒酸小气，不如不送。

有一定私交而仅仅是表示友谊和感情时，也可以只送一枝，如情人节送女友一枝玫瑰花。

在比较正式或重大的场合，如对方开业典礼、就职仪式，送花篮更显得隆重。而且最好提前两个小时送，以便主人进行布置和摆放，事后补送不如不送。

送花可以亲自送，也可以委托花店代送，但需要附上你口授而由花店代笔的贺信、贺卡，或在信封里放上名片，名片正面写上祝贺的事由，千万不要写在背面，也不用签名。送花最好是时令鲜花，不可以送假花。

如果是一对夫妇或一家人同时赴宴，一般由男宾将花递给女主人，这体现的是欧美国家“女士优先”的礼节。

由于民族风俗不同，送花亦有忌讳。出国访问、考察或旅游，有时为感谢主人的盛情，可送些鲜花以示谢意，但在送花之前要充分了解当地文化，因为不同的花在不同的国家表示不同的情感。

每一种花都具有某种含义，蕴藏着无声的语言，因此，选择好不同寓意的花送给不同的人，借花表意，千万别犯忌。

思考与练习

1. 举例说明尊称有哪几种方式。
2. 自我介绍要注意什么问题？
3. 握手时伸手的顺序有何规定？
4. 良好网络礼仪的准则包含哪些内容？
5. 你知道送礼有哪些禁忌吗？
6. 怎样才能做一个健谈的人？

案例分析

点名只要刘昕同学

一天上午，广辉学院的一位老师带着十多个同学到某兄弟院校相同专业的教学系部进行访问交流。到该学院后，对方接待人员安排大家到会议室就座，工作人员给每个同学都倒上了一杯水，同学们都木然地看着接待人员忙活，其中还有个同学问了一句："有没有红茶?"当工作人员把水杯递到刘昕同学面前时，刘昕礼貌地说道："谢谢，您辛苦了。"这时，对方的系主任进来了，和大家打招呼："我刚才有急事处理，让你们久等了，真对不起。"可是，会议室里却是静寂无声，没人回应，还是带队老师和刘昕同学带头鼓起了掌，但掌声是稀稀拉拉的。当系主任发言时，发现同学们都没有带纸、笔做记录，于是让秘书拿纸笔给大家。当秘书拿来纸笔一一递给同学们时，同学们大多都是只用一只手来接，有的同学甚至连身子都懒得动，此时系主任的脸色越来越难看。当纸、笔递到刘昕同学面前时，她很有礼貌地站起来、身体微倾、双手接过纸笔恭敬地说了一句："谢谢您!"此时系主任很高兴地问了一句："同学，请问你叫什么名字?"

访问结束不久，该学院按约定和广辉学院互派一名优秀交换生，该学院指定刘昕同学前往做交换生。

问题讨论

1. 在广辉学院此次的交流访问过程中，同学们在礼仪表现方面做得怎样？有哪些需要改进的地方？

2. 为什么对方学院点名只要刘昕同学做交换生？

实操训练

1. 为自己设计一款社交名片。

2. 模拟一社交场合（如经理的生日晚会），使用各种学到的见面礼仪，训练交谈技巧，适当穿插馈赠礼仪，运用部分通信联络礼仪。

第四章　应聘礼仪

应聘如何谈优缺点

某外资公司招聘一名中层管理人员，当时应聘的30多人中有来自其他公司的员工，还有应届毕业的大学生。主考官问了大家这样一个问题："你有什么缺点?""我工作过于投入，人家都说我是工作狂。"一位应聘者不假思索便脱口而出。主考官笑了笑："工作投入可是优点啊，你说说你的缺点吧。"可应聘者仍未察觉考官态度上的细微变化，颇为自得地喋喋不休："我是个急性子，为人古板，又好坚持原则，所以易得罪人。另外，我还……"考官"哦"了一声，面有不悦之色，终止了谈话。

1. 案例中应聘者的回答有何不妥?
2. 面试该做什么准备?

职业场所，是一个人度过职业生涯的空间。一般每个人都要谋求某种职业，要想顺利走进职场，恰当应用礼仪是非常重要的。

第一节　准确的自我定位

随着市场经济在我国的进一步发展，人员的流动越来越频繁，但在选择职业和职位的时候，如何既满足市场的需求又能实现个人的理想、体现个人的最大价值，是每一个人都必须谨慎考虑的一件事。要想应聘成功，首先要进行准确的自我定位，知己知彼才能百战百胜。

一、自我定位的意义

成功的求职应聘过程，实际上是求职者在人才市场成功塑造个人形象、推销自我并被用人单位接纳的过程。

定位的概念来自市场营销学的理论。市场经济下，产品的销售要借助于恰当的市场定位和产品定位。市场定位是企业对目标消费者或者说目标消费市场的选择，也就是说，要确定在哪些“市场”“场合”和选择哪些消费群体来销售本企业的产品。产品定位是在完成市场定位的基础上，企业对用什么样的产品来满足目标消费者或目标消费市场的需求进行定位。而求职者好比人才市场中待价而沽的产品，如果一位求职者说“我适合在任何单位做任何一份工作”，这好比企业在推销产品时说他的产品适合给任何年龄和消费阶层的人使用，这是不可能的。

所谓自我定位，实际上是指在了解自我、客观把握自身条件的前提下，根据人才市场的需求，确定出最适合于本人的职业和职位，同时要塑造好本人的个性，使自己符合人才市场的需求。

二、如何进行自我定位

求职前进行准确的自我定位，有助于求职者成功地求职和应聘。在一段时间里，自我定位应相对不变。进行自我定位时，需要注意的主要有以下三个方面。

（一）了解当前的人才市场

为了在应聘求职时取得成功，求职者在进行自我定位时，一定要了解并服从于人才市场的需求。比如，要了解当前人才市场需要什么人才，这些人才通常需要具有什么能力，从而为自己确定适合从事的行业和岗位。了解人才市场各方面的情况有助于求职者提高自己，这好比企业在了解市场需求的基础上生产出相应的产品一样。

（二）客观地评价自己

在进行自我定位时，要对自身的条件进行客观的评价。

1. 对自身优势的评价

（1）我拥有什么知识和技能。求职者从专业学习中获得了什么收益？通过社会实践工作提高了自己哪方面的能力？其中，专业技能是求职者成功求职不可缺少的砝码。

（2）曾经做过什么。即在校期间是否担任过学生干部、是否参加过社会实践活动及有无工作经验的积累等。应该尽量有针对性地选择与职业目标一致的项目，这样才会使自己的经历更具有说服力。

（3）最成功的是什么。在做过的事情中最成功的是什么？如何成功的？通过分析可以发现自己的长处，譬如坚强、睿智、善于发挥创造性等，以此形成个人潜能挖掘的动力之源和魅力闪光点，这是职业设计中最有力的支撑点。

（4）性格的优势。良好的性格是事业成功的重要前提，对自己个性优势的把握，有助于求职者更好地发扬自身的长处。

2. 对自身弱势的评价

（1）性格的弱点。任何人都无法完全避免与生俱来的某些弱点，这意味着，求职者在某些方面存在着先天不足。安下心来，积极地与别人交流，看看别人眼中的自己是什么样子，与预想的是否一致，找出其中的偏差并努力弥补，这将有助于自我提高。

（2）经验或经历中所欠缺的方面。欠缺并不可怕，可怕的是自己还没有认识到或认识到了却一味地不懂装懂。正确的态度是认真对待、善于发现、努力克服和提高，并拿出“只要给我时间，我可以做得更好”的决心与信心。十全十美的人在现实生活中是不存在的，但正确认识自我的人能够在工作中扬长避短，充分发挥自己的长处，把工作做得更好。

通过以上自我分析与认识，可以很好地解决“我应该选择干什么”的问题。职业方向直接决定着一个人的职业发展，根据职业方向选择一个对自己有利的职业和得以实现自我价值的组织，是每个人的美好愿望，也是自我实现的基础，但这一步的迈出要相当慎重。

（三）客观地期望薪酬

准确的自我定位，包括对自我价值的定位，还体现在对薪酬的要求和职位的选择上。有的求职者刚踏入社会，没有社会工作经验，却对薪酬和职位有着不切实际的要求，这往往会影响应聘，用人单位通常对这种求职者敬而远之。

第二节 求职前的准备

一、准备求职材料

对于任何一个求职者，求职材料的准备都是非常重要的。准备的求职材料，一般来说越周详完备越好，但齐全并不意味着任其杂乱无章。应该在争取多备必要材料的基础上适当地突出重点。在一般情况下，求职用的重要的个人材料大体上有下列三类：

（1）个人的基本材料。它们主要有个人简历、本人免冠正面半身照片的原件，身份证或户籍卡等资料的复印件等。

（2）证明自身水平的材料。它们包括学历及学位证书、职称证书、专业技术资格证书、获奖证书、专利证书、发明证书以及本人的著作、论文、作品等资料的复印件等。

（3）可供说明自身见解的材料。这类材料主要供应聘较高职位者面试时使用。它通常涉及供在新职位上所用的建议、计划、方案，以及本人对于自己应征职位的理解、评价或者是国内外有关某一专业技术的现状等。

准备与求职相关的材料时，要注意实事求是，同时特别要注意扬长避短。能不能注意这一问题，往往对求职能否成功影响甚大。扬长，就是在准备求职材料时，务必要客观地、全面地争取向用人单位尽可能多地反映自己的优点与长处。敢于突出自己的优点和长处既是一种自信与实力的体现，也是对自己和用人单位负责任的表现。在求职材料中表现得过分谦虚，在目前人才激烈竞争的条件下是很难脱颖而出的。如果求职者不能让用人单位在求职资料中看到其长处，往往连面试的机会都得不到。避短，则是指在准备求职材料时，对于用人单位未作明确要求的不足或是容易令用人单位产生不必要的误会的情况，可以避实就虚，或是索性避而不论。比如说自己个头较矮，在写求职信时就没有必要提及；又如体重过重或过轻，也没有必要主动向用人单位介绍。

二、搜索招聘信息并选择职位

当求职者对自己有了一定的了解之后，可以通过广泛收集招聘信息来进一步明确自己的选择意向。求职者在初步的自我定位之后，可以通过搜索招聘网站的信息或浏览报纸的招聘专栏来获取招聘信息，由于每个单位的招聘信息中都会提到他们对具体职位的能力和性格的需求，求职者可以把自我评价与具体职位的要求加以对照，选择自己能胜任的职位。求职者还可以通过收集市场对人才的需求信息，对照自己并确立学习目标，进一步提高自己的能力以适应人才市场的需求。当前常用的收集信息的途径是网络和报刊，当然，还可以通过亲朋好友来获取各方面的信息。

三、求职信的书写礼仪

求职信，亦称应聘函或自荐信。它是求职者在应聘新职位时写的一种特殊信件。对用人单位来讲，它是求职者留给招聘方的第一印象，招聘单位通常通过求职信来判断一个人的思维能力、语言能力等基本素质。

撰写求职信时，最重要的是要注意书写规范、谦恭有礼、情真意切、言简意赅。

（一）书写规范

写求职信时，第一要书写规范。书写规范体现在以下几个方面：字迹清晰、内容正确、格式标准、通篇整洁。求职信目前一般都流行用电脑打印。如果求职者对自己的书写非常有信心，也可手写，但要采用带格的正式稿纸，并使用蓝黑色或黑色墨水的钢笔。有必要时，还可附上一篇内容相同的英语版求职信。

（二）谦恭有礼

写求职信时要采用书面语言。在字里行间，勿忘自谦与敬人。该用敬语、尊称的地方，千万不要忽略。求职信要体现出一种彬彬有礼的态度和个人的良好教养，在谦恭有礼的同时也要注意不要过犹不及，过多地使用礼貌用语和堆砌华丽的辞藻是不会产生好效果的。

（三）情真意切

求职信是一种实用性应用文。好的求职信应该让人感觉真实、诚恳。在求职信里介绍个人情况时，绝对不可言过其实。只有客观地、实事求是地自我推荐，才容易取信于人。同时，要在求职信里正面地、坦诚地、充分地向对方表明自己希望应聘新职位的迫切心情，切勿给人漫不经心、可有可无的感觉。

（四）言简意赅

求职信其实是一封自我介绍信。在写求职信时，一定要把重点放在自我介绍、自我推荐上，可以对照招聘单位对该职位的要求来突出自己相应的优点，与此无关的话题写得越少越好。如一位求职者应聘的职位是资料录入员，在求职信中却一再提到他爱好拳击，这显然对应聘帮助不大。

为了便于用人单位的阅读，在一般情况下，一封求职信一般以500字为限，并且最好将其写在一页整洁的纸张之上。另外要注意：要在求职信开头的位置突出自己应聘的职位，然后再介绍自己的能力、性格等与应聘职位相应的内容，行文句子要尽量简短，并且要多分段，以便于阅读和理解。

四、简历的书写礼仪

简历是对求职者能力、受教育情况、经历、技能等做简要介绍的求职材料。它的主要任务就是让招聘方在最短的时间内了解应聘者的基本情况，为应聘者争取到面试的机会。一份简历，就是人才市场中人才产品的广告和说明书，必须在短短几页纸中把应聘者的形象和其他竞争者区分开来，并且真实而充分地表现出求职者的价值。因此，制作简历时一定要注意有的放矢、定位准确、实事求是、态度诚恳。

1. 量身制作

招聘方最关心的是应聘者可以为他们做什么。含糊笼统、毫无针对性的简历会使应聘者失去很多机会，如果有多个目标，应该写上多份不同的简历。只有针对应聘职位的不同特点和要求，突出相应的重点，才能得到招聘单位的重视和认可。

如一个大学毕业生，在应聘报关员时，报关员资格证书应被写入简历的最显要位置；若应聘市场专员，语言能力则显得非常重要，报关员资格证书倒在其次了。

简历可以说是求职者交给招聘方的“敲门砖”，如果缺乏针对性，十有八九会被拒之门外。所以有职业顾问认为，简历“量身制作”有助于提高招聘效率。对求职者来说，投递简历就是在推销自己，求职者是人才市场中的产品，而简历就是广告。不同需求的客户不可能会认可同一件产品。因此，求职者要针对不同的招聘单位的招聘要求及自身特点量身制作出不同的简历。在简历中，求职者要懂得宣传自己，但切忌提供虚假的信息。通常招聘单位更愿意接受简洁、规范、清晰明了的简历。除非应聘的是设计类的职位，否则简历的制作一般没必要太过创新或给人很“另类”的感觉。

2. 简洁明了

简历要“简”。招聘者面对许多简历，是不可能都仔细阅读的。内容简洁、易懂、清楚的简历才容易被关注，长篇大论通常会使人失去阅读的兴趣。在众多简历中，招聘者会首先选择看上去让人感到舒服的简历。有的人为了与众不同，对简历作特殊的排版；有的简历则写得很混乱。实际上，这样的简历更容易被招聘者淘汰。简历中的行距要宽，标题要用粗体，段落首行要缩进或者使用粗圆点之类的标记。一份好简历能迅速引起招聘者的注意并指向那些可能吸引招聘者的内容。

3. 重点突出

简历要突出“经历”，用人单位最关心的是应聘者的经历，从经历来了解你的经验、能力和发展潜力。因此，在简历中要重点写你学过的东西和做过的事情。学习经历包括学校学习经历和培训经历；实践经历要标明你经历过的单位、从事的主要工作，尤其是近期的经历要详细些。

简历要针对所要应聘的职位要求。在求职的过程中不要把同一份简历投送到不同的招聘单位和不同的职位，因为每个职位对应聘者有着不同的要求，必须在简历中突出招聘方所关心的内容。

比如说，应聘者申请“市场营销”的职位，那么，有做过兼职手机促销员、为××咖啡新产品的上市做前期市场调查、参加××学校培训产品的市场推广策划等实践经验，就是整个工作经历的核心。而与之无关的内容如在××家庭担任家教等经历就不必写入。

4. 力求准确

阐述经验、能力要尽可能准确，不夸大也不要误导。确信所写的与本人实际能力及工作水平相符，还要写上以前工作的时间和单位。

5. 用词适当

学会使用专业的词汇。例如，用专业术语和真实数字进行文字包装。同一件事情用不同的表达方式可能产生不同的效果，可以根据需要，在保证真实的情况下，尽可能用专业词语来表达，这样可以反映专业素质。同时，具体数字的使用会让整个简历变得更有说服力，这远远比那些只用“很多、大量”等含糊语言的简历更能够吸引招聘者。还要注意在简历中不要出现错别字，写错别字往往给人文化水平不高的感觉，令阅读者反感。

6. 作精彩的小结

简历最后应作简短的小结，写上自己最突出而且与应聘的职位相称的几个优点，告诉招聘方“我适合做这件工作”，这是引起招聘者注意的好办法。

别忘了在简历的显著位置留下详细的联系方式，以便招聘单位根据招聘进展的需要随时和你联系。

简历的目的在于争取面试机会，好的简历就像一个好的广告，必须在有限的时间言简意赅地突出应聘者的特色以吸引招聘者的目光。无论从人的注意力还是视觉效果来讲，简历最好不要超过两页，再附上能说明个人情况的各种资料，让招聘方对应聘者的信息一目了然。

第三节　面试的礼仪和技巧

在求职材料被认可之后，招聘方会通知应聘者参加面试。面试是招聘方对应聘者进行的当面考查与测试。面试是应聘的一道决定性的关口，成功通过面试，是成功获得职位的重要一环。

常见的面试方式是当面会谈，也有的招聘单位在会谈前要进行专业测试和心理测试。应聘者在面试前进行必要而充分的准备是面试成功的关键，所以一定要认真对待。在面试的临场发挥中，掌握一些技巧将有助于成功。

一、面试的准备

（一）外观的准备

参加面试前，应聘者的仪容、着装必须认真地修饰。不论是仪容还是服装、配饰，都必须规范、得体。具体来讲，应聘者在为面试而修饰仪表时，要注意下列三点。

1. 整洁

应聘者的仪表必须干净、齐整，而绝对不允许不修边幅。男士要切记理发、剃须，无论男士还是女士都要注意整理好发型。面试时所穿的衣服，务必要无污迹、无破损、无折皱。衬衫的领口与袖口，尤其要确保干净。

2. 端庄

应聘者的仪表修饰以端庄为宜。化妆的时候，不应当过分浓重。选择发型与服饰时，亦应切忌过分“前卫”，或是刻意地追求怪异、新奇、性感。女士忌穿过于暴露的服装与露趾、露脚后跟的鞋子。

3. 与所应聘的职位相称

应聘者在选择服装和发型时，要考虑自己所应聘的公司的文化氛围及应聘职位的具体要求。去普通的公司应聘，一般按其常规穿着套装或套裙、制式皮鞋，妆容清淡，发型素雅，服装的色彩越少越好，首饰佩戴以少为佳。如果应聘的是设计类职位，仪容、着装则可以相对具有个性，但仍须以端庄为主要格调。

（二）心理的准备

应聘者在面试前通常会感到紧张，做好充分的准备是降低焦虑程度的有效手段，除了外观之外，还必须做好心理上的准备，必要时可以找亲朋好友帮忙进行面试前的演练。

1. 对面试单位及应聘职位的了解

一般应聘者在接到面试通知后，应该对面试单位及应聘职位作一定的了解。比如，了解单位的类型和风格、用人原则等，同时要对应聘的职位有所了解。

2. 设想可能出现的问题

除了了解招聘单位和应聘职位的基本情况，应聘者还应该设想面试现场可能出现的问题，包括招聘者可能提及的问题，通常招聘者对应聘者对自我的了解、对应聘岗位的认识及对未来的展望三个方面较为感兴趣，在面试前多思考这三方面的问题有助于应聘者回答招聘方的各种提问。

二、面试时的礼仪

面试通常是招聘方通过面谈的方式来考查应聘者综合素质的方式，应聘者面试时的言行举止是其修养、品性、阅历的客观写照，反映应聘者的基本素质。在言行举止方面，应聘者应当注意以下方面。

（一）仪态规范大方

应聘者面试时应面带微笑，看着面试官的眼睛，待有人请你坐下时再就座。面试过程中，不要坐立不安，要认真听好所要回答的问题，如果问题很难，可以停一下再回答，不要装腔作势或是一副无所谓的样子。

握手要有感染力，但切记不要主动与招聘方握手。与对方握手时用力过大或是时间过长都是不妥的，这些动作显得你过于紧张，会让对方感到很不舒服；反之，采取轻触式握手又会显得你胆怯和对别人不够尊重。因此，同面试官握手，应做到态度坚定，双眼直视对方，自信地介绍自己，握住对方的手并保证你的整个手臂呈直角，有力地摇两下，然后把手自然放下。

（二）言行运用得体

每个应聘者都要对自己的语言表达慎重选择。面试不同于一般闲聊，每句话、每一个词甚至每一个字都应有所挑选。一些不谙世事的应聘者参加面试时张口闭口“你们公司”，其实应该十分有礼貌地、客气地说“贵公司”。

以下一些建议能帮助你在各种面试中获得成功。

（1）面带微笑，容光焕发。脸上带着愉快、轻松和真诚的微笑会使你处处受欢迎，因为微笑使你显得热情有礼和具有亲和力，这是有效沟通的前提。

（2）留心自己的言行举止。面试时你的方方面面，不仅是你的衣着、说话内容，还有你的身体语言、脸上的表情、姿势、仪态和手势等，都会受到对方的关注并作为评价应聘者的依据。

（3）始终做出积极、肯定的反应。谈话中不要使用那些带有否定色彩的词，例如讨厌、恶心、不想要、不能等。

（4）接受对方提出的在录用前先进行测试的要求。你的文凭和各种证书不能说明所有的问题。你所受的教育只是你职业生涯的敲门砖，指望仅凭受过良好教育便在激烈的求职竞争中取胜是不现实的。讲述你的经历，尤其是工作方面的经验，别忘了用具体事例清楚地说明你所学的东西和个人的体会，并说明你能应用所学的东西为招聘单位做些什么。

（5）随身携带一支笔和一个笔记本。面试时偶尔记一些笔记是明智之举，但不要表现得装腔作势。有时候应聘者需要把一些东西记到本子上，比如说有什么事一时想不起来，需要过后再答复面试官。把面试官所说的话记录下来对对方也是一种尊重，这会使对方产生好感。

（6）不要只顾推销自己而滔滔不绝，而应多注意观察对方的反应。如果没听清面试官的问题，可以向对方提问，将问题弄清楚再回答。

在观察面试官时，应注意观察并判断以下三种情形：有兴趣（身体前倾、目光专注）、厌烦（目光无神或游移不定）、希望尽快结束面试（整理文件或站起来）。

①假如对方饶有兴趣，说明应聘者的表现出色，可以继续下去。

②假如对方表现出不耐烦，可以停下来问面试官：“您希望我继续讲下去吗?”

③假如对方准备结束面试，那么应该明白这个信号并将话题转入结束面试的模式。

你应该掌握好何时结束面试。同时，为了给今后进一步的联系创造机会，你可以问面试官以下问题：“请问面试后，贵公司在录用员工方面的下一个步骤是什么？贵公司通常在什么时候会作出决定？如果我还有其他的疑问，可否随时与贵公司联系？”

三、面试后续礼仪

在面试后的一两天内，你可以给某个具体负责人写一封短信，感谢他为你所花费的精力和时间、为你提供的各种信息。在信中简短地谈到你对公司的兴趣、你有关的经历和你可以帮他们解决的问题。

如果两星期之内没有接到任何回音，你也可以给主试人打个电话，问他是否已经做出决定了。这个电话可以表示出你的兴趣和热情，你还可以从他的语气中听出你是否有希望。如果面试看起来很成功，但结果你还是落选了，对此不要大惊小怪。面试时，大多数的主试人都尽量隐藏他们的真正意图，不会轻易让你看出来。万一招聘单位通知你落选了，你可以虚心地向对方请教你有哪些欠缺，以便今后改进。

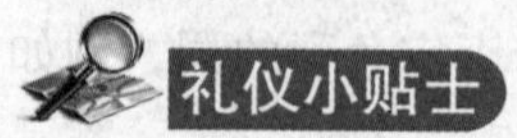

面试后的感谢信

尊敬的××先生（女士）：

您好！感谢您昨天为我面试花费的时间和精力。和您谈话令我十分愉快，并且了解到许多关于贵公司的情况，包括公司的历史、管理形式以及公司宗旨。

正像我已经谈到过的，我的专业知识、经验和成绩与贵公司非常匹配，尤其是吃苦钻研能力。我还在公司、您本人和我三者之间发现了思想方法和管理方法上的许多共同点。我对贵公司的前途十分有信心，希望有机会和你们共同工作，为公司的发展共同努力。

再一次感谢您。希望有机会与您再谈。

××

××××年××月××日

四、面试常见问题

面试官要了解的不只是你的工作经历、所学课程和学习成绩，更重要的是你的性格特征、可塑性及可待开发的潜力。面试官没有问到的问题不要谈。如果被要求谈谈你自己，那么应满怀热情，诚实而礼貌地谈论自己最拿手的技术和最精通的领域，语言要肯定而积极。

语言能力是面试官评估应聘者的一个重要指标。所以，如果你说话时经常用“恐怕”“那”“这”等口头禅，给人的印象将是犹豫不决、紧张、迟钝和不成熟，面试官对你工作能力的信心会大大降低。

作为应聘者，面对咄咄逼人的面试官，你的应对方式是无论如何不要被“激怒”。如果面试官的问题过于尖锐、不友好，对此最好的应对方法是始终表现出不卑不亢的态度，从容面对。

在应聘的过程中，应聘者往往会遇到一些难缠的问题，令人一时不知如何招架。当然，这些问题都没有标准答案，回答是否恰当，关键在于是否对招聘单位的发展趋势、市场开拓情况、为什么要招聘这个职位、公司的用人标准、管理风格等有所了解，既“投其所好”，又诚信而本色地展示自我。

礼仪小资料

以下这些问题，如果应聘者在面试前能有所考虑，也许会有更好的表现：

（1）你先介绍一下自己。（回答一般控制在两分钟以内。）

（2）为什么愿意应聘本公司的岗位？

（3）你认为公司聘用你的原因是什么？

（4）对你来说工作中最重要的是什么？

（5）在你看来，我们会为你的职业生涯规划提供一个怎样的环境？

（6）你的长处是什么？

（7）你最大的弱点是什么？

（8）你如何评价你的前任老板？（切忌说前任上司或老板的坏话。）

（9）你在业余时间喜欢做什么？

（10）你觉得5年后你会有什么发展？

（11）如果……的话，你怎么办？（面对这类情景模拟、角色扮演的问题，宜多提供几套解决方案来体现思维的敏捷与多元化。）

（12）如果我们聘用你，你会待多久？

（13）你对薪水的期望是多少？

（14）你对我们公司有什么想法？（这可体现你对公司前景的关注，切忌回答“都很好，没什么想法”。）

五、面试的禁忌

在求职面试中，没有人能保证不犯错误，只是聪明的求职者会不断地修正错误走向成熟。然而，在面试中有些错误是一些相当聪明的求职者也难免会犯的，最常见的有以下几种。

（一）不善于打破沉默

面试开始时，有些求职者不善于打破沉默，只是被动地等待面试官的提问，面试中出于种种顾虑，面试者不愿主动说话，结果使面试出现冷场。即便能勉强打破沉默，语速、语调亦极其生硬，使场面显得十分尴尬。实际上，无论是面试前或面试中，求职者主动致意与交谈，都会留给面试官为人热情和善于与人沟通交流的好印象。

（二）与面试官“套近乎”

具备一定专业素养的面试官忌讳应聘者“套近乎”的行为，因为面试中双方关系过于随便或过于紧张都会影响面试官的评判。过分“套近乎”亦会在客观上妨碍应试者在短短的面试时间内陈述专业经验与技能。可以列举一两件有根据的事情来夸赞招聘单位，从而表现出自己对这家单位的兴趣。

（三）为偏见左右

有时候，参加面试前自己所了解的有关面试官或该招聘单位的负面评价会左右自己面试中的思维。例如，误认为貌似冷淡的面试官很严厉或是对应试者不满意，因此十分紧张；又如面试官看上去比自己年轻许多，心中便开始嘀咕：“他怎么够资格面试我呢?”其实，在招聘、面试这种特殊的关系中，应试者作为供方，需要积极面对不同风格的面试官。

（四）慷慨陈词，言而无实

有的应聘者喜欢用大量的形容词来表述个人成就、特长、技能，一旦面试官要求举例子，应聘者便无法应对。事实胜于雄辩。在面试中，应试者要想证明其沟通能力、解决问题的能力、团队合作能力、领导能力等，最好是能举例说明。

（五）不善于提问

有些人在不该提问时提问，如在面试中打断面试官谈话而提问。也有些人面试前对提问没有足够准备，轮到有提问机会时不知说什么好。而事实上，一个好的提问，胜过简历中的无数笔墨，会让面试官刮目相看。例如，“我入职后有哪些接受提高业务能力的培训机会?”“请问贵公司在晋升机制上有什么特点?”等，这些问题能够反映应聘者积极进取的工作态度。

（六）对个人职业发展计划模糊

对个人职业发展计划，很多人只有目标没有思路。比如当问及“您未来5年事业发展计划如何”时，有的人可能会回答说：“我希望5年之内做到全国销售总监一职。”如果面试官接着问如何做到，此时不少应试者常常会显得一筹莫展。其实，任何一个具体的职业发展目标都离不开应聘者对个人目前技能的评估以及为实现职业目标所需拟订的清楚可见的技能发展计划。

（七）假扮完美

面试官常常会问：你在性格上有什么弱点？你在事业上受过挫折吗？有人会毫不犹豫地回答：没有。其实这种回答常常是不诚实和不负责任的表现。正确的做法是不回避自己的缺点，但同时对这些缺点进行客观分析，看看这些缺点对面临的工作会不会带来负面影响；即使有一定的负面影响，也可向招聘单位表示自己今后在工作中将怎样扬长避短，如何改进、克服这些不足，使自己的弱点对工作带来的负面影响降到最低限度。这才是睿智的表现，给人以诚实及勇于担当的好感。只有充分、正确地认识到自己的弱点和所受的挫折，并知道应该如何改进、克服缺点与不足并从挫折中吸取教训，才能造就真正成熟的人格。

（八）被“请君入瓮”

面试官有时会考核应试者的商业判断能力及商业道德方面的素养。面对这类问题时，必须坚守任何企业员工都必须严格遵纪守法的原则。

思考与练习

1. 假设你是一位将要到某公司应聘秘书岗位的毕业生，请为自己设计一份简历。
2. 面试前要做好哪些方面的心理准备？
3. 结合求职应聘的妆容、服饰要求，请你设计应聘秘书岗位的面试形象。
4. 面试结束后应注意哪些后续礼仪？
5. 结合实际谈谈你对未来的就业设想、就业观念和对职业道德的认识。

请另谋高就

一次某公司招聘文秘人员，由于待遇优厚，应者如云。中文系毕业的小张同学前去面试，她的背景材料可能是最棒的：大学四年中，在各类刊物上发表过作品，内容有小说、诗歌、散文、评论等，还为六家公司策划过周年庆典，学习成绩相当优秀，书法高超。小张五官端正，身材高挑、匀称。面试时，招聘者拿着她的材料等她进来。小张穿着迷你裙、露脐装，涂着鲜红的唇膏，轻盈地走到一位考官面前，不请自坐，随后跷起了二郎腿，笑眯眯地等着问话。三位招聘者互相交换了一下眼色，象征性问了几个问题后，主考官说："张小姐，请下去等通知吧。"她喜形于色，说："好!"然后，她挎起小包飞跑出门。

1. 小张同学在应聘中有哪些失礼之处？
2. 该案例对你有什么启发？

在老师指导下分组进行应聘、面试等的实操训练。

第五章　商务办公礼仪

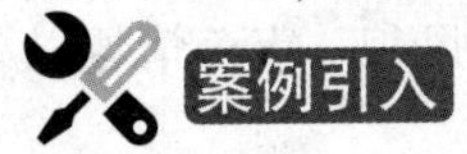

为宾客上茶的顺序

乾茂公司有天接待了一批由顺达公司前来洽谈业务的宾客，对方来了包括有高中级管理部门的七八个人，被安排到会议室靠门左侧的长方桌边就座。开会前按接待惯例由服务员小李为客人上茶。由于刚好会议室的茶水柜就放置在靠近门的左侧位置，于是小李就从靠门口位置就座的第一个客人开始依次上茶。当小李把茶水端到在长方桌中间就座的顺达公司的陈总经理面前时，陈总经理虽然也是礼貌性地接过茶水并轻声地说了句“谢谢”，但脸上明显掠过一丝不愉快的神情。

1. 请问小李为宾客奉茶的次序有没有不妥？
2. 请谈谈正确的奉茶次序应该怎样操作。

迎来送往、谈判会晤是常见的商务活动，做好接待会晤工作，可使主客双方都全身地投入商务活动，使谈判或会议能在和谐友好的气氛中进行。所以，商务接待与会谈礼仪是商务礼仪中非常重要的一部分。

第一节　办公室日常礼仪

商务人员的工作时间，很多是在办公室度过的。无论是在自己的办公室办公，还是在客户的办公室洽谈，办公室都与商务活动有着密切的关联。商务人员在办公室不仅要树立良好的个人形象，还要遵守办公场所的规范，协调好人际关系。掌握好办公室日常礼仪，能让自己有一个良好的工作环境，为取得更佳的工作业绩打下基础。

一、创造满意的工作场所

办公室是企业的门面，是来访者对企业的第一印象。办公室的布置不同于家庭、酒店的布置，它的设计风格应该是严肃、整洁、高雅、安全的。办公室优雅的环境布置和有序的工作，不仅能够反映出在这个环境中的工作人员的精神风貌、审美情趣以及工作作风，也能给来访者留下良好而深刻的印象。

创造满意的工作场所，首先要做到勤于清理办公室的环境卫生，尤其是灰尘、纸屑要处理好，应尽量保证桌面和办公设备的清洁。地板、天花板、过道要经常打扫，玻璃、门窗、办公桌要擦洗得干净明亮。桌面只放些必要的办公用品，且要摆放整齐。不要将杂志、报纸、餐具、手提包等物品放在桌面上。废纸应扔入废纸篓。文件应及时按类按期归档，装订整理好，放入文件柜。对于上班时处理的文件，下班后应妥善保管。办公室内桌椅、电话、茶具、文件柜等物件摆设应以方便、高效、安全为原则。办公桌上不宜放太多的私人照片，也不宜张贴明星海报，因为办公室内需要的是严肃、高效而不是温馨、娱乐的气氛。办公室可摆放、悬挂风景画及有特殊意义的照片、名人字画、企业徽标等，创造浓厚的企业文化气息，使主客心情愉快地交流和对企业文化进行有效的宣传。

办公室应经常通风换气，也可适当摆放一些盆景，在净化空气的同时，起到点缀的作用，但要及时清理枯萎的花、叶等。

二、主管和职员的办公室准则

办公室的人员是一个集体，无论是对单位还是外来人员，都应体现一个集体的每个成员对他人、对社会的尊重和责任心。一个企业待人接物的礼仪水平，正是从每个职员的言行举止中体现出来的。因此，每个职员都应牢记自己的言行代表着企业的形象，自觉地遵守办公室礼仪。

（一）个人形象

1. 仪表端庄、大方

要注意个人卫生和整洁，发型要简洁。服饰穿戴要简约、庄重，忌穿牛仔装或无领无袖的衣服，更忌穿拖鞋。

管理者要特别注重着装统一的问题，若公司的管理者、司机、作业人员着装不统一，势必会影响到公司的形象和降低全体人员的职业素养。例如，有的司机或仓库作业者在工作中不穿安全靴，不戴安全帽，服装凌乱，管理者也未加提醒，于是不良的习惯就会渐渐蔓延开来，长期下去，公司对外的形象就必然大打折扣，同时造成安全隐患。

2. 举止庄重、文雅

注意保持良好的站姿和坐姿，不要斜身倚靠在办公桌上，更不能坐在办公桌上面。不要在办公室里吃东西，尤其不要吃瓜子等会产生响声的食品。

3. 说话文明、有分寸

在办公场所说话要文明，注意分寸，不宜使用昵称相互称呼，不要总是抱怨、发牢骚或闲聊。

4. 遵守公共道德和行为准则

要遵守公共道德和行为准则，如不要无限制地使用办公用品。办公室中的传真机、打印机、打印纸、公共信封、信纸和其他办公用品等，应只限于办公用途。

（二）人际关系

工作的特殊性，使商务人员免不了要与各种人打交道。处理好周围的人际关系，与大家和谐相处，成为一个受欢迎的人，这不仅体现一个人的能力，也是一名合格的商务人员必备的素质。

1. 与领导相处

（1）与领导相处应心存敬意，注意维护领导的形象。无论在什么场合，与领导说话都要注意分寸，不要随便开玩笑。不要议论领导，更不能表现对领导的不满情绪。对领导工作中出现的失误，应宽容、体谅。

（2）与领导相处，应遵守必要的礼节。无论在什么场合与领导相处，都应讲究必要的礼节。例如，当有事到领导办公室时，要先敲门，得到允许后再进入。如果正遇领导与他人交谈，但有急事需要马上请示时可以说："对不起，打扰了。"如果领导正在低头批阅文件，切忌探头探脑或用眼睛乱瞟。离开领导办公室时应先后退两三步，然后转身出去，将门轻轻带上。当领导到你处交代工作时，应马上起立致意，待领导就座后再坐下。领导离开时应主动开门并说"再见"。

2. 与同事相处

（1）与同事相处应以礼相待、彼此尊重。同事间应处处以礼相待。如见面时，应主动打招呼，最简单的方式就是微笑点头，同时道声"早""您好"之类的问候语等。

（2）与同事相处应保持适当的距离。所谓与同事要保持适当距离，主要是指尊重他人的人格与隐私，不乱动他人的物品，以及尊重他人的工作。同事不在或未经允许时，不要擅自动用同事的物品，如文件、电脑等。

（3）与同事相处应树立包容意识，敢于承担责任。包容意识就是要有宽容的美德，一个懂得宽容的人是会获得他人好感的。在与同事的相处中应懂得宽容，例如，当你的同事取得成功、获奖或升迁时，应给予衷心的祝贺；而当与同事的合作出现问题时，应敢于面对自己的错误，不要把责任推给他人。

三、办公室里的“五句”与“三到”

（一）办公室工作中要用文明“五句”

第一句话是问候语“您好”。要养成习惯，不管对自己还是外人，要先说声“您好”。

第二句话是请求语“请”。需要别人帮助、理解、支持、配合要先说“请”。

第三句话是感谢语“谢谢”。别人帮助自己、理解自己、支持自己之后要说声“谢谢”，特别是对那些收费性服务岗位。

第四句话是抱歉语“对不起”。怠慢了别人，为别人平添了麻烦等要说声“抱歉”或者“对不起”，这是与人相处最应具备的一种素养。

第五句话是道别语“再见”。分别时说声“再见”，既显得有礼，还会给对方留下好印象。

（二）在办公室里面一个有素养的人的“三到”

1. 眼到

要目中有人。要用温和的目光来与人打招呼，切忌用充满蔑视和敌意的目光看人，更不能用审视的目光对对方上下打量，这样是极不礼貌和令人反感的。

2. 口到

说话要懂得因人而异，礼貌用语要用得到位，有时还要看场合使用。例如，若顾客是来处理投诉维权事宜的，若负责接待处理的工作人员在处理结束后对顾客说“欢迎再来”明显是不恰当的，正确的用语应该是“感谢您对我们工作的配合”“欢迎您对我们今后的工作多提宝贵意见”等。

3. 意到

心意要到，礼由心生。怎么做到心意到呢？第一，表情要自然。在人面前如果表情过分严肃，会让人感觉你很不放松、很怯场，还有怠慢客人之嫌。第二，表情要有互动。比如，对方刚刚经历了不如意的事，心情不好时，那你此时不宜表现得心情愉快；反之，若对方正在经历开心的事（如升职、加薪、家里有喜事等），你就应该适时表示高兴并祝贺对方，而不能表现得无动于衷。第三，举止要大方。一个有教养的人，时时处处都应落落大方、不卑不亢。

四、室内礼仪注意事项

（一）上班准时，环境整洁

上班要准时，这能反映出你对工作是否敬业，也不宜在下班前 15 分钟便收拾东西、跑到洗手间换衣服等，这样明显令人感觉你急于下班。

下班之前，应将桌上的文具和文件等码放整齐，将椅子放回原位，给同事们留下一个工作严谨、干净整洁的好印象。

（二）穿着整洁，修饰避人

每天穿着整齐、干净的衣服走进办公室，别人也会受你影响而神采奕奕。女职员在办公室内化妆是失礼的，特别是有异性同事时。若在办公桌上摆满化妆品，并时常忙里偷闲地涂口红、磨指甲、画眉毛，且不说在工作时间做这些事会使人觉得你无所事事，众目睽睽之下这么不加掩饰也实在不合时宜。如果确实需要，则应去卫生间补妆。男职员也要做到穿着整洁、仪表清新。

（三）办公时间，慎选话题

在办公时间，像薪资之类的话题不宜在办公室谈论。假如有人向你旁敲侧击，意图试探你的薪资水平，不妨一笑置之，或是给他模糊的答复。

（四）承担风险，不推责任

遇到问题或过失，不委过于同事，是办公室内为人处世一种非常优秀的道德品质。比如，若你工作中出现一些难以避免的过失，应勇于主动地向上司解释，承认自己的问题，并及时地道歉。

（五）讲求效率，不做私事

私人生活中的事情尽量不要带到办公室去。

有许多公司严格地执行一些规矩，例如，办公室不能接听私人电话、不能随便跑出去买烟或零食、规定午休时间、上下班要准时等。即便你任职的公司规定不那么严格，也应该自觉遵守。因为只有自觉遵守规则，才能培养自己良好的职业道德，这也是做人的基本要求。

（六）请示领导，勿擅越级

按照常规，工作中如遇到棘手的事，首先要直接找直属领导，切忌擅自越级去见一个更高级的领导。须知一个大公司的组织和军队相似，发号施令有关联性，即使你对你的直属领导有意见，他可能也的确存在工作上的不当，你也要先获得他的同意才可向更高一级申诉。

（七）不论内外，讲究礼貌

“早安”和“午安”是最普通的礼貌用语，对同事不宜因为熟悉便将其省去。而且，对虽然不相识但经常遇见者（如都是在同一个大厦上班）或是一同乘电梯的人，主动以“早安”或“午安”向人家问好，能很好地表现出你是一位彬彬有礼的人。

年龄、职级相近的同事之间多互以名字相称，这样显得既平等也不失亲切；对比自己年长的同事，可以亲切地称呼“老陈”“老李”等。而对那些德高望重或是上司及管理层的同事，则以“×先生”或“×经理”“×总”来称呼较为合适。对比自己职级低的同事，若需显得亲切，对年轻者可称呼“小李”“小张”，对年长者则是“老王”“老刘”等。另外，在办公场所，无论何种同事关系，都可以以职务相称，并不失礼。

在办公室，不要随便动用别人的东西，即使是公司统一配发的用品，也属于个人物品。

当公司有人来访时，应热情接待访客，绝不可三言两语把客人打发掉，或者将其冷落在一边。

第二节 投诉接待礼仪

在商务管理中，投诉处理往往是伴随着复杂多样的商务活动而产生的，“顾客至上”的原则是接待人员在进行投诉处理时所必须遵守的一大原则。如何投诉和如何接待投诉，迅速地解决问题，使得双方都满意呢？其决定因素之一就在于投诉语言的恰当运用和接待态度的得体。

一、如何投诉

在商务活动中，任何一个公司和个人随时都有可能成为投诉和被投诉的对象，但现实生活中有不少人因怕麻烦，对有问题的商品或服务不进行积极的投诉或有效投诉，这样不仅无法维护我们的合法权益，还间接纵容这种商品或服务的质量问题继续存在，出现问题的人或者单位也无法得到适当的教训，进而改进自己的行为。那么，如何投诉才能既维护好公司或自己的合法权益又不失礼仪呢?

1. 应该做的事

（1）对该服务或商品表示失望。

（2）重点放在欠缺的有关服务或不合格商品的事实上。

（3）在说明情况时（口头或书面），保持冷静，言语清楚，有礼貌。

（4）记得感谢帮你处理投诉的人。

2. 不应该做的事

（1）攻击倾听你投诉的人。

（2）挑衅或使用威胁性的语言。

（3）表述时过分主观，并列举过于微小的、很难使人引起重视的细节。

（4）在通过电话投诉时忘记询问与你说话的人的姓名。

（5）在解释清楚整个情况之前，提出你觉得你应该得到的赔偿。

二、如何处理投诉

被投诉者可以通常会收到三个类别的投诉：电话投诉、信件投诉或面对面的投诉。不管是哪种情况，投诉都应该被优先处理——不要把它排在接待人员日程表的末尾。

1. 电话投诉

（1）从头到尾听取投诉，切忌轻率地打断投诉者。

（2）对投诉者投以全部的注意力，不要在听电话的同时，处理其他事情，这样会让投诉者认为自己不受重视。

（3）礼貌地提问以确认你对投诉的理解，不要让人觉得他们不该投诉。

（4）确保投诉者知道他们的投诉得到了重视，会在某一时间内给出积极的答复。比如，“王女士，我会在十一点一刻之前给您回电话，让您确切地知道投诉处理的进展”听起来比“王女士，我会在午饭前给你回电话”更让人安心。

（5）如果说了会回电话就必须信守诺言。

（6）如果个人不能处理该投诉，应向对方说明谁会负责，需要进一步与谁联系，让他们知道事情的进展。

2. 信件投诉

（1）认真阅读信件，突出要点。

（2）如果对自己回复的权限有疑问，应向上司说明。思考、分析一下该投诉的性质等，然后向上司征询处理的建议。注意不要消极地把整个问题交给上司处理。

（3）在24小时之内做出实质性、专业性的答复，清楚地说明打算如何处理投诉。

（4）把全名和有效联系方式留给对方，使之可同你联系。

（5）确保你所说的都会付诸行动。

（6）一旦投诉得到解决，应立刻打电话通知对方，令其安下心来。

（7）承诺必达。如果不确定能承诺做到哪些事情，应请上司或法定部门审核决定（能承诺的责任）后再回信。

3. 面对面的投诉

（1）在听取对方投诉时，要注意保持眼神交流。

（2）要做好记录。必须认真倾听对方的诉说，这样才会得到充分的、足够的信息。

（3）提出问题。为了清楚地理解对方的投诉，应使用闭合性的提问，以“您是哪位”“您不满意的是什么”“您需要我们做出的回应是什么”等来开始提问，以便得到一个明确的回答。

（4）做好表情管理。既不要让人感觉你虚情假意，也不必做出屈尊俯就的姿态。

（5）向对方保证他的投诉会得到认真对待与处理，并且具体说明准备处理的方式和解决问题的截止时间。

（6）如果对方的投诉被证明是不合理但无恶意的，不要奚落对方，最好说一句如“很高兴我们能一同把事情弄清楚”的话。

常言道“金无足赤，人无完人”，一个公司或组织也是这样。尽管所有企业都力求把自己的产品及服务质量做好，但想要完全做到无任何投诉并不现实。对于企业或组织的管理层，应该做到时刻清楚一段时间内本单位发生了多少投诉及处理的情况，包括处理是否及时、结果是否能令顾客满意等。每个企业都要高度重视顾客满意度。只有重视顾客满意度，才能积极处理所有投诉，并把企业存在的问题所产生的负面影响降到最低。反之，对投诉若采取的是回避、能拖则拖等消极的态度，势必会损害企业形象，使企业遭受损失，甚至会令企业从此一蹶不振。

第三节 商务拜访礼仪

一、预约

拜访之前宜进行预约，说明拜访的目的，商定好拜访时间，这是拜访最基本的礼仪。尽量不做不速之客，即使是关系很好的熟人，也不应随意占用他人的时间。

二、拜访准备

（一）材料准备

就所要商谈的内容准备好各种材料，如有关文件、各种数据等。如果是第一次与对方打交道，还需要事先了解对方的背景、信誉甚至受访人的性格特点等内容。

（二）心理准备

梳理有关拜访的思绪，如此次拜访的目的、其中易出现什么问题、应该采取什么办法应对、我方有利之处和不利之处、退让的底线等。如果是集体拜访，应该开一个拜访前的准备会议，商量好相关事宜。

（三）服装准备

商务拜访要穿符合拜访场合的正式服装，越是重要的拜访，越要重视服装。

三、拜访时的礼仪

（一）基本要求

拜访首先要注意遵守的礼仪就是准时，不守时是非常失礼的行为。不能迟到，也不宜过早到达目的地。为避免迟到，通常要提前出发，若提前很长时间到达目的地，去的是对方单位的话，应该先在附近找个地方等一会儿，离约定时间差三五分钟的时候再进去较好，否则会打扰到对方。

让别人无故等候是很失礼的，若遇到不可抗力，如交通堵塞、突发公务等造成迟到，必须及时通知对方，并请求谅解。反之，如果是对方有事要晚到，自己先到了，要珍惜、利用等待的时间，例如，一般商务场所都有可供来访者小憩的接待室，可在这里边等待边整理资料，梳理谈话的主题。

通常公司都有前台人员接待客人。拜访时应首先向前台人员报出自己的身份和要见的人，并告之已有预约，然后服从前台人员的安排。即使你曾多次来这里，也清楚被访人办公室位置，也绝不能不向前台人员打招呼就直接闯进去，这样做是十分无礼的。如是未预约就来访，更应该向前台讲明情况，请求予以安排。

在会客室等候的时候，同去的人员不要大声聊天、讨论，甚至议论对方，要安静，不宜通过谈话来消磨时间，这样会打扰他人工作。即使你已经等了若干分钟，也不要表现出不耐烦，可以询问接待的助理约见者什么时候能接访。如果你有事不能久等，应向助理做好解释并另约拜访时间。不管对要见的人有多么不满，也一定要对接待的工作人员有礼貌。

当被引到约见者办公室时，如果是第一次见面，应先做自我介绍，如果是已认识的，只要互相问候并握手即可。为节省大家的时间，应尽快将谈话引入正题，不宜寒暄过久。直接、清楚地表达要说的事情，不讲无关紧要的事。己方发言结束，要让对方发表意见，并认真地听，不要随便打断对方讲话。若有不同意见，应在对方讲话结束后再提出来。正式谈话结束后，双方常常闲聊几句，最好不超过 10 分钟，来访者要主动告辞，并先站起来向外走，被访人应跟在后面送客。

总之，整个拜访过程都要从礼节上多多注意，不可失礼于人，否则会有损自己和单位的形象。

（二）到宾馆的拜访

如果外地客人来到本地，住在某宾馆里，得知消息以后，应前去进行礼节性拜访。拜访前应先约定时间，并问清楚宾馆的位置、楼层、房号、电话等。

进入宾馆以后，应向保安或服务台人员说明来意，然后往房间打个电话，经客人允许后才能进入房间。

进客房前，看清房间号码。敲门后，待客人开门后进行介绍，双方证实身份后，经客人邀请再进入房间。

如果是星级宾馆，一般房间会带有会客厅，不应进入卧房交谈。到宾馆拜访大都属于礼节性的拜访，作为东道主，应热情地表示对客人的欢迎，同时询问客人生活、工作上有何不便，需要提供什么帮助。拜访时间不宜太长，以 15 分钟左右为宜。到宾馆拜访通常不必准备礼物。

在宾馆的前厅及走廊上不要急匆匆跑动，脚步要轻稳。与服务员讲话态度要温和，语气要平缓。

进出宾馆大门、上下电梯，如有门童和电梯服务员为你提供服务，不要忘记道谢。

第四节 商务接待礼仪

一、接待礼仪前的准备工作

公司的前台、会客室、办公室是公司的窗口，必须给来访的客人以好感。经常来往的客人，对公司的良好印象是从一次次的商务交往中积累的，因此商务人员为了表现良好的礼仪及风度，在迎接宾客到来之前，应做好充分的准备。

（一）美化空间，布置环境

空间环境主要包括办公室（会客室）内的空气、光线、颜色、办公设备及室内布置等外在客观条件。一个和谐、美观、整洁、舒适和安静的工作场所，必然有助于接待工作的完成，让客人一进门就感到十分舒适。办公用品要各有固定放置的地方，取用方便、顺手并整齐美观，以提高工作效率。

1. 绿化环境

应在会客室或办公室摆放一些鲜花或绿色植物，摆放的位置应以不妨碍视线交流及人员活动为宜。室外环境也不能忽视，要做好绿化工作，以绿草铺地或种植花木。

2. 空气环境

做好室内通风和空气调节的工作。空气环境由办公室内空气的温度、流通状况、湿度与清洁度四个基本因素组成。空气环境会影响该环境内人的行为和心理。要做到通风换气良好，室内相对湿度、温度令人舒适，在经济条件许可的情况下可安装通风、空调设备，遮阳隔热设施及湿度调节装置，并做到在办公室、会议室内不吸烟。

3. 光线环境

接待工作一般在室内进行，室内的光线应以自然光源为主、人造光源为辅，光线过强或过暗都不适合。尽可能将会客室安排在方向朝南的房间，如担心光线直射，则可设置百叶窗或窗帘予以调节。使用人造光源时，最好使用顶灯，尽可能不用台灯或地灯，特别要注意灯光不能直接照射来宾。

4. 声音环境

为使会谈不受干扰，会客室或办公室周围的环境应该保持安静。此外，在室内布置上应考虑这样安排：地上铺放地毯，以降低走动产生的音量；窗户上可安装双层玻璃，以便隔音；茶几上宜摆放垫子，以防放置茶杯时发出响声；门轴上应定期涂抹润滑油，以免开关门时有噪声。

（二）充分做好接待的物质准备

1. 文件资料

客人来临前，应先将各种相关资料准备妥当，如公司的宣传简介、商店销售的商品及使用说明等。若为房地产及中介公司，则应先把所有与房屋有关的资料整理齐全，不可在客人已经来了才慌慌张张地找寻，这样做既缺乏专业水准，也对客人不够尊重。

2. 名片

如果有名片，接待时一定要将名片随身携带好，对方给名片的时候，记得回送一张。

3. 茶具和茶点

茶具包括茶盘、茶杯、杯垫等，当然也要有茶叶、茶包和咖啡。茶具要考虑到客人不同的需要，事先准备齐全。

准备接待用的点心最好挑爽口且容易入口和方便拿取的，也就是小块、好下咽的，尽量避免难嚼、粘手、味道重的，如鱿鱼丝、花生糖等。水果则不要选有太多籽、太硬、咀嚼声音大的，如西瓜。

准备茶点时，应同时准备一些叉子或牙签及纸巾，较正式的会议还可准备托盘，让来宾知道应将所有使用过的杯、盘、纸巾放入盘中，使大家意识到东西不可乱放，以营造优雅、整洁、舒适的商务环境。

4. 杂志、报纸

这两样刊物是为早到的贵宾、等候的客人或客方的司机等人提供的，以方便他们打发时间。不宜摆放破旧且过期的报刊，报纸最好是当天的，杂志也应是近期的，这样才能起到方便宾客获取一些有用的信息和给人管理有序的好感。

5. 乘车座次安排

乘车座次安排通常有以下几种情况：

第一种，双排、三排座的小轿车。如果是主人亲自驾驶，一般前排为上，后排为下（见图5－1）。如果有专职司机驾驶，通常后排为上，前排为下，其中后排的次序是“中、右、左”（见图5－2）。

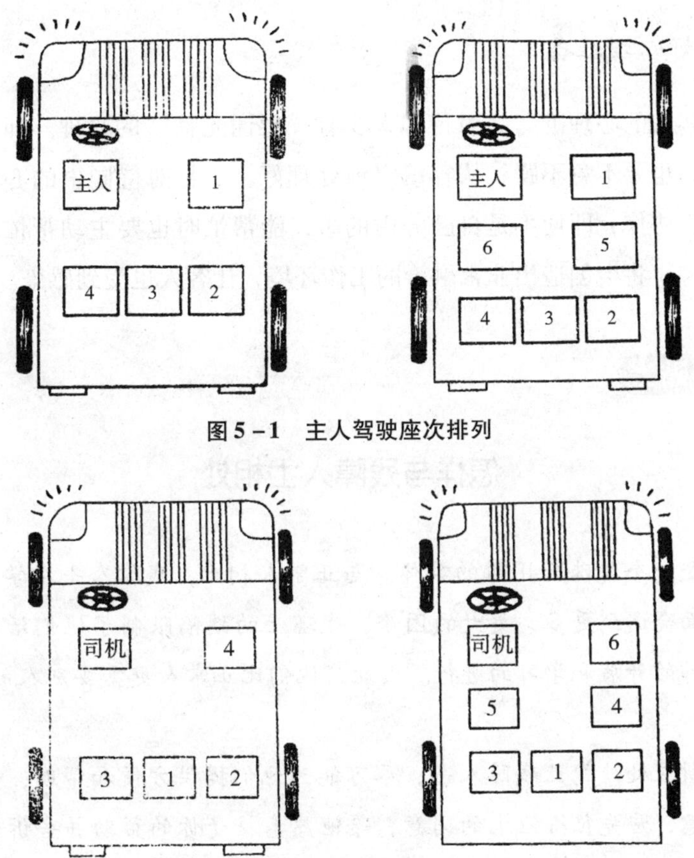

图5－1 主人驾驶座次排列

图5－2 专职司机驾驶座次排列

第二种，多排座的中型轿车。无论由何人驾驶，均以前排为上，后排为下；右高左低（见图5－3）。

第三种，轻型越野车，简称吉普车。不管由谁驾驶，其座次“尊卑”依次为：副驾驶座、后排右座、后排左座（见图5－4）。

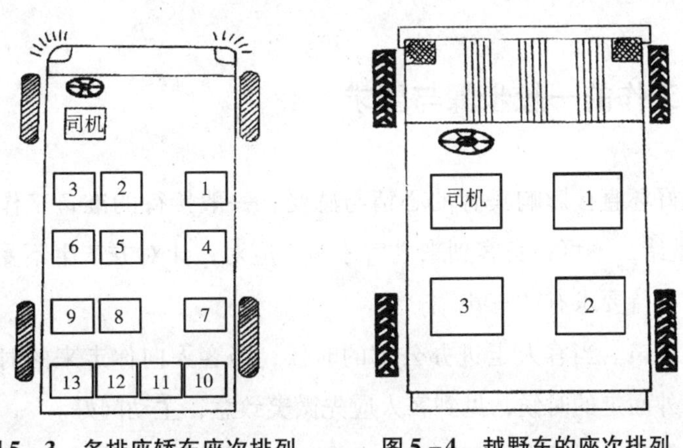

图5－3 多排座轿车座次排列

图5－4 越野车的座次排列

（三）做好心理准备

一是对待客人的心理准备。对待客人要有“感谢光临”的心理。即使客人人数很多或难以应对，也要不急不躁、从容镇定地处理好。二是对待同事的心理准备。要有协作精神，积极协作，即使不是自己分内的事，能帮忙时也要主动帮忙。同事之间有这样的协作精神，将会创造出非常融洽的工作环境，让客人也受到感染。

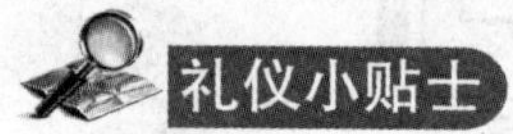

怎样与残障人士相处

残障人士是一个特殊而困难的群体。与正常人相比，残障人士在学习、求职、工作、生活等方面会遇到更多、更大的困难，生理上的缺陷限制了他们活动的空间、职业的选择、工作的开展和学习的进行。因此，他们比正常人更需要别人的关心、帮助、支持和鼓励。

在公共场所应处处礼让残障人士，尽可能为他们提供方便和帮助，但提供帮助有一点要特别注意，应先征得他们的同意，等他愿意接受你的帮助并告诉你怎么做时再实施比较好，让他们感到有尊严，这是对待残障人士应有的礼仪。

在社交场合，当被介绍给残障人士时应主动上前致意，做好握手的准备。对双目失明的人，可以先征求对方同意然后握手。相互交流时，应直接与残障人士交谈，眼光正对着他们，不要面对别人用第三人称称呼他们。如果对方坐在轮椅上，应尽量保持视线与其等高，并用正常的声调说话，不要拍他的头或肩膀，更不要靠在他的轮椅上，因为椅子已被视为他身体的一部分。

二、接待工作的一般步骤与要求

接待工作的好坏直接影响宾客的心情与感受，一般接待的准备工作应于客人到达前15分钟全部就绪，不可在宾客到来之后才匆忙应对，让对方产生不受尊重和重视之感。同时，商务接待要求有“三声”：

第一，来有迎声。当客人走进办公室的时候，当客人向你走来的时候，乃至你在自己大厦里面向外面走的时候，见到客人应先微笑致意，主动问好。

第二，问有答声。对客人的问题有问必答，不厌其烦。

第三，去有送声。当客人告辞的时候要道别，如“再见”“欢迎再来”等。

1. 张贴欢迎标志

来宾的地位越重要，欢迎标志就要越大、越显眼，因为欢迎标志是写给来宾看的。欢迎词要恰当得体。标志要张贴在来宾必经且清楚明亮的位置。

2. 热情迎接

（1）迎宾

客人一进门，前台的接待人员应立即站起来，微笑着向客人问候。一般的常用语有：“您好，欢迎您！”“您好，很高兴能帮助您。”“您好，需要我帮忙吗？”当了解到客人是有约定、按时而来的时，应马上通知被访者。如果客人提前了十几分钟甚至更多时间，宜安排到会客室等候，并告知客人被访者正在接待前一位客人，请其稍候，并送上茶水。如果客人是未预约的，接待者应了解客人的要求，根据情况安排合适的人接待。如果当天实在无法接待，要向客人耐心解释，并给他一个预约的机会，定好下次来访的时间和接待人员。

（2）按规格等候迎接

如果来宾的身份、地位超过单位最高负责人的，一定要由最高负责人亲自迎接。如果来宾身份未超过本单位最高负责人的，可安排身份地位与对方相当的人迎接，但不可太低或太高。

（3）引领方式

①行路。如果单排行进，引导者应走在上司、宾客的前面为其领路；如果宾主并排行进，引导者应走在外侧偏后一些的位置上；如果三人并行，通常中间为上，内侧为次，外侧再次之。

②电梯。与上司、来宾乘梯，在进入有人管理的电梯时，引导者应后进后出；而在进入无人管理的电梯时，引导者则应先进后出（见图5－5、图5－6）。

③楼梯。在引导上司、宾客上下楼梯时，出于安全考虑，上楼梯时，引导者应走在上司、客人的后边；下楼梯时，走在上司、宾客的前边。在上下楼梯时，要注意姿势和速度，与客人保持一定的距离（见图5－7、图5－8）。

④进门朝里开的办公室。引导者应先入内拉开门，侧身再请宾客进入（见图5－9）。

⑤进门朝外开的办公室。引导者应先打开门，请宾客先进（见图5－10）。

⑥进旋转式大门：引导者应自己先迅速过去，在另一边等候（见图5－11）。

无论进出哪一类的门，引导者都一定要运用规范化手势，同时要说诸如“您请”“请走这边”“请各位小心”等提示语，而且应用手轻推、轻拉、轻关办公大楼或办公室的房门。

图5-5　后进后出

图5-6　先进后出

图 5－7 上楼梯

图 5－8 下楼梯

图 5－9　门朝里开

图 5－10　门朝外开

图 5－11 旋转式的门

3. 引导入座

贵宾到达后应先请其至贵宾室奉茶及休息，然后立刻通报主管、负责人准备接见。

引导客人就座时，长沙发优于单人沙发，沙发椅优于普通椅子，较高的座椅优于较低的座椅，距离门较远为最佳的座位（见图 5－12）。

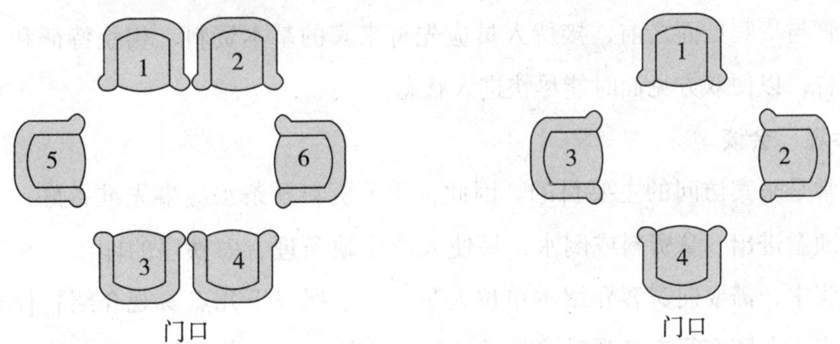

图 5－12 座次

待客时，应该为客人准备如咖啡或热水等饮品。在向客人提供饮品时，也要掌握必要的礼仪，本节以茶为例，对相应的礼仪进行介绍。

①上茶应在主客正式交谈前。正确的步骤是：双手端茶，从客人的座后侧奉上。要将茶盘放在临近客人的茶几上，然后右手拿着茶杯的中部，左手托着杯底，杯耳朝向客人，双手将茶递给客人，同时要说“请用茶”（见图 5－13）。

图5－13　上茶

②上茶应讲究顺序，一般应为：先客后主，先女后男，先长后幼，先高（职位）后低。

③尽量不要用一只手上茶，尤其不能用左手，切勿让手指碰到杯口。为客人倒的第一杯茶，通常不易斟满，以杯深的2/3处为宜。把握好续水的时机，以不妨碍宾客交谈为佳，不能等到茶水见到底后再续水。

4. 安排主管接见

在主管与贵宾见面之前，接待人员应先将来宾的基本资料、相貌特征和来访目的向主管报告，以便双方见面时能尽快进入状态。

5. 参观、会谈

这常常是来宾访问的主要目的。因此，相关资料及茶水应事先准备好，不要在议程进行中随意进出、拿资料或倒水，易使人产生缺条理、失秩序的印象。在带客户参观公司过程中，需要向宾客介绍本单位人员，应掌握以下几点参观介绍礼仪方面的小技巧：首先，在宾客行走参观时，除了遇到本单位的主要负责人，不必将每个走过身旁的人员逐一介绍。这是因为一来参观通常时间有限；二来本单位每个工作人员都有自己要忙的事，不宜逐个打扰；三来宾客来访通常都有一定的目的性，不需要与来访目的无关的人员接触。所以若刚好碰到与此次活动或与来宾的商务性质有关联的人员，就可顺势简单地介绍一下彼此，以更好地满足宾客的来访目的及促进双方扩大交际面，并为双方累积对未来合作有积极意义的人脉。其次，为节省主客双方的时间又不失带宾客参观的礼仪，当宾客每到一个部门时，除了看看有没有需要重点为宾客介绍的人员，可以视情况（主要是针对较重要贵宾）向全部门人员简要介绍宾客，让全体人员向宾客简单致意问好，一般离宾客近的简单叫声“××好”“您好”，离得远的则微笑点头致意便可。特别要注意的是，在办公室为来访客人作介绍时，不应把同事的昵称或绰号介绍出来，这既不庄重，也非专业介绍应有的表现，在工作场合的专业介绍方式应是“陈经理，我来为您介绍一下，这位是本公司业务部的×××小姐”“×××小姐，这位是××公司的陈经理”。

接待来宾时，不论是自我介绍还是帮人介绍，都不宜长篇大论，应简明扼要，说清姓名、公司名称、头衔这三大重点即可。注意，介绍别人的时候不要用手指向别人，如图5-14所示。

图5-14 介绍

6. 茶点餐宴款待

中间休息时可备茶点招待，使宾客稍作休息并补充体力。正餐时间可备餐饮款待。

7. 赠送礼品

礼品应在贵宾临走前赠送，以免给贵宾增加拿礼品的负担。有些单位喜欢在接贵宾的时候就赠送礼品以示隆重，如果来宾不是马上离开，应请服务人员为来宾拿礼品。

赠送礼品也是一门学问，有观礼者时礼物面要对着观礼者，没有观礼者时礼物面则朝向贵宾（礼物面是指包装的正面）。

8. 合影

合影留念环节一般宜安排在会谈中间的休息时段（以利于合理利用时间）或会谈刚结束时，特别是会谈结果甚好双方皆大欢喜之时。合影应提前安排好座椅的排列，一般由主人居中，主人的右侧为第一主宾的位置，左侧为第二主宾的位置，双方其他人员相间排列，两端的位置不要留给客方，具体如图 5－15 所示。

图 5－15　合影座次

9. 会谈结束

当商务会谈达到了双方都满意的预期结果，各方面事宜都一一谈妥时，双方应同时站起，相互热情握手道别并向对方表达感谢，一般接待方通常是说“感谢您（或各位来宾）的到来和为这次会谈成功的付出，后续事情我们会抓紧跟进，请放心”等；宾客方的礼貌用语通常是“十分感谢贵公司的热情接待和为本次会谈的圆满成功所做的一切，后续事情还劳烦贵公司继续跟进”等。双方道谢完毕，热情有礼地握手道别后，就可以送宾客离开了。

如果会谈情况未能达到预期的结果，主人可以客气有礼地提议：“感谢您（各位来宾）的到来，我想我们今天的会谈是不是可以先到这里。请问您（各位来宾）离开前还有没有其他事项需要研讨？”如果有，即可进一步商谈；如果没有，主人可以边实施送客出门的礼仪边说：“非常感谢您（各位来宾）的到来，请我们保持联系，下次商谈再约，再见！”

若客人感到会谈因未能达到预期效果已成为不必要的拖延，而主人尚未有结束会谈的意思，客人也可以说：“非常感谢您（贵公司）的热情接待和为这次会谈花费的宝贵的时间，今天的会议很有建设性，但我（我们）现在还有其他事情，今天的会谈就先到这里吧，请保持联系，我（我们）会尽快再与您（贵公司）预约下次会面的。”此时双方都应该站起来，握手道别，然后散会离去。

10. 送客礼仪

送客比接待更重要，主人礼数周全地送客可留给对方美好的回忆。若商务会谈前面的接待工作做得很好，却没有良好的收尾，会使整个商务接待给人一种美中不足之感。

在送客时应注意：

(1) 起身相送

客人打算离去时，商务人员要起身送出，但一定要待客人起身后自己再站起来，否则会有撵客之嫌，并要为客人开门，请客人先行。要帮忙留意客人是否有物品遗漏，以免给客人带来麻烦，这体现了自己的细心体贴和礼貌周到，还能减少自己保管客人物品的麻烦，对双方都有好处。

（2）握手道别

要将客人送至门外，并与对方握手话别。在客人离去握手时，不要忘了由来客先伸手，以免让客人误会自己不受欢迎。

（3）“请下次再来”

客人离开前应询问他是否熟悉回程路线或搭乘交通工具的地点和方向，尤其对远道而来的访客，更应表达关心之情。

不要忘了向客人道别“请慢走”“再见”“请下次再来”等。即使再忙碌，也不能忽略这个礼节。

（4）目送离去

一般应将客人送到门外，若送到电梯口，应为客人操作电梯按钮，陪客人等候，握别后目送客人下楼或乘电梯离去。若是贵宾则一定要将其送至小轿车旁，或为他叫好出租车，看着他坐好，挥手告别，车子开出一百多米后或一直等到车子驶出视线才转身回去。客人离去后，秘书人员还应将接待情况记录在会议纪要上。

总之，接待规范的基本要求是热情友好、彬彬有礼、细心周到、不卑不亢、落落大方。

三、几种不同对象的接待

（一）接待名人

接待名人必须注意以下几点：

（1）别太啰唆。名人的日程安排通常都非常紧张、紧凑，所以接待他们的礼仪要注意既不失热情也要尽量从简，以尽量节约他们的时间和保持他们活动的高效率，这是对名人最好的尊重。

（2）一般只宜要求他送一张签名照，不宜有太多其他要求。

（3）不要让人打扰在用餐等休息时间打扰他，如拍照、访问之类。如有“粉丝”要求亲笔签名，应该先征得本人同意之后，再安排时间进行。

（4）协助新闻媒体安排采访的时间，并抓紧时间，采访结束后提醒记者尽快离开。

（二）接待远道来访的重要人物

当一位重要人物远道来访，尤其是来自另一个国家或地区时，理应受到特别的招待。招待远道而来的重要客人要记住：

（1）应派身份、地位与对方相称的人到机场迎接。

（2）在其下榻的旅馆房间内摆放一些花卉、植物或他喜欢的饮料和酒（应事先了解清楚），也可以放一篮新鲜的水果（要备有盘子、刀叉）或一盒巧克力，让他有温馨的感觉。

（3）停留期间应先定好行程。来自外地或国外的访客可能会因搭乘飞机而十分疲惫（通常还有时差等问题），所以为来客所安排的第一天活动通常应简单轻松。

（4）应征询宾客在停留期间是否要去拜访老朋友。

（5）假如宾客不了解来访的城市，可以为他作简短的介绍或为他准备一些导游资料等，并随时为他提供舒适、便利的交通服务。

（6）在正式场合，应详细地将宾客介绍给大家。

（7）在每次会议及座谈会前，都应特地为宾客准备一份详细的介绍或报告，帮助其了解每位与会者的情况。

（8）如果宾客的中文表达不够流畅，应为他指派一位熟练的翻译人员。

（三）接待预约与未预约的客人

来访的宾客有预约与未预约两种，对待不同的客人，接待的方式也有所不同。

1. 接待预约的客人

（1）见到客人立刻问好，并请教对方身份以便通知。

（2）主管若表示与客人有约，应对客人说“您好，我们主管正在等您”，并引导见面。

（3）若预约的客人迟到，切忌不可向对方表现埋怨、指责的态度，此时客人因迟到已是心怀不安与忐忑，应亲切地问候表示体贴与谅解之意。若此时还发现客人因赶得很急而出现仪容散乱、上气不接下气等窘态，则不宜立刻带客人去与相关人员见面。应请客人稍作休息（如指引宾客去一趟洗手间等），让客人稍作整理，缓和情绪。

（4）若预约的宾客早到，同样不可表现出不满情绪，应先请宾客到接待室休息，可向客人表示将请示主管可否提前会面，并准备茶水及书报杂志让客人打发时间。若主管无法提前与客人见面或有事耽搁，接待的服务人员应不时地与宾客讲两句客套话，如“主管马上就来了，请稍候”，不要让客人干坐在接待室，产生受冷落之感。

2. 接待未预约的客人

（1）先请对方稍候，将宾客请求见面的相关事宜，简明扼要地通报主管办公室。无论是谁接听电话，都要说“主管办公室吗?”，不要直呼“主管您好”，并说明有客人来访，确认主管是否方便接待或在不在。

（2）当主管表示不愿或拒绝接见访客时，要小心对答，尽量不要令宾客难堪，比较好的回答应该是："您好，经请示，您的业务今天主管办公室没有合适人员与您对接。请您先回，等有新的进展我们再联系……"即使拒绝，也应尽量做到有礼有节。

（3）可向客人索要名片，并表示主管回来时会告知他的来访，但切忌说主管回来时会回电，随便自作主张替主管答应回电的做法是不妥的。

（四）对分批来访的客人的接待

在会客的过程中又有新客来访，这是难以避免的。对此，只要安排恰当，礼貌待人，同样会收到很好的效果。一般来说，主人对后来的客人应表示欢迎，但在接待新客人之前，应向先来的客人表示歉意。如果两批客人都是有要事前来，在接待方法上，可视不同的情况选择以下三种方法之一。

1. 一起接待

如果两批客人之间关系熟悉或谈得来，且谈话的内容可以相互公开，主人可同时接待两批客人，这样既有利于节省时间、提高办事效率，又有利于促进两批来客扩大交际面。

2. 根据顺序分批接待

一般的顺序是先来先谈，但也有例外，如先来的客人常来常往，后来的客人难得上门；先来的客人无既定目的，后来的客人有要事相商；先来的客人是平级或下属，后来的客人是长辈或上级等。在这类情况下，主人在征得先来客人的同意后，可与后到者先谈。

3. 安排两处分别接待

如果是到家里来拜访的客人，可根据其与家庭成员的关系，分别由熟悉客人的主人分两个房间进行接待；如果是到单位（如企业或公司）拜访并洽谈业务的客人，要根据其业务的性质安排不同的负责人分两处进行接待，以免互相干扰。对多批客人来访的情况，只要能恰当地选择接待的方法，同样既可以使各方客人满意，又提高了办事效率。

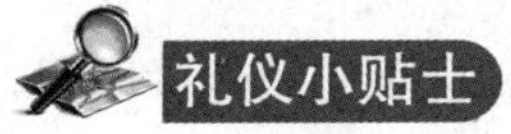

多说几句"客套话"

问候要得体、恰当。对中国人可说"一路辛苦了""路上愉快吗"等，对外国人则应当说"见到您真高兴""欢迎您到来"等。问候寒暄之后，应主动帮助客人提取、装卸行李。取行李时，不宜主动去拉客人的公文包或手提包，因为里面一般是贵重物品或隐私物件。回程途中，应主动向客人介绍当地风俗、民情、气候、特产、物价等方面的情况，并可询问客人在此停留期间有无私人活动需要代为安排。将客人送往住宿处后，不宜久留，以免影响客人的洗漱、休息，但别忘了告诉客人与你联系的方式及下次见面的时间。

如果是长者、贵宾家访，应让全家人到门口微笑迎接。在家里接待客人，切忌赤脚或穿睡衣、家居服接待。如事先来不及更换，应向客人致歉，并请客人稍候，以便及时更衣再开门迎接。接应客人时应说一些“欢迎”“稀客”“一路上辛苦了”“请进”“这么热（冷）的天，真难为您了”“自从上次分别后，我们就一直在期待您的再次光临”等欢迎语和问候语，使客人感到备受礼遇与尊重。如果客人有随身携带的物品，应指引帮助其放到合适的地方。

四、不同种类活动的接待礼仪

商务接待工作因接待活动的不同而各具特点，在这里仅介绍接待客人、涉外、旅游和宾馆的接待礼仪。

（一）客人到达时的接待礼仪

在商务活动中，常有远客从外地赶来，需接待单位到机场、车站或码头迎接。接待人员须注意以下事项：

（1）以热情有礼、周到妥当的态度做好迎客工作，使客人有“宾至如归”之感。

（2）准确掌握客人到达时间。必须在客人下机、下车、下船之前到达机场、车站和码头等候客人，不能让客人等候甚至久等、空等。

（3）事先准备妥当交通工具及住宿处。客房规格应根据有关规定和预算安排，如住宿费用由客人自己承担，为客人预订房间则须事先了解客人的要求，征得同意后再予以安排。

（4）接应牌。机场、车站和码头客流量大，为方便寻找客人，应事先制作接应牌，上面简要选择写上客人的姓名、所在单位、省市、出席活动、会议的名称、接待单位名称等。字迹要端正、清晰，字要大，容易看清。

（5）接到客人，如事先互不认识，应核对确认一下，以免搞错。与客人见面，应首先热情地表示欢迎、问候，并握手致意；接着向客人作自我介绍，还需将其他接待人员一一向客人作简单介绍。如来宾是重要客人，应由本单位同等级别的领导迎接。若领导因故未能前往，应由副级领导或秘书、助理等作代表，并向客人说明理由，致以歉意。

（6）可以主动帮客人拿箱包等大件行李，但不要触碰随身携带的公文包或小提包。客人若有托运的物品，应主动代为办理领取手续。

（7）与客人一同乘车时，要让客人先上，然后自己再上。在车上可与客人寒暄，拉近与客人的距离，消除客人的紧张情绪，并向客人简要介绍有关活动、会议和事务的情况，如背景资料、筹备过程、日程安排等，告之其住宿地点。也可以与客人进行轻松、愉快的谈话，如介绍本地风光、近期发展情况等。

（8）到达住宿地，接待人员应先下车，至车门旁等候客人下车。若是小轿车，则应为客人开门，并手扶车门出口上沿关照顾客人下车；客人若是年长者或女士，这个礼貌动作更为必要。接着是为客人办理住宿手续，领取钥匙，带领客人进入客房，向客人介绍该住处的设施、服务等方面的情况，询问客人有什么要求，查看房内设施有没有需要解决的问题并与宾馆联系。

（9）客人安置后，接待人员不要久留，以免影响客人休息。

（10）与客人约定下次会面的时间、方式等。

（二）涉外接待礼仪

涉外接待是商务人员一项重要的经常性工作。接待工作的严谨、热情、细致、周到，会加深外商对企业的了解，增强其与企业合作的信心，有时甚至决定了商务活动的成败。

1. 外事接待活动的基本原则和要求

（1）不卑不亢。不论外宾来自哪个国家，无论其所代表公司、企业的大小，都应该以礼相待，相互尊重。对强者不献媚，对弱者不歧视，平等互利，保持良好的对外关系。

（2）依法办事。国际上的交往合作，也要依法而行，不仅要遵守我国的法律，也要遵守对方的法律。

（3）内外有别。商务人员在外要接待活动中要有保密的观念和意识，既要保守国家机密，也要保守本单位的商业机密。外事接待要依礼待客，但并不意味着答应外宾的一切要求。有些外宾可能会利用我们的好客特点，提出一些不当要求，遇到这种情况时，必须坚持原则。文件、重要的会议记录、数据等信息，都要做好保密工作。

（4）了解国际交往的基本礼仪。各国礼仪都有自己的特别之处，商务人员须了解并尊重接待对象所在国家或地区的风俗习惯。

由于文化背景不同，各国的时间观念也不尽相同。因此，恰当地安排商务活动日程，必须了解来访者所在国家的工作时间及假日情况，这对顺利地开展业务十分必要。

要确定来访者所在国家的每周工作日。要回避节假日。特殊的节假日情况必须清楚。例如，欧洲人十分重视节假日，每年都会有4~5周的休假时间，尤其是法国人，常在炎热的七八月外出度假旅游，如果这时打扰他们或打乱他们的度假安排，会令对方非常不满。不同国家节假日的时间通常不固定，比如斋月、复活节同中国的春节一样，每年的公历日期都不相同，应尽量避开在这些日子里进行商务活动。

2. 制订详细的接待计划

为避免疏漏，将对方的相关资料准备得越充分越好，包括确定接待的主要方式、方法，安排并培训好接待的人员，遵从既热情周到又简朴务实、不搞形式主义的原则，做好接待准备；由双方共同协商，制订出具体、详细、周全的接待日程；既要遵守访客的饮食起居习惯，又要主随客便地安排好食宿、交通问题。对以前来访过的外宾，最好按以前的接待规格接待，应慎用高规格接待。

3. 迎送安排

商务交往中的来宾多采用一般迎送，即不必举行过于隆重的迎送仪式。根据来访者的身份、访问性质、目的，由接待者确定迎送规格，确定规格时应遵循对等原则，即主要迎送人员应与来宾的身份对等，并注意控制迎送人数。

（1）迎。核实班机、车船到达的时间，定好客人下榻的客房及膳食，根据来宾人数和我方迎客人数准备车辆。双方若是第一次见面，还要准备接应牌。必要时，准备一些迎宾的鲜花，但忌用杜鹃花、菊花和其他黄色的花。

迎接贵客时，可事先在机场、港口或车站安排宾客休息室，准备饮料；客人抵达驻地后，一般不要马上安排活动，应稍作休息，留出更衣、洗漱等时间。

（2）送。我方向对方发出的来访邀请函的回执上，应注明是否需要代订返程票一项内容，若等外宾到达后再订返程票，往往来不及。

确认外宾返程日期、时间、航班班次等，提前订好车辆，通知有关人员。无论会谈成功与否，送客的规格不变。

应提前出发，尤其是乘坐国际航班飞机时，到达机场的时间应比飞机起飞的时间提前两至三个小时，因为安全检查需要很长的时间。

同外宾告别后，要等外宾走出我方视野或火车、轮船开启后再离开。

（三）旅游接待礼仪

旅游不仅能够增进对世界各国、各民族风土人情的了解和认识，而且能够加强人们之间的交往和友谊。旅游接待不仅要求做大量艰苦、细致的工作，而且必须遵循有关的工作程序和礼仪规则。旅游接待的基本礼仪，大体可分为如下几个方面。

（1）做好游客抵达前的准备工作

①了解整个接待计划，安排活动日程，确定接待工作的要点，熟悉参观考察游览的详细地点。

②确切把握游客的人数、职业、爱好和特长、要求等，如果接待的是外国旅行团，应当了解外宾所在的国别、民族、风俗习惯、宗教信仰等。

③根据游客的人数准备好交通工具、导游图和有关的宣传品，以及根据游客的要求安排好住宿的宾馆及房间的标准、陪同人员的住宿休息房间等。

（2）掌握游客到达的准确时间和地点，提前到达车站、码头或机场，做好迎接的有关工作

旅游接待人员应在迎接游客前向车站、机场或码头了解清楚确切的抵达时间，以免迟接或空接，还要联系好有关车辆的停靠地点和行李车是否到达，然后提前抵达场所，迎接游客。在游客下车、下机或下船后，要及时向陪同人员索取行李卡和有关的证件，并交给负责行李的有关接待人员。

在陪同游客前往住宿宾馆途中，旅游接待人员可以根据他们的需要和兴趣简单介绍沿途的有关建筑物和当地的风土民情。

（3）根据游客对食宿的接待要求，迅速、优质地安排好房间，并与旅游团负责人具体商讨旅游日程安排及旅游地点安排

当游客到达宾馆后，旅游接待人员要向他们发放住房卡，介绍房间的情况以及用餐、兑换外币情况和超市地点，并帮助游客携带行李进入房间。随后可与旅游团负责人具体商量旅游地点及旅游的日程安排。如果游客对食宿、旅游地点及时间有其他要求，在现时规定允许而且合理的前提下，应尽量满足游客的要求。同时，制订更加详细、周密的旅游计划，在制订计划时，要将游客的安全放在第一位。凡属无法保证安全的，一定要向游客耐心地解释，争取使其改变计划，确保游客的安全。

（4）准时将游客送到旅游地点，并由导游人员解说自然风光、风土人情、历史典故等

导游对游客一切感兴趣的问题，都要谨慎有礼地解释，切忌自以为是或嘲讽他人。

在接待游客游览时，可能会遇到游客向接待人员或导游赠送礼品的情况，在一般情况下，应当婉转回绝。如果游客执意赠送，应当收下并表示衷心的感谢。

导游人员应具备丰富的文化、地理、历史知识，而且举止要大方、自然。同时，导游人员还应留意游览过程中存在的问题，并明确提出改进的建议，确定第二天的游览工作、接待工作的重点和注意事项。

（5）联系好行李、车票和交通工具，做好送行及善后工作

在旅游参观结束时，旅游接待人员要根据车次、航班的准确时间，与事先负责保

管行李的接待人员约好提取行李的时间，并告知游客。交接行李时，要仔细清点当发现有出入时，要仔细查对，切不可马虎和粗心。要联系好交通工具，提前将游客送到车站或机场、码头，并安排好休息时间和地点，待有关手续办好后再将机票、车票、船票、行李卡和有关凭证一并交给旅游团领队或陪同人员。待游客远离接待人员的视线或车、船、飞机开动后，旅游接待人员即可离开，接待工作结束。

（四）宾馆接待礼仪

宾馆是接待工作的重要窗口。在现代社会，宾馆接待已形成一套严格、明确的规范和礼仪。了解和把握宾馆接待礼仪，能促使宾馆接待工作正常、顺利进行。

（1）宾馆一般服务人员应统一着装，并保持宾馆大厅和客房的明亮、清洁和卫生

宾馆服务业经过长期的发展，使人们不仅重视宾馆大楼内外设计的美观与实用，而且重视宾馆服务人员的外在形象及其着装。统一的工作着装，不仅有利于提高服务人员的服务质量，而且有利于在公众面前树立宾馆的企业形象。服务人员统一着装，一方面可以突出宾馆的特色，另一方面显示对客人的尊重。

宾馆是接待客人的地方，要使客人对宾馆及服务人员的满意，就必须让客人产生"宾至如归"的感觉。宾馆大厅是客人进入宾馆后看到的第一个地方。要给客人留下良好的第一印象，就必须使大厅的地面保持干净、明亮和卫生，必要的话，装饰上一些艺术品。客房是客人休息的地方，也必须保持干净整洁。房间内的卫生设施、台灯等其他服务设施，应齐全且完好无损。

（2）客人进入宾馆时，宾馆迎宾人员应热情问候，并将其引到服务台

服务台人员应热情介绍宾馆的服务项目，并迅速办理好住宿的有关手续。通常情况下，较高级的宾馆大厅门口会站着两位迎宾人员，他们的主要任务就是，当有客人进入宾馆时，主动为客人开门并热情问候，帮助客人将行李搬到服务台位置。然后，服务台人员根据客人的要求、标准、规格，迅速办好住宿的有关手续，不要让客人在服务台耽误太多的时间。

（3）办好住宿手续后，应由专门的服务人员为客人开门或者将钥匙交给客人

对于那些带有较多行李的客人，应有服务人员帮助其搬运行李。在客人进入房间后，应向客人介绍房间的有关设备，如卫生间的有关规则、重要物品的保管、用餐的时间及餐厅的位置等。一般情况下，服务人员不要在此逗留太久，以免影响客人休息。在西方国家，宾客会对那些为自己搬运行李的服务人员付小费表示谢意。但如果客人并无此举，服务人员不应索要小费，以免让客人产生反感情绪。

（4）餐厅服务人员的接待礼仪

餐厅在为客人服务前，应做好一切准备工作，包括厅堂、间隔布置，席位与餐具

摆设，服务人员个人的仪表服装；了解当天供应的菜品的品种、规格、用料、价格、风味、数量，以及菜点的基本制作方法和主要菜式的佐料配备。当有宾客进入餐厅时，应热情迎接，介绍座位，识别各种茶叶的名称和性质，根据顾客的要求和爱好泡茶。同时，按照宾客的不同风俗、不同口味，主动、耐心地介绍菜品。在宾客用餐时，服务人员应站立服务，并随时注意顾客动态（如走动、搬位、加位），做到勤巡视、勤添水、勤擦桌，还要做到饭、菜、酒水、调料送到桌。随时接应顾客的服务，并尽可能地用标准用语服务。若是涉外餐厅，则要求餐厅服务人员具有一定外语能力。服务人员还必须懂得一般服务规程，以及上菜上酒和分菜分汤的基本知识。结账时服务人员应又快又准，在客人要离开餐厅时，要向宾客道谢并告别。

(5) 送别宾客的礼仪

宾客住宿结束、离开宾馆时，服务人员应帮助其搬运行李，并注意宾客的行李是否齐全。在宾客结账后，安排送行车辆，招呼司机，打开车门，送客上车，并将行李放在车内或后备箱内，关上车门，热情地挥手道别。

第五节　商务洽谈礼仪

商务谈判是指买卖双方为实现某种商品或劳务的交易就多种交易条件进行的协商活动。一般来说，如果不是在正式场合解决某项中的重大问题或协调争端，人们更习惯称商务谈判为商务洽谈。无论是正式的谈判还是业务洽谈，都应该遵守相互尊重、友好和气、积极合作、平等互惠的商务礼仪原则。

一、商务洽谈的准备

洽谈前的充分准备是保证洽谈成功的关键。

(一) 商务洽谈的技术准备

洽谈前一定要详尽地了解双方形势、目标、意图和退让的幅度，做到知己知彼。

己方信息包括我方经济实力、技术实力、竞争实力等，要客观地了解自己，力争在洽谈中取得主动权。

对方信息包括以下内容。

(1) 洽谈公司的基本情况。了解对方的法人资格、信贷状况、法定地址、经营范围，这些是洽谈的基础。对这些基本情况应予以审查或取得旁证。另外，还要了解该公司的历史概况、主导产品、产品性能、市场占有率、市场竞争近况、公司规模和管理水平等。外商必须出示法人资格、本人身份证明以及经中国相关商业银行认可的外国银行的资产和信誉证明。

（2）洽谈人员的基本情况。尤其是主谈人的个人情况，如年龄、学历、资历、个性、爱好、洽谈风格，以及其对己方公司的态度等，洽谈人员的其他成员及整套班子的搭配情况也应仔细了解。

（3）洽谈人员的社会文化背景，如风俗习惯、价值观念、文化、信仰等。

收集到资料后可将重点内容制成表格，以方便利用，如表5－1所示。

表5－1　　对方组织人员情况

组织情况		参加洽谈人员情况	
公司类型		年龄	
组织机构		家庭	
职工人数		经历	
资金情况		爱好	
生产情况		个性	
销售情况		态度	1. 对公司的态度（　） 2. 对此次洽谈的态度（　） 3. 对谈判对方的态度（　）
目前面临的问题			

此外，还要了解行业和市场的信息，如合作生产或经营的产品的销售渠道、档次等。

（二）商务洽谈的礼仪准备

商务洽谈的礼仪准备，是要求洽谈者在安排或准备洽谈时注重自己的仪表，预备好洽谈的场所，布置好洽谈的座次，并且以此来显示我方对于洽谈的重视以及对于洽谈对象的尊重。

1. 仪表的要求

仪表是洽谈人员的广告，洽谈人员应做到服装整洁、挺括，举止端庄高雅，精神饱满，给人以良好的第一印象。此外，公文包、笔记本、手表、手机等细节也不可忽视，这些物品都会影响对方对你的认识。

2. 地点的确定

商务洽谈可分为客座洽谈、主座洽谈、客主座轮流洽谈、第三地点洽谈等几种。

客座洽谈是指在洽谈对手所在地进行的洽谈。主座洽谈是指在我方所在地进行的洽谈。客主座轮流洽谈是指在洽谈双方所在地轮流进行的洽谈。第三地点洽谈是指在不属于洽谈双方任何一方的地点所进行的洽谈。

以上四种洽谈地点的确定，应通过各方协商而定。担任东道主的一方出面安排洽谈，一定要在各方面注意做好礼仪工作。在洽谈会的台前幕后，恰如其分地运用礼仪迎送、款待、照顾对方，可以赢得信赖，获得理解与尊重。

3. 座次的安排

举行双边洽谈时，应使用长桌或椭圆形桌子，宾主两方应分坐于桌子的两侧。

若桌子横放，则面对门的一方为上座，留给客方坐；背对着门的一方为下座，由主方坐；若桌子竖放，则应以进门的方向为准，右侧为上，留给客方坐；左侧为下座，由主方坐（见图5－16）。

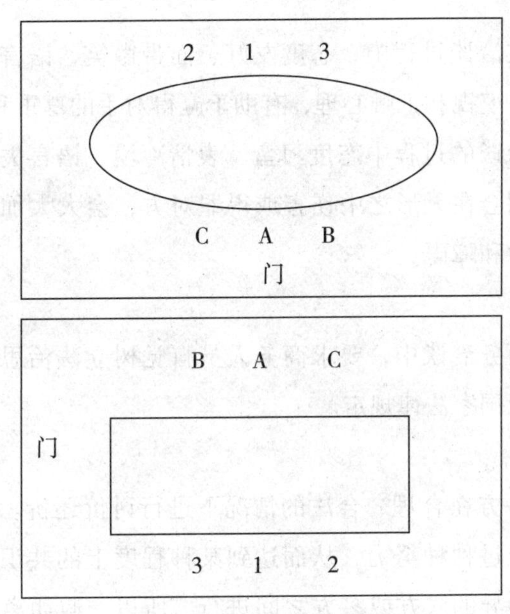

图5－16 谈判座次

注：A、B、C代表主方，1、2、3代表客方。

在进行洽谈时，各方的主谈人员应在自己一方居中而坐，其他人员则应遵循右高左低的原则，依照职务的高低，自近而远地分别在主谈人的两侧就座。若需要译员，则应安排其就座于仅次于主谈人的位置，即主谈人的右侧。

举行多边洽谈时，为了不失礼，按照国际惯例，一般以圆桌为洽谈桌，即进行所谓的圆桌会议，这样可以淡化尊卑界限。

无论何种洽谈，有关各方与会人员都应尽量同时入场就座，至少主方不应在客方人员之前就座。

（三）商务洽谈礼仪的方针

商务人员在参加洽谈会时首先要更新意识，树立正确的指导思想，并且以此来指导自己的洽谈表现，这就是商务洽谈的方针。商务洽谈礼仪方针的核心，是一如既往地要求洽谈者在庄重严肃的洽谈会上以礼待人、尊重别人、理解别人。具体表现在以下六个方面。

1. 尊重对方

尊重对方就是要在商务洽谈的整个过程中都要对对方真诚、礼貌。

在洽谈过程中，不管发生什么事情，都始终坚持尊重对方，无疑能给对方留下良好的印象，而且在今后的进一步商务交往中，还能发挥潜移默化的功效，换得对方与我方的真诚合作。

调查结果表明，在洽谈过程中，态度友好、面带微笑、语言文明、彬彬有礼，有助于消除对方的反感、漠视和抵触心理，有助于赢得对手的尊重和好感。

与此相反，若在洽谈的过程中态度刁蛮、表情冷漠、语言失礼、行为粗鲁，不知道尊重和体谅对方，则会在无形之中伤害或得罪对方，会大大加强对方的防卫性或攻击性，为洽谈平添阻力和障碍。

2. 依法办事

依法办事就是在商务洽谈中，要求商务人员自觉树立法治思想，确保洽谈中所进行的一切活动都不违反国家法律规定。

3. 平等协商

洽谈就是要有关各方在合理、合法的情况下进行讨价还价。由此可见，洽谈实际上是观点互异的各方经过种种努力，从而达到某种程度上的共识或一致的过程。换言之，洽谈只会在观点各异的双方或多方之间进行，所以，假如离开了平等协商，洽谈的成功就无从谈起。

洽谈中坚持平等协商，就是要注意以下两个方面的问题：一方面，强调洽谈各方在地位上的平等协商，相互尊重，不允许仗势压人、以大欺小；另一方面，强调洽谈各方在洽谈中的协商和理解，而不是通过强制、欺骗来达成一致。

要做到平等协商，就要以理服人，只有这样，才能“自成一说”，说服对方。

4. 学会妥协

在任何一次正常的洽谈中，都没有绝对的胜利者和绝对的失败者。相反，有关各方通过洽谈，或多或少都能满足或维护自身的利益。也就是说，大家在某种程度上达成了妥协，本次洽谈便获得了双赢。所以，在洽谈桌上，绝对不可以坚持“一口价”，一成不变，一意孤行，应该是有关的一切议题都是可以商量的。

在洽谈过程中，妥协是通过有关各方的相互让步来实现的。但是，对等让步总是难以做出。在洽谈中所达成的妥协，对当事的有关各方只要公平、合理、自愿，只要最大限度地维护或争取了各自的利益，就是可以接受的。

5. 互利互惠

商务洽谈首先是讲究利益共享、共同胜利的。如果把商务洽谈视为“一次性买卖”，主张赢得越多越好，甚至要与对手拼个“你死我活”，争取以自己的大获全胜和对手的彻底失败来作为洽谈的最终结果，则必将危及己方与对方的进一步合作，并且有损己方的形象。

因此，商务人员在参与洽谈时，必须争取既利己、又利人的结果。在商务交往中，既要讲究竞争，更要讲合作。自己的获利不应建立在损害对手或伙伴利益的基础上，而是应当彼此共利。对于这种商界的公德，商务人员在洽谈中务必遵守。

6. 人事分开

将对手的人与事分开，是洽谈中商界人士与对方相处时应切记的原则。也就是说朋友归朋友，洽谈归洽谈，两者不能混淆。一方面，应做到彼此对各自的利益和既定的目标都据理力争，势在必得。既不要指望对手感念旧情，对自己“网开一面”，也不要责怪对方“见利忘义”，对自己毫不留情。另一方面，不要因自己对洽谈对手主观上的好恶而妨碍自己解决现实问题。

商务人员在洽谈中，对“事”要严肃，对“人”要友好，对“事”不可以不争，对“人”不可以不敬。意气用事，是商务交往中的大忌。

在商务洽谈中双方都是尽可能地维护己方利益，减少己方损失，在尊重对手的同时注意洽谈的方针、策略、技巧及礼仪，就一定能够在洽谈中取得成功。

二、商务洽谈过程应注意的礼仪

(一) 创造和谐的洽谈气氛

商务洽谈从正式开局到达成协议，要经过摸底、报价、磋商、成交和签约五个阶段。为了取得洽谈的成功，在洽谈过程的各个阶段都要注重礼仪。

1. 抓住洽谈开始的瞬间

良好的气氛往往是在洽谈开始的瞬间形成的，因此，双方人员应以友好的态度出现在对方面前，特别是作为东道主的一方，更应礼貌待客。

（1）得体地进行介绍。双方人员见面，先要互相介绍。介绍与自我介绍要大方得体，遵守礼仪规则。介绍时要落落大方，介绍完毕要互相握手致意。若有名片，应主动递上并微微点头，表现出彬彬有礼的风度，也为以后的联系、合作提供方便。自我介绍时，应吐字清楚，适当提高嗓音，目光要注视对方，以示尊重，切忌边自我介绍边东张西望，这样会使人感到态度冷淡，有失礼貌。

（2）注意谈吐举止。洽谈人员的谈吐要轻松自如，举止要文雅大方、谦虚有礼、掌握分寸，不可拘谨慌张。见面后可略事寒暄，进入正题之前宜谈些轻松的非业务性的话题，如旅途经历、季节气候、文体表演、各自爱好或以往合作经历等，但开头寒暄不宜过长，以免冲淡洽谈气氛和浪费时间。

2. 自然进入洽谈话题

要以轻松、自然的语言进入洽谈正题。可先谈谈双方容易达成一致意见的话题，如“咱们先把今天洽谈的程序确定下来，您看如何”。这种问话既能体现尊重对方、表示愿以平等态度商讨问题的诚意，也最容易得到对方的肯定答复，有助于创造一种和谐的气氛。在这种心平气和、协商一致的氛围下，双方分别陈述己方对有关问题的看法和基本原则。当对方陈述时，要认真倾听并注意记录和分析，不能漫不经心、左顾右盼。须知，认真倾听不仅是对对方的尊重，而且可以从对方那似乎无意的话语中发现对方隐藏的动机和心理活动。

（二）礼貌提问

在商务洽谈中，恰到好处地提问不仅可以启发对方思维，激发对方的兴趣，控制谈话的方向，也可表达自己的感受，帮助自己获得新的信息和资料。恰到好处地提问在商务洽谈中起着重要作用。提问时讲究礼貌，能体现出对对方的尊重，也有利于洽谈的顺利进行。

1. 注意提问方式

在洽谈中提问的方式多种多样，有封闭式提问、开放式提问、婉转式提问、澄清式提问、探索式提问、引导式提问、协商式提问、强迫选择式提问等。但不管采取哪种提问方式，都得符合礼仪要求。

（1）问话的方式要委婉，语气要亲切平和，用词要斟酌，不能把提问、查问变成审问或责问。咄咄逼人的提问，容易给对方以居高临下的感觉，使之产生防范心理而不利于洽谈。

（2）提问的内容和角度要慎重选择，既要有针对性，又不要使对方为难。不要总是问对方难以应答的问题。

（3）对需要向对方提问或查问的问题，应事前列好提纲，提纲越详细越好。不做准备贸然提问，是不尊重对方的表现。

2. 把握提问时机

问题即使提得再好，但不合时宜，同样起不到应有的作用。有经验的谈判者认为，提问可选择如下时机：

（1）对方发言完毕再提问。当对方发言时，要认真倾听。即使你发现了问题，很想提问，也不要打断对方，可先把发现的和想到的问题记下来，待对方发言完毕再提问。这样，不仅体现出自己的修养，而且能全面地、完整地了解对方的观点和意图，避免操之过急，曲解或误解对方的意图。

（2）在对方发言停顿、间歇时提问。在洽谈中如果对方发言冗长或不得要领，或纠缠细节，或离题太远，影响洽谈进程，你可在对方停顿时借机发出类似的提问："细节问题我们以后再谈，请谈谈你的主要观点好吗?""第一个问题我们听明白了，那第二个问题呢?"。

（3）在自己发言前后提问。当轮到自己发言时，可在谈自己观点之前对对方的发言进行自问自答。例如："您刚才的发言说明什么问题呢？我的理解是……就这个问题，我谈谈我的看法。"在充分表达了自己的观点之后，为了使洽谈沿着自己的思路发展，可以这样提问："我们的基本立场和观点就是这样，您对此有何看法呢?"

（4）在议程规定的辩论时间提问。聪明的谈判者在辩论前的几轮洽谈中总是细心记录，深入思索，有重点地进行提问。此外，还要注意问话的速度应快慢适中，选择对方心情好的时候，并给对方以足够的答复时间。

3. 坦诚回答与耐心倾听

一个谈判者水平的高低，很大程度上取决于其答复问题的水平。被提问者答话时，要本着真诚合作的态度，针对提问者的真实意图，实事求是地回答对方提出的问题，不应闪烁其词、态度暧昧，顾左右而言他。如果对方对某个问题不甚了解，应以浅显易懂的语言进行解释，切不可流露出不耐烦的神情。如果有些问题涉及商业秘密，则应委婉说明，避免出现令人尴尬或僵持的局面。

当对方回答问题时，提问的一方应耐心倾听，不能因为对方的回答没有使自己满意就随便插话或任意打断对方。在商务交际中，任意打断对方的话是很不礼貌的，这样往往会削弱对方洽谈的兴趣。在一般情况下，插话必须借助于一些特定的套话来实现，如"对不起，我能打断您一会儿吗""请停一下"。

（三）友好辩论

在商务洽谈中特别是进入讨价还价的磋商阶段，洽谈双方从各自代表利益出发，或据理力争，或直言反驳，都希望洽谈朝着有利于自己的方面发展。但不管意见分歧多大，都应在相互尊重、相互理解的基础上进行友好的辩论与磋商。磋商阶段是商务洽谈的关键阶段，也是最应注意洽谈礼仪的时候。商务洽谈人员要把握好“利益”与“礼仪”的关系，既要维护自身利益，又要不失礼仪。

1. 洽谈辩论以“和”为贵

商务洽谈是“谈”出来的。一切洽谈都得经过双方洽谈人员智慧的角逐、话语的较量方能达成妥协。洽谈的辩论阶段，若双方人员为了各自的利益，一味地针锋相对、唇枪舌剑，很容易造成气氛紧张的局面，稍不留神，就会由不同观点的交锋酿成洽谈人员的个人冲突，洽谈就会失败。因此，在辩论中应坚持以“和”为贵，坚持“就事论事，对事不对人”的原则，防止感情用事。

2. 充分准备，稳健交锋

在辩论中，必须条理清楚，表达严密，言辞简洁，以据论理，善用逻辑，突出主题，随机应变，不纠结于细枝末节。为此，在辩论前，洽谈者势必应在思想上、资料上和语言表达上做好必要的、充分的准备。

3. 语言谨慎，举止得体

在洽谈中除前面已讲的“注意正确使用语言”以外，还要注意九“忌”：忌鼓动性和煽动性的语言；忌胡搅蛮缠；忌“抓辫子”“戴帽子”和“打棍子”；忌借机讽刺；忌已知的不说，新知的穷说，不知的瞎说；忌手舞足蹈，动作不雅；忌大声喊叫，失仪失态；忌不顾事实地狡辩或诡辩；忌鲁莽轻率。

仪态端庄，彬彬有礼，宾主分明，是有修养、有信心和有力量的表现；双腿合拢，双手前合，上体微前倾，头微低，正视对方，则表示谦虚有礼，并愿意听取对方的意见；向对方方向挪挪椅子，或走过去和对方凑近一些，对方会认为你很有诚意，想尽快成交等。

总之，磋商和成交阶段，是最需要礼仪保驾护航的阶段，如在较量中伤了和气，伤害了对方的自尊，失礼带来的损失将是难以弥补的。洽谈结束，不论已方收益如何，都应有礼貌地与对方握手道别。有时即使结果并不理想，也要做到礼貌待人。

若双方洽谈成功（其中自然有礼仪的促成作用），下一步就将进入签约阶段，关于签约阶段的礼仪请见本书第六章。

思考与练习

1. 办公室日常工作要注意遵守哪些礼仪守则？
2. 简答企业应怎样处理好有关消费者投诉维权的事件。
3. 简答拜访工作的一般要求。
4. 简答接待工作的一般要求。
5. 商务洽谈应遵循的礼仪有哪些？

案例分析1

女宾为何不悦

在一个晴空万里的日子里，接待人员小杨身着得体的制服，迎向刚刚驶来的一辆高级小轿车，司机熟练地将车停在公司门口。小杨看到后排坐着两位男士，前排副驾驶座上坐着一位外国女宾。小杨以优雅的姿态先为后排客人打开车门，做好护顶姿势，并目视客人，礼貌地问候对方。接下来，小杨迅速走到前门，准备迎接那位女士，却看到女宾一脸不悦，小杨有些茫然。

问题讨论

这位女宾为什么不悦呢？

案例分析2

没有事先准备好资料怎么办

一天下午，盛达公司要与一家外地某企业举行洽谈会，并准备就双方技术合作事项达成协议，张克作为盛达公司的秘书做了大量准备工作。但就在洽谈会快开始时，张克才发现本公司有关监督管理方面的资料没有准备，便赶忙通过各种方式查找这类资料。资料终于找到时，洽谈会已经开了好一会儿，张克只好提心吊胆地等待洽谈的结果。这次洽谈，双方就事先准备好的协议草案展开了充分的讨论。最后，外地企业的代表提出了质量监督管理方面的问题，因为这对于合作项目的成功起着重大作用。

然而，由于盛达公司的代表手中缺乏此方面材料，无法给对方以满意的答复，会议没有做出任何决定，只得暂时休会。

上述洽谈为什么没有取得预期结果？张克还有哪些补救的办法？

实操训练

1. 合作洽谈。

目的：通过情景模拟来掌握谈判的技巧。

参加者：自愿参加，分成两个组，每组5～6人，以小组为单位，分成甲、乙双方，进行一次模拟洽谈。

练习时间：20～30分钟。

背景：大自然矿泉水水厂与宏远塑胶制造公司关于矿泉水桶的合作洽谈。

2. 结合办公室工作环境，进行见面打招呼的礼仪训练。

3. 以小品的形式模拟商务人员进出领导办公室的礼仪规范。

4. 结合不同的接待场景，进行引路，进出电梯、房门，上下楼梯的礼节训练。

5. 分组进行商务投诉接待的礼仪训练。

第六章　商务专题活动礼仪

新闻发布会助力产品营销

菲亚特集团曾安排了一次新闻发布会，影响颇大。菲亚特为其新车“蒂波”举行了一场别开生面的新闻发布会，激起了人们对“蒂波”的浓厚兴趣，为“蒂波”畅销欧洲铺平了道路。会场设在意大利的都灵，1200 多名欧美记者云集一堂，通过卫星电视将罗马、巴黎、伦敦、法兰克福、马德里与都灵连成一体。菲亚特集团小汽车公司董事长吉德拉即席回答了六大城市的记者提问，数千里之隔的一问一答，情景交融，浑然一体。

吉德拉从新汽车的设计、性能、特点到菲亚特集团的经营管理、市场竞争，一一对答如流。出现在欧洲六大城市面前的这位企业家，头脑敏捷、目光锐利，展现了雄心勃勃冲向国际市场的形象，更使人们对菲亚特集团投资 16 亿美元的新产品——新颖、美观而又实用的“蒂波”汽车留下了深刻印象。“蒂波”车进入市场头一个月，订货量就高达 6 万多辆，成为意大利市场和一些欧洲国家市场的畅销车。

菲亚特集团的新闻发布会具有什么特点？为“蒂波”的畅销起到了什么作用？

在商务活动中，很多都是专题性的活动，如庆典性活动、会务性活动、展示性活动、联谊性活动等。这种商务专题活动是指组织为了塑造良好的商务形象而有计划地开展的各种有特定目的和内容的商务活动。

成功地举办商务专题活动，能够扩大组织影响；协调组织内外公众的关系；树立组织形象，建立社会信誉；促进产品销售，开拓市场；消除公众误会，提高组织的知名度、美誉度与和谐度等，所以专题活动在商务活动中占有非常重要的地位。本章就重点介绍几种常见商务专题活动的礼仪，旨在让大家懂得在精心策划、周密组织专题活动的同时，熟悉各种专题活动的礼仪规范，充分展示礼仪的魅力，以保证活动的有效开展。

第一节　庆典性商务活动礼仪

庆典性商务活动是指围绕重大、特殊事件或重要节日而举行的隆重热烈的纪念庆祝活动。庆典性商务活动通常有典礼、仪式，从商务专题活动的角度来说，典礼是比较郑重的仪式，且活动内容较丰富多样，主要有奠基典礼、落成典礼、开幕典礼、开业典礼、节日典礼、周年典礼等；而仪式主要有剪彩仪式、签字仪式、交接仪式等。商务人员在举办这些庆典性商务活动的具体过程中，应当遵循有关的商务礼仪与惯例。

一、典礼礼仪

商务活动中，最常见的典礼是开业典礼。开业典礼的成功举行有助于建立本组织的良好形象，扩大影响，提高认知度，有助于增强本组织成员的自豪感和凝聚力。

（一）典礼的准备礼仪

1. 拟定出席典礼宾客的名单

为把典礼办得隆重、热烈、欢快，应根据本组织的经济能力和场地条件，精心确定来宾名单。一般邀请的宾客包括地方政府领导、上级主管部门与地方职能管理部门的领导、合作单位与同行单位的领导、新闻媒体等。邀请宾客的请柬应在典礼举办前一周发出，并进行电话落实。对于特别重要的宾客，要派专人正式邀请。

2. 拟定典礼程序

典礼程序一般包括签到、宣布庆典开始、宣布来宾名单、致贺词、致答谢词、揭幕、表演娱乐节目等。

3. 安排好接待工作

最重要的是明确分工，一般重要贵宾由组织领导负责接待，普通来宾由礼仪人员接待即可。此外，要派专人负责签到、题词、音响、摄影、录像、保卫等有关工作，务必密切配合，各尽其责，以保证典礼成功举行。

4. 做好场地布置工作

开业典礼的现场，一般设在企业门口，来宾一律站立。现场布置以喜庆、热烈为主调，在场地四周悬挂横幅、广告语、气球、彩带，并在会场两边摆放来宾赠送的花篮、牌匾、纪念物品。

5. 做好礼品馈赠工作

赠予来宾的礼品，一方面，应具有宣传性，即礼品可选用本单位的产品，也可在礼品及外包装印上本单位的企业标识、广告语、开业日期等；另一方面，应具有独特性，向来宾赠送的礼品除了应具有本组织的鲜明特色之外，还应具有纪念价值，精巧别致，力求使人爱不释手，难以忘怀。

6. 安排好娱乐节目

除了在庆典过程中安排舞狮、舞龙或乐队伴奏外，在揭幕完毕，可安排歌舞表演、鞭炮礼花，还可组织来宾参观本单位的设施、陈列等，增加宣传本单位传播信息的机会。

（二）参加典礼的礼仪

（1）仪容整洁。无论是主办方还是宾客，都应作适当修饰。女士宜化淡妆，男士应梳理好头发，刮净胡须。

（2）服饰规范。男士应穿深色西装或中山装，女士应穿深色西装套裙或套装，部分接待人员和礼仪小姐可以穿中国传统旗袍。

（3）遵守时间。作为主办方，其开业典礼应准时开始、准时结束。作为宾客，应准时参加。如有特殊情况不能到场，应尽早通知主办方，说明理由并表达歉意。

（4）态度友好。主办方见到来宾要主动、热情地问好，对来宾提出的问题应予以友善答复。当来宾发表贺词后，应主动鼓掌表示感谢，不能起哄、鼓倒掌，更不能随意打断来宾的讲话。

（5）行为自律。主办方不得嬉笑打闹，不得做与典礼无关的事，不要东张西望，表现出心不在焉的样子。

（6）精选贺礼。宾客参加开业典礼最好向主办方送贺礼。贺礼可以选择花篮、镜匾、楹联等，以表示对开业方的祝贺，并要在贺礼上写明庆贺对象、庆贺缘由、贺词及祝贺单位。

（7）广交朋友。宾客到场后应礼貌地与周围的人打招呼，可通过自我介绍、他人介绍等方式结识更多的朋友。

（8）积极支持。参加开业典礼过程中，应对开业单位表示支持，如鼓掌、合影、跟随参观、写留言等。

（9）礼貌告辞。典礼结束后应和主办人握手告别，并致谢。

二、仪式礼仪

（一）剪彩仪式

剪彩是开业典礼中一项重要的程序，但是，在很多时候它被单独分离出来，成为人们通常所说的剪彩仪式。剪彩仪式是为了庆贺大型建筑物落成、道路或桥梁首次通车、大型展销会或博览会开幕、企业成立或开业等重大活动，以引起社会各界的关注，进而树立良好的形象。剪彩仪式的礼仪与开业典礼有相同之处，如舆论宣传、请柬发送、场地布置、接待工作、礼品馈赠、参加礼仪等。除此以外，要特别强调剪彩物品的准备、剪彩者的确定、剪彩程序的设计三方面内容。

1. 剪彩物品的准备

（1）红色缎带。应用一整匹未曾使用过的红色绸缎，在中间结成数朵花团。为了节约，也可用两米左右的红色缎带或者以红布条、红线绳、红纸条代替。红色缎带上具体要结多少花团，往往同现场剪彩者的人数直接相关。这里有两类模式：一是花团的数目较现场剪彩者的人数多一个，可使每位剪彩者总是处于两朵花团之间，尤显正式；二是花团的数目较现场剪彩者的人数少一个，此不同常规，亦有新意。

（2）新剪刀。每位现场剪彩者人手一把新剪刀，必须崭新、锋利，以确保剪彩者在剪彩时可以“手起刀落”，一举成功，而无须补刀。

（3）白色薄纱手套。这是专为剪彩者所准备的，以示郑重，一般情况下可以不准备。

（4）托盘。它是盛放红色缎带、剪刀、白色薄纱手套用的，最好选用崭新、洁净的银色不锈钢制品。为了显示正规，可在使用时铺上红色绒布或绸布。

（5）红色地毯。它主要铺设在剪彩者正式剪彩时的站立之处。其长度可视剪彩者人数的多少而定，其宽度则不应在一米以下。在剪彩现场铺设红色地毯，主要是为了提升其档次并营造一种喜庆的气氛，有时也可不予铺设。

2. 剪彩者的确定

（1）剪彩者的选定。剪彩者的身份地位与剪彩仪式的档次高低有着密切的关系。

剪彩者最好是上级领导、单位负责人、合作伙伴、客户代表或员工代表。剪彩者的人数可以是一人，也可以是多人，但一般不宜超过五人。剪彩者名单一经确定，应尽早告知对方，并征得对方的同意。如果由数人同时担任，应分别告知其剪彩同伴。

（2）主持人的选定。主持人须外表端庄、口齿清晰、反应敏捷、大局意识强。

（3）礼仪小姐的选定。可邀请专业的礼仪小姐，也可由主办方经礼仪培训具备一定专业水平的女职员担任。礼仪小姐须文雅、大方、庄重。

3. 剪彩程序的设计

（1）请来宾就座。剪彩者应就座于前排。主剪者居于中间，距主剪者越近位次越高，反之亦然，右侧位高于左侧位。

（2）宣布开始。主持人宣布剪彩仪式开始。全场起立，奏乐，然后主持人介绍到场的重要嘉宾，并向他们表示谢意。

（3）致辞。首先由上级主管部门的代表、合作单位的代表致贺词，接着由东道主单位的代表致答谢辞。致辞内容应言简意赅、热情洋溢，并富有激情，使人情绪高涨。

（4）剪彩。首先，由主持人宣布剪彩；其次，礼仪小姐登场，拉直红绸带，托出放置剪裁用具的托盘，站好位置；最后，剪彩者上台剪彩，此时，全体人员热烈鼓掌、奏乐或燃放礼花等。

（5）感谢来宾。剪彩后，主人应陪同来宾参观，还可向来宾赠送纪念性礼品，或设宴款待宾客。

（二）签字仪式

签字仪式是为了体现合同的严肃性，在签署合同时郑重其事地举行的仪式。一般情况下，签字仪式需要 15 ~ 20 分钟，其礼仪规范也比较严格，主要体现在准备工作和举行仪式两个阶段。

1. 准备工作

（1）准备文本。文本内容由双方（多方）商定，然后定稿、校对、印刷、装订、盖印等。正式文本要一式若干份。

（2）准备签字用的钢笔、吸水纸、国旗等物品。

（3）确定签字仪式的参加人员。参加签字仪式的，基本上是双方参加会谈的全体成员，双方（多方）出席的人数应该大体相等，双方（多方）签字人的身份、职位应该大体相当。

（4）规范服饰。签字人、助签人以及随员在出席签字仪式时，男士应当穿深色西装、中山装，女士应当穿西装套裙，负责礼仪接待的人员可穿工作制服或旗袍类服装。

（5）布置签字厅。签字厅的布置原则是庄重、整洁、清静。在签字厅内设置一张长方桌作为签字桌，桌面铺上深绿色的台布。桌后放两张椅子，当作双方签字人员的座位，左主右客。签署多边性合同时，可仅放一张椅子，供各方签字人签字时轮流就座，也可为每位签字人各提供一张椅子。座前摆的是各自保存的文本，文本前端分别放置签字用的文具。若签署涉外合同，须在各方签字人正前方的签字桌上插放其国旗。

（6）安排位次。主方应事前排好各方代表的位次。在签署双边性合同时，应请客方签字人在签字桌右侧就座，主方签字人则应同时就座于签字桌左侧。助签人分别站立于各自一方签字人的右后方，以便随时为签字人提供帮助。其他随行人员依照职位的高低，依次列成一行站立于己方签字人的身后。当人数较多时，可以按照以上顺序并遵照“前高后低”的惯例，排成两行、三行或四行。在签署多边性合同时，一般仅设一个签字椅，各方签字人签字时，须依照有关各方事先同意的先后顺序，依次上前签字（见图6－1）。

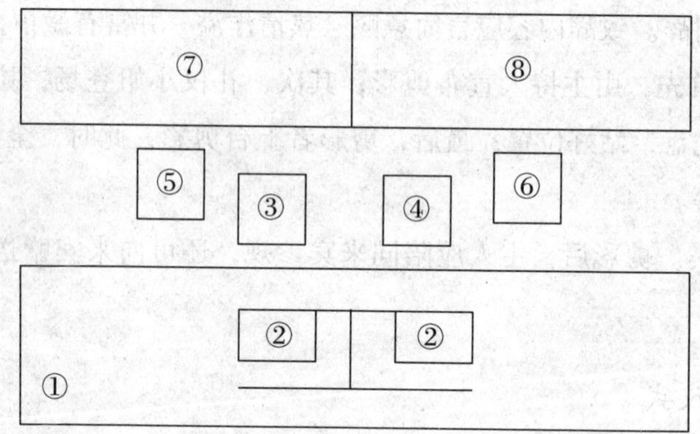

①为签字桌　②为双方国旗　③为客方签字人　④为主方签字人　⑤为客方助签人
⑥为主方助签人　⑦为客方参加签字仪式人员　⑧为主方参加签字仪式人员

图6－1　签字仪式位式

2. 举行仪式

（1）有关各方人员在既定的位次上各就各位，仪式正式开始。

（2）助签人员分别站立在签字人员左边，协助翻开文本，指明签字的地方。

（3）各方签字人均先签署己方保存的合同文本，然后交由他方签字人签字。

（4）各方签字人员互换文本并互相握手。

（5）合影留念。

（三）交接仪式

交接仪式是施工单位或承包单位将已经建设好的工程项目、已完成的承担任务，如厂房、商厦、机器组装、车船制造等，经验收达标合格后正式移交给使用单位时所举行的庆典仪式。举行交接仪式是对商务伙伴们以往进行的成功合作的庆祝，也是对关心、支持和帮助施工单位和接收单位的社会各界表示感谢，更是为提高各自的知名度而举行的一种公关宣传活动。

交接仪式的礼仪具体包括交接仪式的准备、交接仪式的程序、交接仪式的参加人员礼仪三个方面的内容。

1. 准备工作

（1）来宾的邀请。通常由施工单位和接收单位协商确定。交接仪式的出席人员应当包括施工单位的有关人员，接收单位的有关人员，上级主管部门的有关人员，当地政府的有关人员，行业组织、社会团体的有关人员，各界知名人士，新闻界人士以及协作单位的有关人员等。在上述人员之中，除施工单位与接收单位的有关人员之外，对于其他人员，均应在提前一周送达或寄达正式的书面邀请，以示尊重。同时，要在宾客中确定致贺词的来宾，并为本组织的负责人拟写答谢词。

（2）现场的布置。一般交接仪式举行的地点可安排在已经建设、安装完成并已验收合格的工程项目或大型设备所在地的现场。会场布置以隆重、喜庆为原则。会场正中应悬挂“××交接仪式”或“热烈庆祝××工程竣工”等横幅，在会场的入口处或主席台前可插置或悬挂一定数量的彩旗、彩球，会场上空可升起带有庆贺标语的彩色大型氢气球，会场两侧可依次摆放来宾赠送的花篮。

（3）物品的预备。应该事先准备好以下物品：已经公证的由交接双方正式签署的接收证明文件；交付给接收单位的全部资料、设备；用来开启被交接的建筑物或机械设备的钥匙；烘托喜庆气氛的物品；如气球、花篮、横幅等；赠予来宾的礼物，在交接仪式上用以赠送给来宾的礼品，应突出其宣传性、纪念性，可选择被交接的工程项目、大型设备的微缩模型，或以其为主题的手册、明信片、纪念章、领带针、钥匙扣等。

2. 仪式程序

（1）主持人宣布交接仪式正式开始，全体与会者热烈鼓掌祝贺。

（2）奏国歌。

（3）由施工、安装单位与接收单位正式进行有关工程项目或大型设备的交接。具体的做法：由施工、安装单位的代表将有关工程项目、大型设备的验收文件、一览表或者钥匙等象征性物品，正式递交给接收单位的代表。

（4）各方代表发言。按惯例发言的顺序依次为施工单位的代表、接收单位的代表、来宾的代表。

(5) 宣告交接仪式正式结束。

(6) 随后邀请各方来宾参观有关的工程项目或观看文娱表演。

3. 参加人员礼仪

(1) 东道主礼仪

①仪表整洁。

②保持风度。东道主应该热烈地为各方代表的发言鼓掌，不可以厚此薄彼。

③待人友好。东道主要热情解答来宾提出的问题，并注意说话的分寸。

(2) 来宾礼仪

①热情道贺。接到正式邀请后，被邀请者应尽早以单位或个人的名义发出贺电或贺信，向东道主表示热烈祝贺，也可在出席交接仪式时将贺卡、贺信当面交给东道主。在参加仪式时，还须再次口头道贺。

②略备贺礼。为表示祝贺之意，可向东道主赠送花篮、牌匾等贺礼。

③准时到场。若因故实在不能出席，应尽早向东道主道歉并说明理由。

第二节　会务性商务活动礼仪

会议是洽谈商务、布置工作、沟通交流的重要方式，也是现代经济社会中一项重要的商务活动。按参会人员，会议可分成公司外部会议和公司内部会议。公司外部会议有新闻发布会、业务洽谈会、研讨会等，公司内部会议包括工作定期的周例会、月例会、年终总结会以及表彰会、计划会等。会议礼仪贯穿于会议的筹备、组织、主持及参加等一系列环节，对会议效果有着直接的影响。

一、商务会议的基本礼仪

（一）组织者的礼仪

1. 及时发出通知、请柬

组织者须事先拟好会议通知，通知上面务必写明会议主题、时间、地点及参加人员等内容。为了表示会议的隆重或对与会者的尊重，还可采取请柬的形式。然而，无论是通知还是请柬，均须在会前一周送达或邮寄到与会者手中，使参加会议的人员有足够的准备时间。

2. 备好会议资料

一是列出会议的程序和日程安排，即将会议的各项活动按先后顺序排列好，并且会议日程的安排要适当，注意张弛有度；二是把领导的重要讲话或相关的文字资料打印、装订好，待开会时发给每一位与会者。

3. 布置好会场

一是组织好会场的布置工作，如横幅、照明、空调、麦克风、投影仪、电话、传真机等设施的设置和测试。二是根据会议类型摆放长方形、正方形、椭圆形或圆形桌子，并按一定规则为与会者排好座次。商务会议会场布置如图 6－2 所示。三是准备好基本的会议用品，如便笺、笔、资料袋等。四是做好饮品、茶具的准备工作。

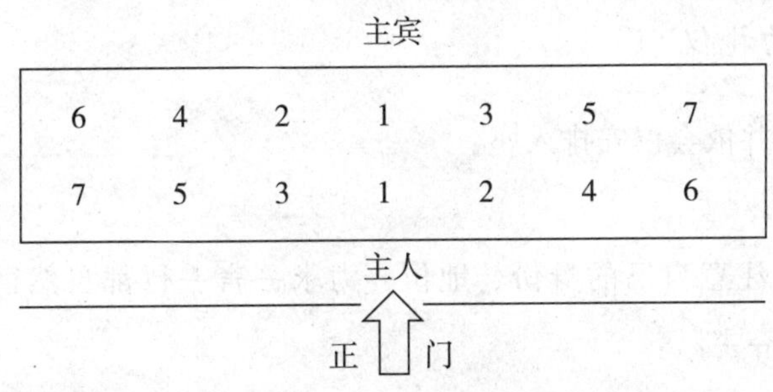

（a）长方形桌子与会者座次安排示意

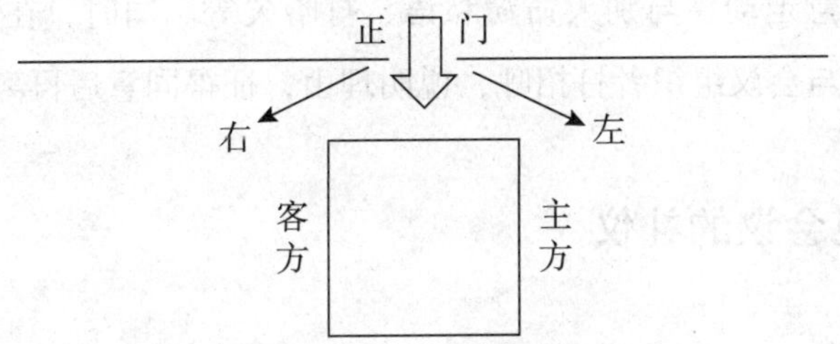

（b）正方形桌子与会者座次安排示意

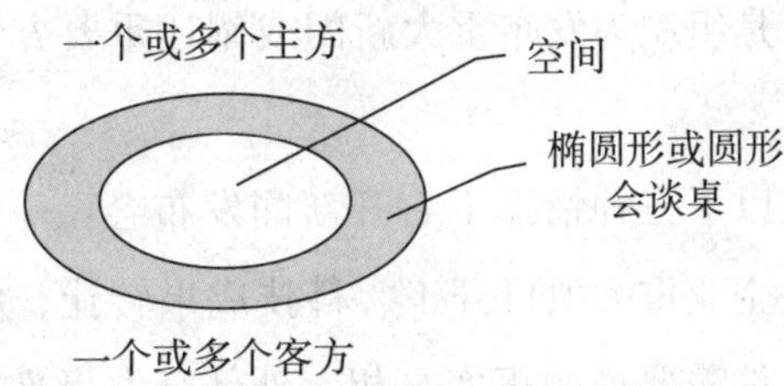

（c）椭圆形或圆形桌子与会者座次安排示意

图 6－2 商务会议会场布置

4. 做好接待与会者的各项准备工作

首先，会前接站，即事先根据来宾的身份、地位、规格及本企业的具体情况确定接待规格。其次，安排食宿，即根据客人的民族习俗、职位及其他要求，确定伙食标准、进餐方式、住宿环境。最后，安排返程，即在了解了客人的离程时间后，及时预订机票、车船票，安排送行人员和车辆。

5. 主持人礼仪

作为会议主持人，应具有思维敏捷与清晰、分析概括能力强、有耐心、善观察、善表达、富有幽默感、自制力强、协调能力强、善于解决问题等特点，同时在主持会议的过程中应始终保持中立的态度，并站在无偏见的立场上。主持人要注意营造合适的会议气氛，或庄重，或幽默，或沉稳，或活泼，控制会议主题和时间，鼓励参与，寻求反馈，特别是协调好与会人的关系，避免冲突。

（二）参加者的礼仪

（1）准时到会，并依会议安排入座。

（2）规范着装。

（3）言行得体。注意自己的身份、地位，力求一言一行都自然得体、落落大方，切忌哗众取宠或喧宾夺主。

（4）遵守纪律。在开会过程中，应集中精神，认真倾听，做好笔记，不要做出一些失礼的行为，如随意走动、与别人窃窃私语、打哈欠等。同时，在开会期间，若有急事需提前退场，应与会议组织者打招呼，说明理由，征得同意后再离开。

二、几种常见会议的礼仪

（一）新闻发布会

新闻发布会，是组织为发布重大新闻或阐述重要方针政策而专门邀请新闻记者参加的会议。

企业通常会在以下三种情形下召开新闻发布会：一是企业在开业、周年庆典和产品获奖之时；二是企业重大项目开工、科技成果转让、新政策条文实施之时；三是企业内部突发危机事件需要说明事实真相、外部突发事件需要表态之时。可见，新闻发布会具有传播信息、影响舆论、沟通等作用，对企业的生存发展有着重要意义。

新闻发布会的礼仪规范与大多数社交场合不同，主要表现为以下几个方面的特点：

1. 邀请新闻媒体人员

新闻媒体的选择是否恰当直接关系着新闻发布会的效果，甚至决定着新闻发布会的成败。因此，应当与重要媒体做好沟通工作，以确保其派记者出席。而且，新闻发布会的规模是由新闻发布的内容决定的，媒体、记者数量要适中，并非越多越好。

2. 准备新闻发布会资料

新闻发布会资料主要分为以下四种类型：

（1）综合性资料，即能系统、准确地概括、反映企业的运营状态、整体面貌等的材料。

（2）专业性资料，指那些与本企业所在的行业相关的专业技术材料，比如，专业技术标准、达标情况、现有技术力量、专业技术成果等。

（3）说明性资料，是用于解释说明新闻发布会主题的一揽子材料，包括本次新闻发布会的主题、该主题的意义、该主题包括哪些内容、对主题内容需要做哪些方面的说明、主题内容是否涉及社会敏感问题、如有记者提问能否提供有说服力的资料等。

（4）实物资料。实物资料一般有两种，第一种是对上面第（1）、第（2）类资料进行佐证的所有证书（原件或复印件）、文件、照片等及第（3）类的发言稿纸质版。现代社会通常对各种资料还会准备好电子版，一般宜准备好笔记本电脑及 U 盘等。第二种一般是新产品发布会需要准备的新产品实物样品，凡不是体积太大的新产品都适宜根据需要把若干数量的实物样品带到发布会现场，以确保宣传效果。如某新书发布会，自然要带上一定数量的新书（若已出版）到发布会现场。若是体积比较庞大的工业产品，如机器、起重设备、汽车等不便把实物搬到发布会现场的，宜准备好相关的宣传图片、画报和方便携带到现场的视频资料、投影设备等。

3. 选好时间和地点

在时间安排上，突发性新闻发布会的选择余地不大，而其他新闻发布会最好避开重大节假日和重大社会活动日，以免记者无法分身参加本组织的新闻发布会。新闻发布会的最佳时间是周一至周四的上午 9：00—11：00，或是下午的 3：00—5：00。地点的选择也十分重要，可以根据实际需要在内部会议室、本地宾馆和外地举行。

4. 塑造良好的新闻发言人形象

在新闻发布会上，新闻发言人是记者聚焦的中心，要传递企业的声音，也就自然而然地成为企业形象的代表。因此，新闻发言人一般由企业职位最高的管理者担任，并需在企业有关人员的配合下，悉心研究企业形象的资料，不仅要把握体现企业经营理念的形象内涵，还要理解企业标识、吉祥物、代表色等构成企业形象个性特征的视觉要素的含义，以便使自己的言行风度和举止仪表与组织形象相符合，与新闻发布主题需要的气氛格调相协调。

5. 称谓

对新闻记者的称谓要规范，见面打招呼时不论男女，均称“张记者”“刘记者”；在新闻发布会上，面对全体记者时的主要称呼语是“各位记者”或“尊敬的记者朋友们”等。

6. 礼节

新闻发布会的礼节要与新闻简洁、注重时效性的特征相适应，即简单。如果新闻发布会上的礼节太多、太烦琐，就会与新闻发布会的主旨和新闻记者的职业习惯不相适应。因此，在新闻发布会期间和发布会前后的必要场合，对新闻记者的接待以简单得体为宜。

7. 言辞

用肯定的言辞发布信息乃是新闻发布会最简约、最有力的言辞手段和最得体的礼仪。原因是，新闻发布会应当强调新闻性，而新闻是一种真实简约的文体，新闻的力量在于“用事实说话”。相对于事实本身蕴含的逻辑力量和记者的广闻博识，多数修辞手段，如排比、对仗、夸张，不仅会显得苍白无力，而且会显得蹩脚、卖弄，不尊重记者，不合礼仪。只有用“确认、正面肯定和赞成的态度”，即肯定的言辞，去发布事实确凿的肯定的信息，才能够使人感受到“用事实说话”的力量和对新闻记者的尊重。另外，如果出现新闻发言人不能回答而又无法回避的问题，应礼貌得体、果断地申明本次新闻发布会不探讨某个特殊的问题，请记者谅解。新闻发言人和主持人在新闻发布会上慎用类似“无可奉告”的措辞，同时做到不狡辩、不抢白记者、不随意打断记者问话。

8. 议程

新闻发布会是现代社会的产物，新闻讲究时效性，因此新闻发布会的议程要求议题紧凑、节奏明快。新闻发布会的程序包括以下几项：

（1）宣布开始。主持人宣布新闻发布会开始，致简短欢迎辞，介绍议题、议程和新闻发言人。

（2）发布新闻。新闻发言人讲话。

（3）答记者问。由主持人指定提问记者，新闻发言人回答记者的提问。

（4）宣布结束。新闻发言人答完“最后一位记者提问”后，主持人宣布新闻发布会结束。

（5）提示会后安排。主持人提示会后记者的活动，如参观生产车间、赠送礼品等。

（二）例会

例会是指有固定时间、固定人员、固定地点的经常性、制度性会议。例会礼仪须注意以下两点：

1. 按时出席

例会是经常性、制度性会议，一般无须再事先通知，因此容易忘记或忽略。与会人员应当在自己的日程安排表上作出标记，以防遗忘。确实不能出席的应当请假或安排恰当的人员代表自己参加，并告知主持人。

2. 精练务实

例会内容一般都是大家职责范围内的事务，所以例会必须精练、简朴、短小、务实。为了做到这些，参加会议的人应当事先做好准备，在开会时才能言之有物，有的放矢。主持人应把握好顺序和节奏。发言要有序，不要出现冷场的局面。讨论时不要打断别人的发言，发生争执时要告诫大家保持发言次序并注意态度，防止跑题、重复、争执不休。注意要让所有与会者都能发言。

第三节 展示性商务活动礼仪

展览会、组织开放参观等商务专题活动，能很好地满足公众眼见为实的心理需求，有较强的直观性、真实感，从而促进和加深了公众对组织、产品的了解与印象，提高了组织、产品的知名度和美誉度。展示性活动是现代社会传达和交流信息的重要手段之一。

一、展览会礼仪

展览会是指有关方面为了介绍本单位的业绩，展示本单位的成果，推销本单位的产品、技术，采用集中陈列实物、文字、图表、影像资料等方式而组织的商务宣传活动。展览会礼仪，主要是指有关单位或个人在组织、参加展览会时应当遵循的规范与惯例。

（一）组织展览会的礼仪

展览会的组织者需要确定参展单位，宣传展览会和展览内容，规划布置展览会场、规划区域、分配展位，做好安全保卫工作，提供必要的辅助性服务项目等后勤工作。

1. 确定参展单位

主办单位根据展览的主题、内容、形式、时间向拟参展的单位发出正式的邀请或召集，方式有刊登广告、寄发邀请函、上门邀请、发布网上公告、发布新闻等。但必须注意两点：一是要两相情愿，不得勉强；二是须把展览会的宗旨、展出的主要项目、参展单位的范围与条件、举办展览会的时间与地点、报名参展的具体时间与地点、咨询有关问题的联络方法、主办单位拟提供的辅助服务项目、参展单位所应负担的基本费用等信息告知对方。

2. 宣传展览会和展览内容

为了吸引各界人士的注意，在展览会开幕前和期间需制造声势，扩大影响，以促进贸易洽谈、合作。首先，在展览会前应设计好展览会的会徽及相关的宣传标语，并就展览会的主题、内容、时间、地点等事宜刊登广告、张贴宣传画、举办新闻发布会等。然后，在展览会期间的宣传形式主要有邀请新闻界人士到现场进行参观采访、发布有关展览会的新闻、刊登广告、张贴宣传画、在现场派发宣传资料和纪念品等。

3. 规划布置展览会场、规划区域、分配展位

根据展览主题构思展览整体结构，画出展览平面图和设计要点。展位的分配可采用竞拍、投标、抽签或按正式报名的先后顺序等方法。

4. 做好安全保卫工作

展览会的组织者应树立良好的防灾、防盗、防火、防水、防破坏等安全意识，可聘请专业的安保人员维持秩序，还可在保险公司购买保险。如果是重大的展览活动，应请当地公安部门配合做好安保工作。

5. 提供必要的辅助性服务项目

辅助性服务项目主要包括展品的运输与安装；车、船、机票的订购，电话、传真、电脑、复印机等现代化的办公设备准备，举行洽谈会、发布会等商务会议或休息所使用的适当场所准备，餐饮服务预订等。如果这些辅助性服务项目涉及收费，应进行详尽的说明。

（二）参展方的礼仪

1. 做好展位布置工作

参展单位应突出自己展位的新颖性，在展板的设计、产品的摆放等外观设计上力求美观与创新相结合、主题与形式相结合，牢牢吸引住参观者的眼球。

2. 待人热情有礼

当参观者走近自己的展位时，工作人员应主动向对方打招呼。参观者在参观的过程中，工作人员应在左前方作引导；也可随行其后，以备对方向自己进行咨询；也可视情况请其自便，不加干扰。对于参观者提出的问题，应认真作答。当参观者离去时，工作人员应真诚地与之道别。

3. 做好宣传资料的派发工作

企业的宣传资料除了要注意印刷精美、图文并茂、资讯丰富外，还要特别注意宣传资料的呈现形式，须做到新颖、独特，使参观者爱不释手。这当然要根据企业的资金状况量力而行。

礼仪小贴士

2020年11月5日，在国内国际双循环相互促进的新发展格局下，中国第三届国际进口博览会（以下简称进博会）在上海如期开幕。有着80多年历史、总部设在法国的安迪苏第三次参展，并从营养、健康和以创新研发推动可持续发展三个维度展示了公司的最新科技实力，以及深耕中国市场的战略决心。“市场的力量、创新的力量有效推动了中国的经济增长。进博会的作用不只是简单的产品进口，它更多带来了信息、技术甚至是管理方法的交流，使我们能够以更好的产品和技术服务于国内外消费者，并与全球合作伙伴一道，助力全球经济恢复增长。”中国化工集团董事长宁高宁在5日的集团合作签约仪式上表示。

进博会期间，安迪苏展台还迎来了山西、辽宁、山东、河北、河南等省（自治区、直辖市）代表团的到访参观和了解，并与山东和美集团等就全系列产品的供应现场签署了合作协议。安迪苏CEO让－马克·杜布朗表示，安迪苏来到中国已近30年，见证了中国的快速发展，自身也获得了跨越式增长。连续三届进博会，安迪苏参与了中国进一步扩大开放的历史进程，为促进全球要素自由流动作出了努力。“安迪苏未来还将加码中国，我们南京生产基地将进一步扩容，在促进安迪苏获得更快增长的同时，为全球食品产业链贡献更大的价值。”

二、对外开放参观的礼仪

日本松下电器公司的创始人松下幸之助曾说：“让人参观工厂是推销产品的最好最快的方法之一。”通过对外开放参观活动，有助于增加本企业的透明度和提高认知度，以争取公众的理解和支持；有助于消除人们对本企业的某些不解和疑虑。因此，举办对外开放参观活动是一种特殊的“组织公开展览活动”，是增进与公众之间联系和了解的手段之一。对外开放参观的礼仪主要体现在以下几方面：

1. 明确主题

任何一次开放参观都应有一个明确的主题，是围绕生产设备和工艺流程、厂区环境，还是企业文化、福利、卫生等设施等，以便确定活动内容。

2. 选择开放时机

举办开放参观活动的时间最好配合一些特殊的日子，如周年纪念日、开业庆典、社区节日等。

3. 明确邀请对象

在一周前发出请柬，编制来宾名册，落实出席的重要嘉宾名单。

4. 安排参观线路

要提前划分好参观线路，制作向导图及标识。避免参观者因超越限定的范围而出现事故或麻烦，并注意必要的保密和安全工作。

5. 做好宣传工作

对外开放参观的内容，根据主题要求可以分为现场观摩、介绍、实物展览等。现场观摩则以目击为主，并作必要的介绍和解释，可准备一份简单的说明书，发给参观者；介绍和实物展览可采取播放视频资料或幻灯片等方式，以帮助参观者了解主要概况。

6. 做好接待工作

应由专门的接待人员负责登记、讲解，安排合适的休息场所和茶水饮食，赠送有意义的纪念品等。参观结束时应感谢来宾光临，并竭诚征求大家的意见，以不断完善工作。

第四节　联谊性商务活动礼仪

联谊性商务活动是企业为了达到内部管理人员与员工之间，企业成员与社会公众之间，或者企业之间联络感情、增进友谊的目的而组织的活动。联谊性活动形式多样，如组织舞会、观看演出、参观游览、举办茶话会等。在此，着重介绍茶话会。

所谓茶话会，在商界主要是指意在联络老朋友、结交新朋友，具有对外联络和进行招待性质的社交性集会。举行茶话会应遵守以下礼仪规范。

一、时空的选择

（一）时间

举行茶话会的时间主要涉及举行的时机、时间和时长这三个问题。只有时机选择得当，茶话会才会产生应有的效果。辞旧迎新之时、周年庆典之际等，都是商界单位举办茶话会的良机。举行茶话会最佳的具体时间是上午 10 点或是下午 4 点左右，时长以一到两个小时为宜。

（二）空间

在选择举行茶话会的具体场地时，还需兼顾与会人数、支出费用、周边环境、交通路线、服务质量、档次等问题。适宜的场地有主办单位的会议厅、宾馆的多功能会议厅、高档的营业性茶楼或茶室。

二、来宾的确定

茶话会的宾客以在商务往来中与本单位存在着一定联系的单位或个人为主，其次是社会各界知名人士。名单一经确定，应以请柬的形式向对方提出正式邀请，通常请柬在召开茶话会前一周送达被邀请者手中。

三、座次的安排

为了使与会者畅所欲言，并便于大家交流，通常，除主席台外不摆座签，允许自由活动。根据约定俗成的惯例，在安排茶话会与会者的具体座次时，主要采取以下三种办法：

（一）环绕式

即不设立主席台，将座椅、沙发、茶几摆放在会场的四周，不明确座次的主次，与会者在入场之后自由就座。这一安排座次的方式，与茶话会的主题最相符，因而在茶话会中使用较多。

（二）圆桌式

即在会场上摆放圆桌，请与会者在其周围自由就座的一种座次安排方式。在茶话会上，圆桌式排位通常又分为下列两种具体的方式：一是仅在会场中央安放一张大型的椭圆形会议桌，请全体与会者在其周围就座；二是在会场安放数张圆桌，请与会者自由组合，各自在其周围就座。当与会者人数较少时，可采用前者。而当与会者人数较多时，则应采用后者。

（三）主席式

主席式是指在会场上，主持人、主人与主宾被有意识地安排在一起就座，并且按照常规居于上座之处的座次安排方式。例如，中央、前排、会标之下或是面对正门之处。有时在数桌之中为嘉宾设立主桌。

四、茶点的准备

茶话会重“话”不重“吃”，为与会者所提供的茶点只是茶话会中的配角，主办者在准备时要注意以下两个方面。

（一）准备茶叶

应备有红茶、绿茶、花茶等品种，以照顾与会者的不同口味，并挑选中上等品，不宜太差。另外，在选择茶具时，最好选用陶瓷器皿，尽量选用成套的茶杯、茶碗、茶壶。

（二）准备小吃

需要注意的是，食品品种要多样，数量要充足，并且要便于取食，还需准备好纸巾、牙签等。按惯例，在茶话会举行之后，主办单位一般不再为与会者准备正餐。

五、现场的发言

与会者的现场发言在茶话会上举足轻重。此时，主持人的引导尤为重要。主持人不仅主持会议，而且要能够在现场上审时度势，巧妙地引导与会者的发言，并且有力地控制会议的局面。比如，在众人争相发言时，主持人须决定孰先孰后；当无人发言时，主持人应引出新的话题，或者邀请某位人士发言；当与会者之间发生争执时，主持人应出面劝阻；万一有人发言严重跑题或言辞不当，主持人应及时出面转换话题。

与会者在茶话会上发言时，表现必须得体。在要求发言时，应先举手示意，同时要注意谦让，不要与人争抢。在进行发言的过程中，不论所谈何事，都要力求做到语速适中、口齿清晰、神态自然、用语文明。肯定成绩时，一定要实事求是。提出批评时，态度要友善，切勿夸大事实。与其他发言者意见不同时，要注意“兼听则明”，并且一定要保持风度，切勿当场对其表示不满。

思考与练习

1. 参加典礼活动有哪些礼节？
2. 签字仪式的程序是怎样的？
3. 组织商务会议有哪些基本礼仪要求？
4. 新闻发布会上遇到无礼提问时应如何应对？
5. 组织展览有哪些礼仪要求？
6. 对外开放参观有哪些礼仪要求？

案例分析1

下台剪彩

某大公司举行新项目开工剪彩仪式，请来了张市长和当地各界知名人士参加，请他们坐在主席台上。仪式开始时，主持人宣布：“请张市长下台剪彩！”却见张市长端坐没动，主持人很奇怪，重复一遍：“请张市长下台剪彩！”张市长还是端坐没动，脸上还露出一丝恼怒。主持人又宣布一遍：“请张市长剪彩！”张市长才很不情愿地勉强起来去剪彩。

问题讨论

为什么张市长才很不情愿地勉强起来去剪彩？主持人是否有失礼之处？

案例分析2

座次的风波

某公司的分公司要举办一次重要会议，请来了总公司总经理和董事会部分董事，并邀请当地政府要员和同行业重要的知名人士出席。由于出席的重要人物多，领导决定用长U字形的桌子来布置会议桌，分公司领导坐在位于长U字横头处的下首，其他参会者坐在U字的两侧。在会议的当天，所有人都进入了会场，按照座签找到了自己的座位就座，会议正式开始时，坐在横头桌上的分公司领导宣布会议开始，这时发现会议气氛有些不对，有些贵宾互相低语后借口有事站起来要走，分公司的领导人不知道出了什么差错，非常尴尬。

你知道发生了什么事吗？问题在哪里？

1. 模拟或结合本单位或学校的庆典活动，组织学员进行典礼礼仪的实操训练。
2. 在老师指导下分组进行签字仪式活动的礼仪训练。
3. 在老师指导下进行商务会议活动的礼仪训练。
4. 模拟或结合学校的招生工作进行接待参观的礼仪训练。

第七章　商务宴会礼仪

应该赴哪个宴会

杨老板在同一天接到两份参加宴会的请柬，两个宴会都定在一周后。最初，他回复了A公司，表示愿意出席，而婉拒了B公司的邀请。可是，几天后他需要和B公司在一项生意上进行往来，于是就改变了原来的计划。他向A公司表示，由于身体不适，就不去参加宴会了。实际上，杨老板带着礼物去参加了B公司的宴会。

杨老板的做法是否妥当？简要陈述理由。

宴会是商务活动的重要组成部分，可以使人们联络感情，协调关系，消除隔阂，增进友谊，从而促进合作，因此，商务人员应该合理地利用宴会。但是，由于地域差异、风俗习惯、宴会形式的不同，礼仪要求也随之变化，本章主要介绍有关商务宴会中宴请的礼仪规范、赴宴的礼仪规范、用餐的礼仪规范等。

第一节　宴请礼仪

一、宴请形式

宴请是商界交往中常见的交际活动，各国宴请都有自己国家或民族的特点与习惯。

商务交往中常用的宴请形式有：

（一）宴会

此处的宴会是指正规、庄重的宴请活动，主客就座进食，由服务员依次上菜，菜肴较丰盛，席间主宾相互致辞、祝酒。一般有国宴、正式宴会、便宴三种。在时间上有午宴和晚宴之分，以晚宴更为隆重和正规。

（二）冷餐会

冷餐会又称冷食自助餐。其特点是不排席位，没有固定座位，可自由活动，随意人座或站立进餐。出席者不必计较礼宾身份，在餐会上可以平等交往，自由沟通。菜肴以冷食为主，辅以热菜，菜肴和餐具一齐陈设在长条菜桌上，供客人自取。酒水（啤酒、果汁、可乐，一般不用烈酒）摆放在桌上或由服务员端送，自由饮用。冷餐会的规格可高可低，举办时间一般在中午12时至下午2时、下午5时至7时。冷餐会适用于宴请人数众多的宾客。

（三）酒会

酒会是一种大型的、气氛轻松、和谐的现代社交形式。招待品以酒水为主，通常酒类品种较多，并配以各种果汁，向客人提供不同酒水配合调制的混合饮料（即鸡尾酒），不用或少用烈性酒。酒会一般略备小吃，如三明治、面包卷、小香肠等。酒水和食品由服务员用托盘端送，或置放在固定的桌上。酒会一般不设座椅，仅置小桌或茶几，以便客人随意走动。一些大型酒会还邀请乐队或播放轻音乐舞曲，让客人们在场地允许的情况下跳交谊舞。酒会举行的时间较灵活，上午、中午、下午、晚上均可，时间一般为两到三小时。请柬上往往注明整个酒会活动的具体时间，客人在这段时间内可随意到达或退席，来去自由，不受约束。

（四）茶会

茶会是一种简便的招待形式。以茶或咖啡招待客人，略备点心或风味小吃，不必使用餐具，不排座席。一般在上午10时或下午4时举行。

二、宴会接待的礼仪

（一）迎宾

在宴会开始前的30分钟，主人及其随从人员应仪表端庄、精神抖擞地站在宴会大厅门口迎接客人。当宾客到达时，主人要迎上前热情问好，不能冷落任何一位客人。如果客人相互间有不熟悉的，主人要逐一介绍，使彼此有所了解，以增进宴会的友好气氛。一般情况下，主人应陪同主宾一道入席，随从人员安排其他客人就座。

（二）宴会致辞

宴会开始，主人首先致祝酒词。致辞时手持酒杯，在主桌旁起立讲话，或者到布置好的讲台上讲话。祝酒词内容主要是设宴的目的和要求，并对来宾表示祝贺和敬意。注意用词明快、生动、简练。下面是某公司开业宴会祝酒词：

各位来宾：

今天本公司举行开业庆典，我代表本公司及全体同人，对诸位在百忙之中光临本公司的开业典礼，表示衷心的感谢！本公司能顺利开业，全靠诸位的爱护和帮助。为表达感谢之情，本公司借开业典礼之际略备薄酒，望诸位来宾尽兴。现在，我代表我本人及本公司全体员工，先敬诸位来宾一杯，敬祝各位来宾身体健康、万事如意！

（三）敬酒

宴会上主人向客人敬酒时，要上身挺直，双脚站稳，以双手举起酒杯，目视对方致意，并说祝愿的话语。碰杯时，杯沿比对方杯沿略低则表示尊敬。敬酒的态度要稳重、热情、大方，切忌强行劝酒，甚至酗酒。

（四）热情交谈

在宴会上，食品和酒都是陪衬物，其核心是谈话，以促使各方融为一体，结出友谊的“果实”。因此，良好的餐桌礼仪，意味着既掌握吃喝技巧，又善于交谈，从而使宴会达到预期的效果。

在整个宴会上，主人应引导谈话内容，吸引所有在座的宾客参加谈话，促使客人们相互谈论大家都感兴趣的话题，对那些过于专业、晦涩难懂的话题应予回避。另外，主人不要一味同自己熟识的一两个人交谈，也不能只是对一侧的邻座交谈而背向另一位邻座，更不能在整个宴会上坐着一声不吭。

（五）结束宴会

宴会时间应控制在 1 ~ 2 小时，不宜过长，否则会导致宾主疲惫，冲淡宴会的气氛；如果时间过短，会使宾主双方未能尽兴，从而使宾客对主人的诚意产生误解。结束宴会的较好时机：从服务方面来说，是服务人员端上水果时；从气氛方面来说，是宴会达到新的高潮时。宴会适时结束，可以给大家留下难忘的记忆。

主人宣布宴会结束后，应对宾客莅临宴会表示衷心感谢。

总之，只有接待好前来赴宴的客人，才能达到宴请的真正目的。而这一工作的完成，需要把礼仪工作做到细致入微，否则，宴请就失去了意义。

第二节　商务赴宴礼仪

一、应邀礼仪

被邀请者接到邀请后，应及时礼貌地给予答复，可以打电话或复以便函。如果不能应邀，应婉言告知缘由。如果应邀，须注意以下事项：核对时间、地点；核实邀请范围，是否可携带下属、家人等作为同伴；对服装有何要求；明确活动目的，考虑是否需要带鲜花和礼品表示祝贺或慰问等。

二、赴宴礼仪

一旦接受主人的邀请，就必须如期赴约。除非遇到疾病、非处理不可的事等突发事件，不要轻易失约。如遇有特殊情况不能出席，应及时向主人解释或道歉。

到达宴请地点后，应主动前往主人迎宾处，向主人问好。然后，根据主人的安排，找到自己的座位，不可随意入座。入座时，应让年长者、地位高者和女士优先，然后，自己以右手拉椅子，从椅子左边入座。同时，应与同桌点头致意。

三、席间礼仪

（一）吃相文雅

（1）用餐时不要两眼盯着菜只顾吃，要照顾到别的客人，注意谦让，尤其要招呼两侧的女宾。

（2）好的吃相是食物就口，不可口就食物。

（3）要小口进食，细嚼慢咽，口中的食物未咽下不能再令别的食物入口。

（4）闭嘴咀嚼，不要发出咀嚼声。

(5) 汤、菜太热时，不要用嘴去吹，等稍凉后再吃；喝汤时，不要发出声音。

(6) 饮酒要适量，切忌逞强好胜，不可喝得酩酊大醉甚至酒后失态。如果不善喝酒，主人敬酒时可婉言谢绝或用饮料象征性地表示一下。

(二) 正确使用餐具

(1) 取菜舀汤，应使用公筷公匙。

(2) 自己的餐具掉在地上，可要求服务员再取一副。

(3) 如果欲取用摆在同桌其他客人面前的调味品，应请邻座客人帮忙传递，不可直接伸手取物。

(4) 不慎将饮料、汤汁溅到他人衣服上，表示歉意即可，并递上手帕或餐巾。

(5) 失手打翻了酱碟，向注意到你的人婉言致歉，不宜大声喊叫，也不宜没完没了地自责。

(三) 交谈适度

(1) 就餐期间，一直保持沉默是不礼貌的。

(2) 交谈的对象应尽量广泛。

(3) 交谈的内容应愉快、健康、有趣。

(4) 交谈的音量要适中。

(5) 与他人交谈时，切忌一边嚼食物一边与人含含糊糊地说话。

(6) 当主人、主宾致辞时，应停止交谈，端坐恭听。

(四) 其他注意事项

(1) 在餐桌上，手势、动作幅度不宜过大，更不能用餐具指点别人。

(2) 若要咳嗽、打喷嚏，将头转向一边，用手帕捂住口鼻。

(3) 不要伸懒腰、打哈欠，毫无控制地打饱嗝。

(4) 切忌用手指剔牙，应用牙签，并以手或手帕遮掩。

(5) 席间应把手机切换到振动或静音状态。离席回电时，应向主人或左右的客人致歉，轻轻拉开椅子离去。

四、中途道别的礼仪

客人在席间或在主人没有表示宴请结束前离席是不礼貌的。一旦赴宴，就应尽量避免中途退场。如实在因事需要中途离席，要特别注意相关礼仪。

1. 说明情况

如果席前就已准备中途告别，最好在宴请开始之前就向主人说明理由并表示歉意，届时向主人打个招呼便可悄悄离去。

如果是临时因事需要提早道别，同样应向主人说明理由并表示歉意。

2. 选好时机

中途道别离席，不要选择在席间有人讲话时或刚讲完话之后。这容易让人误以为告辞者对讲话不耐烦。最好是在宴会告一段落时，如宾主之间相互敬了一轮酒或客人均已用餐完毕后。

3. 减少影响

中途道别只需和主人打招呼或向左右宾客点头示意即可，不要闹得人人皆知。主人也不必离席远送，尤其是在宾客人数较多时，以免影响他人用餐，甚至影响整个宴会气氛。

五、宴会结束离席的礼仪

等主人宣布宴会结束时，客人才能离席。一般是在主人和主宾离开座席后，其他宾客才能散席。客人应向主人致谢，感谢主人的热情款待。特别注意道别的顺序：男宾先向男主人道别，女宾先向女主人道别，然后再交叉道别。另外，无论宴会多么乏味，道别时都不要向主人流露出厌倦或不悦的情绪。

宴会是交际的好地方，但是赴宴者必须展现出良好的礼仪风范，才能达到拓展交际空间的目的。

第三节　中餐礼仪

一、桌次排列礼仪

中餐的餐桌大多是圆桌。桌次有主次之分，主桌的确定以“面门为上，居中为尊，以右为尊”为原则，其他桌次按照离主桌远近，近为主、远为次，右为主、左为次的原则安排。排列的总体方法有横、竖、花排等多种，具体采取哪一种排法应根据场地和美观的原则来确定，如图7－1、图7－2、图7－3所示。

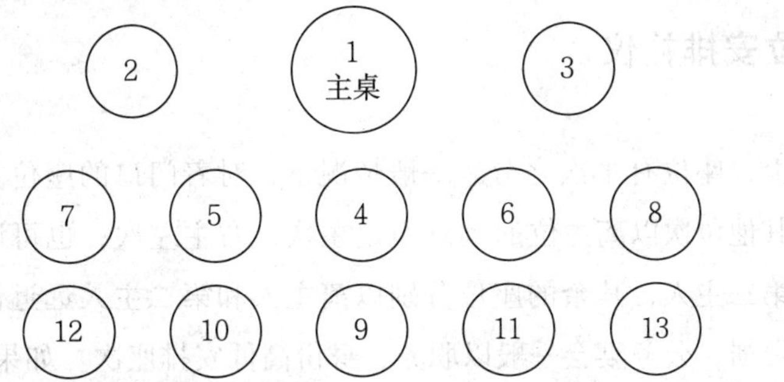

图7－1 中餐桌次排列顺序（1）

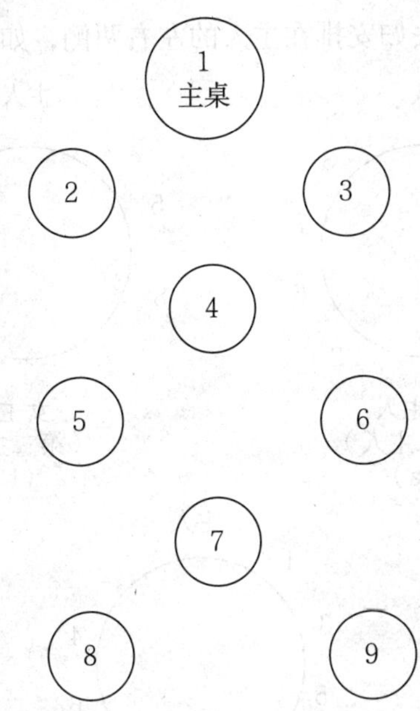

图7－2 中餐桌次排列顺序（2）

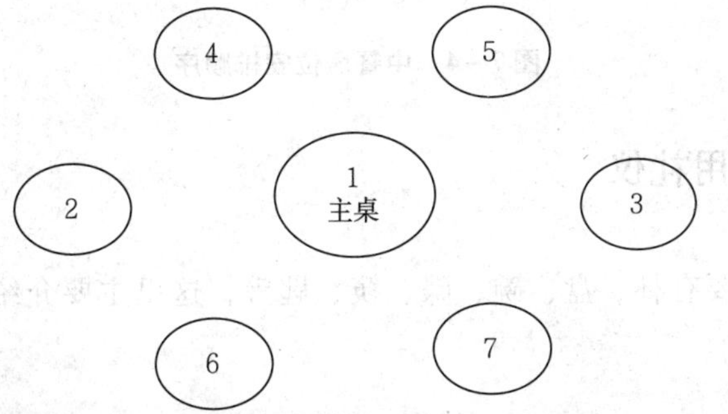

图7－3 中餐桌次排列顺序（3）

二、席位安排礼仪

在同一桌上，座位有主次之分。一般情况下，对着门口的座位为主位，离门口最近的为次位，其他位次以离主位的远近而定主次，右主左次；也可以穿插安排，即主人的对面安排第二主人，其余的座位分别以离主人和第二主人远近而定主次，右主左次。按照我国习惯，公务宴会一般以职务、身份高低安排座次。如果夫人或女士出席，通常把女士安排在一起，即主宾坐在男主人右上方，其夫人坐在女主人右上方。主宾携夫人，而主人的夫人因故不能出席时，可请其他身份相当的女士作第二主人；若无适当的女士出席，可把主宾夫妇安排在主人的左右两侧，如图7－4所示。

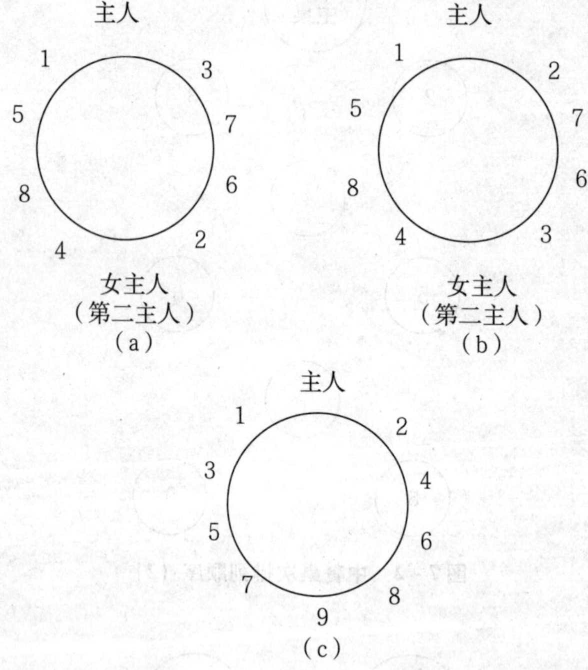

图7－4　中餐席位安排顺序

三、餐具使用礼仪

中餐的餐具主要有杯、盘、碗、碟、筷、匙等，这里主要介绍一下平时容易出现问题的餐具的使用。

（一）筷子

筷子是中餐最主要的餐具。用筷子取菜、用餐的时候，要注意以下五点：一是不论筷子上是否残留着食物，都不要去舔，更不要用舔过的筷子去夹菜。二是和人交谈时，要暂时放下筷子，不能一边说话一边挥动筷子。三是不要把筷子竖着插在食物上面。四是不能用筷子来剔牙或是用来夹取食物之外的东西。五是要注意使用公筷。

（二）勺子

勺子的主要作用是喝汤，也用来舀取比较小的或筷子不易夹取的食物。用勺子取食物时，不要过满，免得溢出来弄脏餐桌或自己的衣服。在舀取食物后，可以在原处“暂停”片刻，待汤汁不再往下流时再移回来享用。暂时不用勺子时，应放在自己的碟子上，不要把它直接放在餐桌上。用勺子取食物后，要将食物立即食用或放在自己碟子里。不要把勺子塞到嘴里，或者反复吮吸、舔食。

（三）碟子

碟子主要是用来暂放从公用的菜盘里取来享用的菜肴的。用碟子时，一次不宜盛放过多的菜肴。碟子的另一种功能是盛放不吃的残渣、骨头、鱼刺等，如果碟子满了，可以让服务员更换。

（四）水杯

水杯主要用来盛放清水、汽水、果汁、可乐等软饮料。不要用它来盛酒，也不要倒扣水杯。

四、劝菜劝酒礼仪

吃中餐时主人一般会向客人介绍菜的特点，且按照中国的传统习俗主请方会反复向客人劝菜，希望客人多吃一点；有时热情的主人还会用公筷为宾客夹菜，并反复向宾客劝酒，希望宾客能酒足饭饱，这些都是主人热情好客的表示。但前面概述里也已提到，在餐桌上一直招呼亲朋好友多吃多喝的热情方式已越来越不合时宜，特别是对于需要节食的宾客来说，这种热情方式往往变成了强人所难。若是宴请外宾，这种反复劝菜和劝酒的中国式的热情好客方式，会被误认为是一种强迫，引起外宾的反感，严重的话会影响宴会的友好气氛。因此，在劝菜或劝酒时，应做到既不失热情又不强人所难，宜主随客便，使宾客满意就好。至于宾客面对主请方热情地反复劝菜和劝酒，出于礼节的需要，首先应表示感谢，并根据自己胃口及身体特点（如出于健康考虑宜戒吃某些酒菜）适当、适量享用；不必因不好意思而勉强自己。总之，现代社会宾客吃多吃少不是衡量主请方是否热情有礼的唯一标准，一切应以宾客满意为准。

五、饮茶礼仪

饮茶也要遵循礼仪规范。上茶前应先请教客人的喜好。上茶时应注意，茶水以八分满为宜。水温不宜太高，以免客人不小心烫伤。

上茶时可由主人向客人献茶，或由招待人员给客人上茶。主人向客人献茶时应起立，并用双手把茶杯递给客人，然后说一声“请”。客人亦应起立，以双手接过茶杯，并道谢，不要坐着不动，任主人为自己张罗，添水时亦应如此。由招待人员上茶时，要先给客人上茶，而后再给主方人员上茶。若客人较多，应先给主宾上茶。

不论是主人还是客人，不允许用茶匙舀着喝，而应直接端起茶杯、茶碗喝。喝茶时只宜小口仔细品尝，切忌大口吞咽，发出声响。遇到漂浮在水面上的茶叶，可用杯盖儿拂去或轻轻吹开，不可用手从杯中捞出扔在地上，也不要吃茶叶。

第四节　西餐礼仪

一、席次安排礼仪

（一）西餐餐桌的设置

西式宴会采用长桌，桌子的设置方法可以根据用餐人数的多少和场地大小而定。餐桌的排列次序同中餐餐桌的排列原则是一样的，以面门方为上位，主桌排定之后，其余桌次的排列以离主桌的远近而定，近者为尊，远者为卑；平行者以右桌为尊，左桌为卑。

（二）西餐席位的安排

西餐席的位次排列是右尊左卑。与中餐宴会不同的是，西餐宴会一般都是男女宾客穿插入座，如图7－5所示。

二、餐具使用礼仪

中国人进餐时所使用的餐具比较简单，而西方人的餐具则种类繁多，主要有：

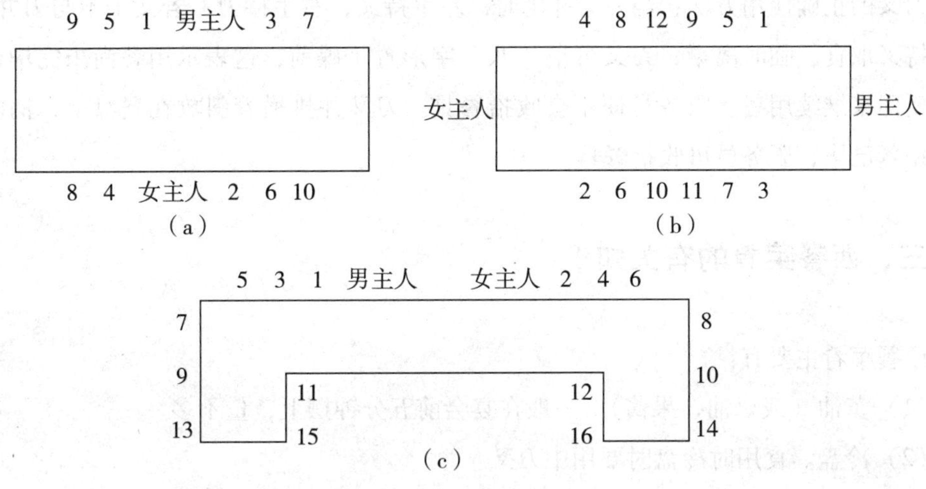

图7-5 西餐位次安排

(一) 刀

(1) 牛油刀。牛油刀主要用于刮牛油，它比较短小，刀面稍宽。

(2) 鱼刀。鱼刀用于吃鱼，它的刀面较宽，无刀齿。

(3) 牛排刀。牛排刀用于吃牛排，刀较大，刀面长，刀齿细，便于切割。

(4) 水果刀。它用于吃水果，比较细小，有刀齿。

(5) 其他吃鸡、鸭、猪排所用的刀子，大小如牛排刀，但是较钝。

(二) 叉

西餐中的叉子大小不等，可分为大、中、小三等。一般吃肉类的叉子较大，吃海鲜的稍微小一点，吃水果、蔬菜沙拉用的叉子则更小一些。叉子亦如刀，不能一叉用到底。

(三) 匙

匙也是各有各的用途，喝汤用汤匙，调咖啡用咖啡匙，吃布丁、冰激凌等甜点用甜点匙，此外，桌面上还有一个取菜用的大匙。

西餐餐具除了以上三大类外，还有糖夹、龙虾钳、各种盘子等。

西餐餐具的选用首先依上菜顺序从外向里选用餐具，通常叉子置于餐盘左侧，刀和汤匙置于右侧。其次是依据上菜顺序来确定。西餐的上菜顺序与中餐完全不同，首先是开胃菜或开胃酒，然后是汤、布丁、主菜、沙拉、甜品、咖啡或红茶。

刀叉的正确使用方法：当刀叉并用时，左手持叉，右手持刀；若叉子不与刀并用，右手持叉取食。临时离桌，刀叉可呈“八”字形置于碟前，这表示用餐尚未完毕，一会儿要回来继续用餐，服务员便不会收拾餐具。刀叉并排横着斜放在餐盘上，柄向右表示用餐已毕，服务员可收拾餐具。

三、西餐菜肴的有关知识

西餐菜肴主要有：

（1）黄油（或奶油、果酱）。一般在宴会前五分钟摆上，量不多。

（2）冷盘。食用时冷盘时要用中刀叉。

（3）汤。上热菜前上汤。喝汤时应使用汤匙，不能发出太大的声响，也不能使汤滴在汤盘外。

（4）鱼。吃鱼用鱼刀叉。鱼带头尾时，切掉头尾，从腹部沿脊柱的方向从头向尾切开，将鱼肉放在碟子里食用。鱼刺应吐在叉子上，再放入餐盘的最边缘。上鱼时，一般随上白葡萄酒，用高脚杯饮用。

（5）副菜，也叫小盘。量较少，易消化，用中刀叉。

（6）大菜，即主菜。西餐宴会上，主菜往往是整只熏烤动物，如烤乳猪、烤羔羊、烤火鸡等。吃主菜时用大刀叉。上主菜时随上红葡萄酒，用红酒杯饮用。

（7）甜点。吃甜点时用甜点匙和中叉。甜点一般要搭配香槟，用较大的香槟酒杯饮用。

香槟是西式宴会上的主酒，在西餐中有“酒王”之称，味道清凉甘甜，开瓶时能发出清脆的响声，给宴会增添隆重、热烈的气氛。

（8）水果。吃水果时用水果刀，不可直接用手拿水果吃。

（9）咖啡。上咖啡时附上一小罐牛奶和方糖，可与咖啡放在一起，用咖啡匙搅拌后饮用。要端起杯子小口饮用，不要一口饮完。

（10）利口酒。这种酒多为蜜酒，是西餐宴会的收尾酒，用利口酒杯饮用。

四、进餐礼仪

（1）西式宴会是绝对按照准确的时刻进行的。

（2）男宾有照顾女宾的义务，如为女宾拉、推椅子，递餐巾等。女宾接受服务后，不要忘记向男宾道谢。

(3) 参加宴会时，把餐巾放在膝上。较大的餐巾通常只打开一半。

(4) 客人在宴会中必须时刻注意主人的举动，以免失礼。比如，每一道菜上来时，都要经主人招呼才能开始进食。

(5) 吃肉类时可以先把肉块（如牛排）切好，然后把刀子放在食盘的右侧，单用叉子进食。肉盘中如有肉汁，可用面包蘸着吃。

(6) 肉饼、煎蛋、沙拉，都不用刀，只用叉。吃面包要用手撕着吃，炸薯片、炸肉片、芹菜、芦笋等物可用手拿着吃。吃甜点时可用叉或匙。

(7) 菜端上来时最好每样菜都取一点。吃完所要吃的东西以后，就应该把刀、叉或匙放下来。

(8) 谈话时无须将刀叉放下，除非讲话的内容比较长。

(9) 必须中途离席的话，应向女主人说明原因并致歉。

思考与练习

1. 组织商务宴请要做好哪些准备工作？
2. 商务赴宴席间要注意哪些礼仪？
3. 谈谈中餐席位安排的礼仪。
4. 谈谈西餐餐具使用的礼仪和进餐礼仪。

案例分析1

无法下咽的东西可以吐在哪儿

刘小姐和张先生在一家西餐厅就餐，张先生点了海鲜，刘小姐则点了烤羊排。主菜上桌，两人的话匣子也打开了，张先生边听刘小姐聊起童年往事边吃海鲜，心情愉快极了。正在陶醉的当口，他发现有根鱼刺塞在牙缝中，让他不舒服。张先生心想，用手去掏太不雅了，所以就用舌头舔，舔也舔不出来，还发出啧啧的声音，好不容易将它吐出来，就把鱼刺随手放在餐巾上。之后，他在吃虾时又在餐巾上吐了几口虾壳。刘小姐对这些不太计较，可是这时小张想打喷嚏，拿起餐巾遮嘴，用力打了一个喷嚏，餐巾上的鱼刺、虾壳顺势飞出去，其中的一些正好飞落在刘小姐的烤羊排上，这下刘小姐有些不高兴了。接下来，刘小姐话也少了许多，饭也没怎么吃。

刘小姐为什么话少了许多？张先生有哪些失礼之处？

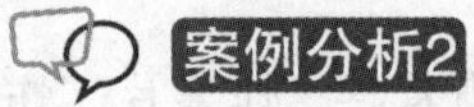

第一次吃西餐

陈小姐至今还记得自己第一次吃西餐的情景，一天傍晚她第一次来到某西餐厅就餐，该西餐厅装修得豪华、气派，很上档次，餐厅里回荡着美妙的轻音乐，陈小姐的心情既愉快也有点紧张。当她走到餐桌边准备去拉椅子时，这时侍应生赶紧过来帮她轻轻挪动了椅子，陈小姐才发现自己站在了椅子的右边，脸一下子就红了起来。接下来进餐过程中，陈小姐牢记左叉右刀的原则，于是她整个进餐过程一直坚持用右手拿刀切牛排等食物，但由于她是个左撇子，所以她用刀切割食物时的动作显得非常笨拙，令她感觉整个进餐过程自己不是在享受美味而是在受罪。尽管整个餐厅的环境非常优雅，但仍很难令她留下良好的印象，第一次吃西餐的小心翼翼和笨拙的动作令她终生难忘。

陈小姐应该怎样做才会使自己吃西餐的过程变得轻松愉快？

案例分析3

时代发展文明进步呼唤使用“公筷”

2020 年 2 月，广州日报联合广州市文明办和广东省餐饮服务行业协会发出使用公筷公勺的倡议，并联合制定了“公筷制”实施指引，受到社会广泛关注。截至 3 月 12 日，全国已有多家城市媒体在官方平台上转发了该实施指引。同时，湖北、陕西、四川、浙江、吉林、海南、山东等地多家主流媒体同声共振，发起倡议。城市力量正在集结，共同推动文明餐桌建设，使“餐桌上应该用公筷”这一中餐新礼仪新风尚越来越深入人心。甚至有卫生专家建议，即使是家庭内的餐桌，也最好使用公筷。

问题讨论

1. 请你谈谈使用公筷对推进中餐餐桌礼仪进步的意义。

2. 请你谈谈生活中对公筷使用的实际情况。

实操训练

1. 在老师指导下进行商务宴请准备工作的练习。

2. 分组进行中餐进餐礼仪练习。

3. 分组进行西餐进餐礼仪练习。

训练场地提示：最好能利用本单位或学校的餐厅、食堂进行餐饮礼仪方面的练习，这样有较强的真实感。如果遇到本单位或学校的餐厅、食堂有较大型的对外接待任务时，可以让有一定训练基础的学员参与接待，以提高餐饮礼仪的专业水平。

第八章　涉外礼仪

“OK”手势

一位美国工程师被公司派到德国的分公司，和一位德国工程师一起工作。一天，这个美国工程师提出建议，改善新机器，德国工程师表示同意，提出了改进方案，并征求美国工程师的意见。这个美国工程师用“OK”手势表示赞同，可是德国工程师放下工具就走开了，并拒绝和这位美国工程师交流。后来美国工程师从他的另一位同事那里了解到这个手势对德国人意味着辱骂。

1. “OK”手势具有什么含义？
2. 这位美国工程师的做法有可不妥？

自中国加入世贸组织，特别是党的十八大后，中国进入社会主义建设新时期，中国政府积极倡导推动了“一带一路”倡议，习近平总书记在党的十九大报告中提出“坚持和平发展道路，推动构建人类命运共同体”，我国对外交往达到前所未有的频繁与深入，各方面与国际接轨日益成为国际交往的主流。在这一章里，我们首先应掌握好涉外商务礼仪的特点和原则，熟悉礼宾次序和国旗悬挂的规定，接着学习我国主要客源国的风土人情和商务礼仪，以便在企业商务往来及相关的商务人际交往中遵循特定的行为规范和准则。

第一节 涉外礼仪概述

涉外礼仪就是人们在对外交往中，用以维护自身形象，向交往对象表示尊重与友好的约定俗成的习惯做法，其基本内容是参加国际交往中必须认真了解并遵守的常规通行做法。中国在各方面都迅速地与国际接轨，作为商务人员，有必要掌握相关的礼仪知识。

一、涉外礼仪的特点和基本原则

(一) 涉外礼仪的特点

(1) 必须以相互尊重、主权平等为基础。现代的国家关系应当是完整的主权国家之间的关系。国家不论大小强弱，主权应当一律平等。

(2) 涉外礼仪关系到一个国家的尊严，应严肃对待。稍有不慎，损害的不仅是企业形象，而且是国家尊严，甚至会引起国际纠纷。因此，涉外礼仪实施时，要把握分寸，坚持原则，严守国际惯例，甚至连穿衣戴帽都必须注意，不同时间、场合、地点有不同的要求。

(3) 礼仪简化成为趋势，礼仪活动更加讲求实效，安排更加灵活。由于国际交往和活动急剧增多，繁文缛节会消耗人们的许多时间和精力。因此，涉外礼仪简化在国际上成了一种必然趋势。例如，日程安排更加紧凑合理；参加宴会的人数有所压缩；宴会上发表正式讲话的次数有所减少；互访代表团人数减少；生活接待更加注意安全、舒适、方便等。

(二) 涉外礼仪的基本原则

1. 维护形象

在国际交往中，人们普遍对交往对象的个人形象倍加关注，并且都十分重视遵照规范的、得体的方式塑造、维护自己的个人形象。个人形象在国际交往中之所以深受人们的重视，主要是基于下列五个方面的原因：第一，每一个人的个人形象，都真实地体现着他的素养和品位。第二，每一个人的个人形象，都客观地反映了他的精神风貌与生活态度。第三，每一个人的个人形象，都如实地展现了他对交往对象重视的程度。第四，每一个人的个人形象，都是其所在单位的整体形象的有机组成部分。当人们不知道某一个人的归属时，他个人形象方面所存在的缺陷，最多会被视为个人方面存在着某些问题。但是，当人们确知他属于某一单位，甚至代表着某一单位时，则往往将其个人形象与所在单位的形象视为一体。第五，每一个人的个人形象，在国际交往中还往往代表着其所属国家、所属民族的形象。

基于以上原因，在涉外交往中，每个人都必须时时刻刻注意维护自身形象，特别是要注意自己在正式场合的仪容、表情、举止、服饰、谈吐、待人接物等，力求留给初次见面的外国友人良好的第一印象。

2. 不卑不亢

不卑不亢的主要要求：每一个人在参与国际交往时，都必须意识到自己在外国人的眼里代表着自己的国家，代表着自己的民族，代表着自己所在的单位。因此，其言行应当从容得体，堂堂正正。

3. 求同存异

对于中外礼仪与习俗的差异性，重要的是要了解，并在了解的基础上求同存异，而不是要评判是非，鉴定优劣。

“求同存异”，是在涉外交往中为了减少麻烦，避免误会，寻求的最为可行的做法，既要对交往对象所在国的礼仪与习俗有所了解并予以尊重，更要认真遵守国际上所通行的礼仪惯例。比如，世界各国都有不同的见面礼节，日本人的鞠躬礼、阿拉伯人的按胸礼、欧美人的吻面礼和拥抱礼等，各有特点。同时，握手礼则通行于世界各国。与任何国家的人士打交道采用握手礼是“惯例”。

4. 入乡随俗

入乡随俗是涉外礼仪的基本原则之一，它的含义主要是：在涉外交往中，要真正做到尊重交往对象，首先必须尊重对方所独有的风俗习惯。

世界上的各个国家、各个地区、各个民族，在其历史发展的具体进程中，形成各自的宗教、语言、文化、风俗和习惯，并且存在着不同程度的差异。我们应该“入境而问禁，入乡而问俗，入门而问讳”。即使有些民族的讲究和禁忌以外民族的常理、常识的角度来看是难以理解的，我们也不能指手画脚。

此外，在涉外交往中注意尊重外国人所特有的习俗，容易增进中外双方之间的理解和沟通，有助于更好地、恰如其分地向外国友人表达我方的亲善友好之意。

5. 信守约定

信守约定是涉外礼仪最基本、最普遍的原则之一，是指在一切正式的国际交往之中，都必须认真而严格地遵守自己的所有承诺。在一切有关时间方面的正式约定之中，尤其需要恪守不怠。轻易违背诺言，随意食言，是不尊重他人的表现，容易使对方产生受骗上当的感觉，这就等于为自己的交往设置了一道障碍。

在涉外交往中，要真正做到信守约定，对一般人而言，尤须在下列三个方面身体力行，严格地要求自己。第一，在人际交往中，许诺必须谨慎。第二，对于自己已经作出的约定，务必要认真地加以遵守。第三，万一由于难以抗拒的因素自己单方面失约，或是有约难行，需要尽早向有关各方通报，如实地解释，并且要郑重地向对方致以歉意，并且主动按照规定和惯例承担给对方所造成的某些物质方面的损失。

6. 热情有度

热情有度是涉外礼仪的基本原则之一。它的含义是要求人们在参与国际交往，直接同外国人打交道时，不仅待人要热情而友好，更为重要的是，要把握好待人热情友好的具体分寸。在国外，人们普遍主张个性至上，反对以任何形式侵犯个人尊严和权利。因此，对他人过分关心，或是干预过多，都会令对方反感。

中国人在涉外交往中要遵守好热情有度这一基本原则，关键是要掌握好下列四个方面的具体的“度”。第一，要做到“关心有度”，即不宜对外国人表现得过分关心，让人无所适从；第二，要做到“批评有度”，即对待外国人，只要其行为不触犯我国法律，没有侮辱我方的国格、人格，不危及人身安全，就没有必要当面对对方进行批评；第三，要做到“距离有度”，即与外国友人交往时，应视双方关系的不同，与对方保持适当的空间距离；第四，要做到“举止有度”，即不要随便采用某些意在显示热情的动作，不要采用不文明、不礼貌的动作。例如，在我国亲朋好友间（多为男性）谈兴渐浓时会不经意地互拍肩膀以助气氛，这个动作若施加给外国人就极不恰当。

7. 谦虚适当

谦虚适当的基本含义是：在国际交往中涉及自我评价时，虽然不应该自吹自擂，自我标榜，一味地抬高自己，但是也绝对没有必要妄自菲薄，自我贬低，过度地对外国人谦虚、客套。中国人大都主张自谦，反对张扬。但外国人强调做人首先要自信，对自我的评价既要实事求是，又要勇于大胆肯定。所以在与外国人交往时，千万不要过分谦虚，以免被人误以为你确实能力差，或是虚伪做作。

8. 尊重隐私

个人隐私是指一个人出于个人尊严和其他方面的考虑，不愿意公开，不希望外人了解或打听的个人秘密、私人事宜。在涉外交往中，人们普遍讲究尊重个人隐私，并将此视作一个人在待人接物方面尊重交往对象的重要标志之一。商务人员应该严格遵守“尊重隐私”这一涉外礼仪的主要原则。一般而言，在国际交往中，下列八个方面的私人问题被视为个人隐私问题：一是收入支出；二是年龄大小；三是恋爱婚姻情况；

四是身体健康状况；五是家庭住址；六是个人经历；七是信仰政见；八是最近在忙什么事情。尊重个人隐私，要自觉地避免在与对方交谈时主动涉及这八个方面的问题，为了便于记忆，可简称为“个人隐私八不问”。

9. 女士优先

女士优先是国际社会公认的一条重要的礼仪原则，它主要适用于成年的异性进行社交活动之时。“女士优先”的含义是：在一切社交场合，每一名成年男性都有义务主动照顾、体谅、关心、保护女性，尽心为女性排忧解难，并且注意对所有的女性一视同仁。倘若男士的不慎使妇女陷于尴尬、难堪的处境，便意味着男士的失礼。

10. 以右为尊

正式的国际交往中，依照国际惯例，将多人进行并排排列时，最基本的规则是右高左低，即以右为上，以左为下；以右为尊，以左为卑。大到政治磋商、商务往来、文化交流，小到私人接触、社交应酬，但凡有必要确定并排列具体位置时，“以右为尊”都是普遍适用的。

在并排站立、行走或者就座的时候，为了表示礼貌，主人要主动居左，请客人居右；男士应当主动居左，请女士居右；晚辈应当主动居左，请长辈居右；未婚者应当主动居左，请已婚者居右；职位、身份低者应当主动居左，请职位、身份高者居右。

二、礼宾次序和国旗悬挂

（一）礼宾次序

商务人员在组织涉外活动时，对礼宾次序的设定应给予高度的重视。

礼宾次序是指国际交往中对出席活动的国家、团体、各国人士的位次，按某些规定和惯例进行排列的先后次序。一般情况下，礼宾次序体现东道主对各国宾客所给予的礼遇，在一些国际性的集会上则表示各国主权平等的地位。礼宾次序的排列，虽然国际上已有一定的惯例，但各国做法不尽相同。常用的排列方法有以下三种：

1. 按身份与职位高低排列

这是礼宾次序排列的主要根据。官方的活动，通常按身份与职务的高低安排礼宾次序。例如，按国家元首（总统、主席、国王）、副元首（副总统、副主席）、政府总理（首相）、副总理（副首相）、部长（大臣）、副部长等顺序排列。各国提供的正式名单或正式通知是确定职务的依据。由于各国的国家体制不同，部门之间的职位高低可能不一致，要根据各国的规定，按相当的级别和官衔进行安排。在多边活动中，有时按其他方法排列。但无论何种方法排列，都应考虑身份与职位高低的问题。

2. 按字母顺序排列

在多边活动中的礼宾次序也常采用按参加国国名字母顺序排列，一般以英文字母排列居多，如国际会议、体育比赛等。在国际体育比赛中，体育代表队名称的排列和开幕式出场的顺序一般按国名字母顺序排列（东道国一般排在最后），但体育代表团观礼或召开理事会、委员会等则按出席代表团团长的身份高低排列。

3. 按日期排列

在一些国家举行的多边活动中，按通知代表团组成的日期先后排列礼宾次序也是国际上经常采用的一种方法。东道国对同等身份的外国代表团，按派遣国通知代表团组成的日期排列，或按代表团抵达活动地点的时间先后排列，或按派遣国决定应邀派遣代表团参加该活动的答复时间先后排列。究竟采取何种方法，东道国在致各国的邀请书中都应加以明确。

在实际工作中，礼宾次序的排列常常不能只按一种方法排列，而是几种方法的交叉，并考虑其他因素，如国家间的关系，地区所在，活动的性质、内容和对于活动的贡献大小，以及参加活动者的威望、资历等。通常把同一国家集团的、同一地区的、同一宗教信仰的，或关系特殊的国家的代表团排在前面或排在一起。对同一级别的人员，常把威望高、资历深、年龄大者排在前面。有时还考虑业务性质、相互关系、语言交流等因素。如在观看演出、比赛，特别是在大型宴请时，在考虑身份、职位的前提下，将业务对口的、语言相通的、宗教信仰一致的、风俗习惯相近的安排在一起。总之，在礼宾次序安排工作中，商务人员要全面、周到，细致、耐心、慎重地考虑并设想多种方案，以避免因礼宾次序方面的问题引起不必要的误解或麻烦。

（二）国旗的悬挂

国旗是一个国家的象征和标志。人们往往通过悬挂国旗，表示对祖国的热爱或对他国的尊重。在国际交往中，如何悬挂国旗，已形成了为各国所公认的惯例。

按国际关系准则，一国元首、政府首脑在他国领土访问期间，在其下榻处及乘坐的交通工具上悬挂国旗（或元首旗）是一种外交特权。此外，国际上还公认，一个国家的外交代表在接待国境内有权在其办公处和住处以及交通工具上悬挂本国国旗。

在国际会议上，除会场悬挂与会国国旗外，各国政府代表团团长亦按会议组织者有关规定在一些场所或车辆上悬挂本国国旗（也有不挂国旗的）。有些体育比赛、展览会等国际性活动，也往往悬挂有关国家的国旗。在建筑物上，或在室外悬挂国旗，一般都应日出升旗、日落降旗。升降国旗时，要严肃认真，服装要整齐，要立正脱帽行注目礼。不能使用破损或污损的国旗。平时升国旗一定要升至杆顶。按国际惯例，悬挂双方国旗，以右为上，以左为下。两国国旗并挂，以旗本身面向为准，客方国旗在右，本国国旗在左；汽车上挂旗，则以汽车行进方向为准，驾驶员右手为客方，左手为上方。所谓主客，不以活动举行所在国为依据，而以举办活动的主人为依据。例如，外国代表团来访，东道国举行的欢迎宴会，东道国为主人；答谢宴会，来访者是主人。

国旗不能倒挂。一些国家的国旗由于文字和图案的原因，不能竖挂和反挂。有的国家明确规定，竖挂需另制旗，将图案转正。正式场合悬挂国旗要把正面面向观众，即以旗套的右边为准。如把国旗挂在墙壁上，应避免交叉挂法和竖挂法，而应用并列挂法。各国国旗的图案、式样、颜色、比例均由本国宪法规定。不同国家的国旗，由于比例不同，两面旗帜悬挂在一起，就会显得大小不一。因此，并排悬挂不同比例的国旗，应将其中一面适当放大或缩小，以使国旗的面积大致相同。

第二节　亚非国家的商务礼仪

一、日本商务礼仪

日本国，简称日本。它位于亚洲的东部，日语为国语，首都东京是世界上人口最多的城市之一。

日本人普遍很讲究礼节，尤其外出参加各种活动，他们的严谨态度是举世公认的并且非常守时。日本人与他人会面时，通常是向对方鞠躬。不过，现代经常与外国打交道做生意的日本人及年轻一代也已习惯握手这种礼仪。但是，鞠躬这种根深蒂固的习惯仍然具有无形的影响力。因此，同日本人会面时，用鞠躬方式打招呼会更自然一些。在日本，一切言语问候都伴随着鞠躬。鞠躬弯腰的深浅有不同含义，弯腰最低是最礼貌的鞠躬，称“最敬礼”，微微一鞠躬称为“会释”。鞠躬的形式男女也有别，男士双手垂下贴腿弯腰，女士一只手压着另一只手放在前面弯身。

日本人具有强烈的群体意识和一种顾全大局的集体观念，喜欢集体活动，并对集团的行动和纪律具有至高无上的认同。不论是在企业、社会团体还是在家族里，你都经常可以看到他们举行的丰富多彩、花样繁多的活动，如新年会、忘年会、郊游，以及其他文体活动。

当拜访日本公司时，宾主的会面通常是在会议室进行；客人一般会先被领到会议室，主人稍迟几分钟来到并走向每一位客人面前交换名片。作为礼貌，客人不能随便坐到贵宾位上，应一直站着等主人进来让座。日本人对坐姿极为讲究，晚辈不能在长辈面前跷二郎腿。日本人非常强调交往中的级别对等。如果到访客人的级别低，则最好带一封同等级别人员的个人信件，或转达其专门的问候。

对日本人来说，交换名片是人际交流最简洁而又不使双方感到尴尬的方式。日本社会等级森严，在使用名片时，要注意以下几点：一是名片最好一面印中文，一面印日文，且名片中的头衔要准确地反映自己在公司的地位。二是在会见日本商人时要按职位由高到低的顺序交换名片，把印有字的一面朝上并伸直手，微微鞠躬后，各自把对方的名片接到右手上。三是接到名片后，一定要认真阅读上面的内容，然后要说“见到你很高兴”等话，并复读其名，同时再鞠躬。四是要注意在日本公司的一个部门里不会有两个头衔完全相同的职位，不管他们职位何等接近，一定会有细微差别，若不注意这一细节，易冒犯到职位高的人。对于交换过名片的日本人，要尽量记住他的名字，否则，他会认为你不重视他。

日本人通常比较含蓄，他们在笑时习惯将声音放低，不能容忍哄堂大笑。日本人在谈话开始时就面带微笑，并将笑容保持很长一段时间。特别是在谈判桌上，你很难猜透日本人的内心活动。他们办事显得慢条斯理，做出决定前非常谨慎，对自己的感情常加以掩饰，不轻易流露。比如，在谈判过程中日本人经常会有沉默不语和犹豫的表现。所以，在与日本人打交道的过程中，要有耐心，不能表现出烦躁不安，否则会闹得不欢而散。

日本气候属季风性气候，四季分明，到日本进行商务活动，以春、秋两季最为适宜。

二、韩国商务礼仪

韩国位于朝鲜半岛南部，官方语言为韩语，首都首尔，货币名称韩元。

在东方文化和西方文化的交叉融合之下，韩国形成了独具特色的一些礼节。韩国人大都喜爱白色，崇拜熊、虎，以木槿花为国花，以松树为国树，以喜鹊为国鸟，以老虎为国兽。

与韩国公司第一次交往前，要有第三者介绍，约好后要准时赴约。韩国人在社交场合与客人见面时，习惯以鞠躬并握手为礼，握手时或用双手或用右手。女士一般不与男士握手，只是鞠躬致意，除非她们主动。韩国崇尚尊老敬老，与长辈握手时，要再以左手轻置于其右手之上。

无论在什么场合，韩国人都不喜欢大声说笑。妇女笑时用手遮掩住嘴。韩国人对日常的礼节相当重视。当几个人在一起时，要根据身份和年龄来排定座次。身份、地位、年龄都高的人排在上座。

韩国人也很爱面子，所以，不要当面指责和直接指出他们的错误和缺点，不能使用“不”字来拒绝韩国人，应委婉地表示你的不同意见。

韩国人的民族自尊心很强，他们强调“身土不二”，反对崇洋媚外，倡导使用国货。向韩国人馈赠礼品时，宜选择鲜花、酒类、工艺品或是具有中国特色的礼品，送外国烟酒也颇受欢迎（但从现代社会的健康观念出发应慎重考虑），不宜以食品作礼物。在接受礼品时，韩国人大都不习惯于当场打开包装。

韩国人重视对交易对象的印象，从事商业谈判的时候，若能遵守他们的生活方式，他们会对你好感倍增。安排与韩国人会谈时，一定要把中途吸烟休息考虑在内，因为韩国人吸烟非常普遍，因此这种好意会深受赞赏。

韩国人对社交场合的穿着打扮十分在意，在交际应酬之中通常都穿西式服装。衣冠不整或着装过露、过透都是不得体的。进客人家中要脱鞋，摆放鞋子不得将鞋尖直对屋内。逢年过节或某些特定场合，韩国人往往会穿自己本民族的传统服装，男子上身穿袄，下身穿宽大的长裆裤，或加上一件坎肩，再披上一件长袍；韩国妇女则大都上穿短袄，下着齐胸长裙。

设宴招待韩国商人非常有讲究，出席宴会者只能是与商务活动有关系的人，不携自己的伴侣出席。宴会上可以谈论商务问题，但用餐时不可边吃边谈。韩国人认为，吃饭的时候不能随便出声。若不遵守这一进餐的礼节，极可能引起他人的反感。韩国人多受中国的影响，用餐也使用筷子。在餐具使用方面，韩国人有其特殊的习惯，使用饭碗一般因年龄、性别和季节不同各有区别，有专门的男用碗、女用碗、儿童用碗，夏天多用瓷碗，冬天多用铜碗。他们就餐乐于菜齐后一起上桌。泡菜、浓汤及多种调料是韩国人每餐必不可少的。韩国饮食以辣、酸为主要特点，主食主要是米饭、冷面。他们爱吃的菜肴主要有泡菜、烤牛肉、烧狗肉、参鸡汤等。韩国的男子通常酒量都不错，对烧酒、清酒、啤酒往往来者不拒；韩国妇女则多不饮酒。韩国人通常不喝稀粥清汤，一般也不吃过腻、过油、过甜的东西，还不喜欢吃鸭肉、羊肉和肥猪肉。

韩国人说话比较直率，和韩国人交谈，除了商务问题外，一般可谈一些双方的历史和文化，切忌谈论政治问题。韩国人语言词汇中有许多忌讳，他们的语音文字与中国的语音文字有许多不可分割的联系，故同音字和一词多义的也很多，如“私”“师”“事”“四”等字同“死”的发音类同，因此，人们对这些都很敏感、忌讳，传统上都认为与“死”同音的字词是不吉利的。数字“4”也是个预示厄运的数字，因而在韩国很多楼房没有四号楼，旅馆不称第四层，宴会里没有第四桌等。他们对“李”字的解释方法也有忌讳，韩国人有不少李姓，在解释李字的写法时，绝不要解说为“十八子”，因为在韩语中“十八子”的读音与一句骂人的话近似。

最好不要在10月去韩国进行商务拜访，因为10月的节假日太多；另外，圣诞节前后两周也不宜去拜访。

三、泰国商务礼仪

泰王国，简称泰国，位于中南半岛中部，首都是曼谷，95%的居民信仰佛教，佛教为国教。泰国的官方语言是泰语，官方货币是泰铢。

泰国被誉为“微笑的国度”。泰国人性情温和，待人热情，有礼貌。

在泰国进行商务活动，拜访大公司或政府部门必须提前预约时间，并持有英文、泰文和中文对照的名片。同泰国人打交道，千万不要夸耀自己国家的经济如何发达，否则他们会认为你太傲慢。因此，在泰国人面前，态度越谦虚越好，只有这样，才能让他们对你更有好感。另外，在泰国进行商务活动，最好携带旅行支票，少用或尽量不用现金。多数泰国人不愿意与他们不熟悉的人进行商业来往，故最好通过双方都比较熟悉的组织或个人的介绍或引见，包括大使馆、商业组织、银行、咨询公司，或与客人有长期关系的其他公司或友人。在泰国文化中，左手被视为不洁之物，所以在交换名片时应只用右手。如果想表达特殊敬意，也可以用左手托住右手肘。

在泰国进行商务活动，必须尊重当地的教规。僧侣是受人尊敬的，因此不要对其做出失礼的行为。进入寺庙必须赤脚而行。进入泰国人家里按习俗要脱鞋，不要踩在门槛上。到当地人家里做客，如果发现室内设有佛坛，要马上脱掉鞋袜和帽子。

初到泰国，要注意当地人所行的合掌见面礼，也可以模仿这样做。泰国人性格含蓄，不喜欢与他人有身体上的接触。泰国人在与客人见面时，通常施合十礼（合掌礼）。将双手合十于胸前，头稍稍低下，互相问候“撒瓦迪”（你好）。还礼时，也须双手合十，放至额到胸之间。地位较低或年纪较轻的人，应该主动向地位高和年纪大的人致合十礼。地位高、年纪大的人还礼时，手不应高过前胸。双手举得越高，表示尊敬的程度越深。面见国王和王室成员，通常行鞠躬礼；特殊情况下，如平民拜见国王时还要施跪拜礼。外国人与泰国人见面，男士之间也可礼貌地握手。泰国人不用姓氏而用名字称呼对方。

泰国人非常重视人的头部，他们认为头是神圣不可侵犯的，因此，千万不要轻易抚摸别人的头部。泰国人相当重视等级地位，对社会地位较高的人表现出适当的尊敬十分重要，尤其是他们是你的顾客或是政府官员的时候，更需特别注意礼仪。泰国的家庭一般不设座椅，人们惯于席地而坐，但不允许盘足或把腿叉开而坐。他们讨厌西方人平时生活中的拍拍打打的举止习惯，认为这有伤风化。如果长辈坐在椅子上，那么晚辈必须坐在地上，或者蹲跪，不能高于长辈的头部，否则就是对长辈的不尊敬。人坐着的时候，忌讳他人拿着东西从头上面经过。如进行商务谈判，坐下时不要把鞋底露出来，这样也被认为是极不友好的表示。用脚踢门会令当地人反感，更不能用脚给别人指东西，这是泰国人最忌讳的动作。忌讳用红笔签字和用红颜色刻字，认为用红色是对死人的待遇。

泰国人对待时间和计划的态度比较松懈。他们很可能因为堵车或是之前的会议比预期时间长而迟到赴约，需要耐心等待。在与泰国人进行会谈及商务谈判的场合，应保持微笑、温和谦逊的语调，因为泰国人说话轻声、个性含蓄，尤其不喜欢大声说话和夸张的手势。泰国人注重考虑他人的需要和感受，在商务谈判中，无论从做好充足的前期文件准备工作、安排不过分冗长的会议并适当安排茶歇，还是在细节中留下讨价还价的余地等，都是应该注意的商务礼仪，这能使泰国人感受到足够的诚意。轻声细语、考虑他人感受、保持耐心、适当采取迂回策略等，能在与泰国人交际中受到欢迎，有利于顺利完成商务活动。

和泰国商人闲聊时，不要自我夸耀，也不要询问对方收入、住房、婚姻等私事。即使讨论十分活跃的时候，也不要提高自己的音量，不要表现出不满甚至愤怒的情绪，尽可能避免造成冲突或是公开的对峙，避免使用和发生可能使别人难堪或感到羞辱的语言和行为，切忌在别人面前责备或是批评你的泰国同事或下属。

一般情况下，小小的纪念品可作为礼物相赠，礼物通常应用纸包装好。鲜花也是适宜的礼物。

饮食习惯方面，泰国人不吃牛肉，不喜欢酱油、红烧的菜肴、甜味菜、香蕉和海参等食品。泰国人最爱吃具有民族风味的咖喱饭（用大米、鱼肉、香料、椰酱及蔬菜等烹制），且特别喜爱吃辣椒，而且越辣越好，辣椒酱是每餐必备的。泰国人也非常喜欢用味精和鱼露调味。他们不喝热茶，而习惯在喝的茶里放冰块，喝饮料也同样喜欢配上些冰块；在喝橘子汁或酸橙汁时，喜欢加点盐。这种习惯的养成，可能与泰国气候炎热有关。泰国人在吃西瓜或菠萝时，不仅爱放冰块，还习惯蘸上些盐或辣椒，认为这样吃起来显得别有风味。泰国人用餐时通常不习惯使用筷子，有的人爱用叉子和勺（右手拿勺，左手拿叉），还有的乐于以手抓饭取食。

泰国属热带季风气候，全年分为热、雨、旱三季，年均气温24℃～30℃。如果进行商务活动，最好安排在当年的11月至次年的3月，4—5月当地商人多半外出度假。

具体的约会时间最好避开星期一和星期五，因为许多人喜欢休长假。

四、新加坡商务礼仪

新加坡共和国，简称新加坡。它位于东南亚马来半岛的南端，地处太平洋与印度洋之间航运要道马六甲海峡的出入口，为世界海运交通中心之一。马来语为国语，汉语、泰米尔语和英语为官方语言，英语为行政语言，货币名称是新加坡元。

新加坡是一个多民族、多种宗教、多元文化的国家，新加坡人的生活和交往方式在很大程度上已经西化。

新加坡有“花园城市”的美誉。政府历来注重“礼治”，立志要将新加坡建成一个礼仪之邦。新加坡政府不但强调“不学礼，无以立”，而且专门编制了《礼貌手册》，手册对于人们在各种不同场合所作所为是否符合礼仪，都做出了明确的规定。“人人讲礼貌，生活更美好”“真诚微笑，处世之道”，在新加坡早已家喻户晓，深入人心。在待人接物方面，新加坡人特别强调笑脸迎客、彬彬有礼。对新加坡人而言，在人际交往中讲究礼貌，以礼待人，不但是每个人所应具备的基本修养，而且已经成为国家和社会对每个人所提出的一项必须遵守的基本行为准则。

新加坡人见面、告别都行握手礼，他们对于西式的拥抱礼或亲吻礼一般不太习惯。由于新加坡政府注重保护各民族的传统，因此新加坡的礼仪与习俗也呈现出多元化的特点。如在社交活动中，华人往往习惯拱手作揖或者行鞠躬礼，马来人则大多采用其本民族传统的“摸手礼”，印度人则行合十礼。

商务交往中名片必不可少，大多数新加坡人用双手递交名片，外来者应注意这一礼节，也用双手递交或接受名片。接到名片后应放在桌子前方或放入前面的口袋，不要在名片上写字或将其放入后面的口袋。

在政务活动和商务交往中，新加坡人的着装讲究郑重其事。男子一般要穿白色长袖衬衫和深色西裤，并且打上领带，而会见政府官员时宜穿西装；女子则穿套装或深色长裙，一般遮住上臂，也可穿裙子或长裤。在对外交往中，新加坡人则大多按照国际惯例穿深色的西装或套裙，并穿皮鞋。因新加坡气候炎热潮湿，一般着装比较随意。但在公共场所，穿着也不能过于随便，尤其不能穿露肩、露背、露脐等服装。

新加坡人十分看重对方的身份、地位及彼此的关系，通常认为私人关系和商务关系同样重要，“面子”在商业洽谈中具有决定性意义，交易要尽可能以体面的方式进行。但“面子”的另一方面，是他们在签订合同以后，恪守信誉，认真履约，因而在国外商人的眼中，新加坡商人一向有勤奋、诚实、谦虚、守信、可靠的美德。与新加坡人谈判，不仅要以诚相待，更重要的是要照顾对方面子，不妨多说几句“多多指教”“多多关照”的谦言。值得一提的是，与海外华人进行贸易，采用方言洽谈，有时可以起到一种独特的作用。

在新加坡，商务交往中常相互宴请，应邀赴约要准时，迟到会给人留下极坏的印象。如不能及时到达，必须预先通知对方以表示尊重。新加坡官员不接受社交性宴请，因此与他们打交道时要慎重。新加坡华人的饮食与我国基本相同，菜肴以闽粤风味为主。由于新加坡人多为华人，而绝大多数新加坡华人的祖籍为广东、福建、海南和上海等地，因此他们在饮食习惯上与中国人可以说是大同小异，中餐通常是他们的最佳选择。新加坡人，特别是新加坡华人，大都喜欢饮茶。当客人到来时，新加坡人通常都会以茶相待。每逢春节来临之际，新加坡人经常还会在清茶中加入橄榄饮用，并且称之为“元宝茶”，他们认为喝这种茶可以令人“财运亨通”。平时，新加坡华人还有饮用药酒的嗜好。

新加坡严格的反腐败法禁止赠送任何可能被视为行贿的东西，不过允许赠送公司纪念品。新加坡人通常在建立私人关系后才赠送礼物，如果到新加坡人家里做客，宜带上鲜花、巧克力等礼物，也可以送包装精美的家庭工艺品。

绝大多数的新加坡人都非常喜欢红色。他们认为，艳丽夺目的红色是庄严、热烈、喜庆、吉祥的象征，红色还具有激励人们奋发向上的作用。一般黑色、紫色不为新加坡人欢迎。在他们的意识里，黑色、紫色代表着不吉利。另外，新加坡人对白色也普遍喜欢，视白色为纯洁与美德的象征。新加坡的国旗就是由红色和白色两种色彩构成的。新加坡人对“4”与“7”这两个数字的看法不太好，在汉语中，“4”的发音与“死”相仿，而“7”则被视为一个消极的数字。在新加坡华人看来，“3”表示“升”，“6”表示“顺”，“8”表示“发”，“9”则表示“久”，都是吉祥的数字。在日常生活里，新加坡人对传统民俗非常讲究，吉祥字、吉祥画在他们生活中随处可见。最受他们喜爱的吉祥字有“囍”“福”“吉”“鱼”等。最受他们欢迎的吉祥画，则有表示“平安”的苹果，表示“和平”的荷花，表示“力量”的竹子，表示“幸运”的蝙蝠等。

与新加坡人攀谈之时，要多使用谦语、敬语。与此同时，对于话题的选择务必加以注意。最受新加坡人青睐的话题，主要是运动、旅游、传统文化及有关经济建设方面的成就。对于新加坡国内政治、宗教、民族问题，执政党的方针、政策，以及新加坡与邻国的关系问题，最好不要涉及。

商务旅游最好选择3—11月，避免在圣诞节及中国农历新年前后进行。

五、印度商务礼仪

印度，是印度共和国的简称，位于亚洲南部，是南亚次大陆最大的国家，世界四大文明古国之一，官方语言为印地语和英语，货币是印度卢比。

印度人大多信奉印度教，一小部分人信奉伊斯兰教、基督教、锡克教、佛教等。到印度观光或从事商务活动，须留意拜会的对方信奉何种宗教，不可逾礼。参观宗教的圣物、庙宇时须穿着深色服装，并脱鞋以示尊重；而且，身上绝不可穿以牛皮制造的东西，否则会被视为犯了禁忌，皮鞋、皮表带、皮带、手提包等牛皮制品，都不得带入宗教庙宇。

印度人相见应递英文名片，英语是印度的官方语言之一，在商务场合被广泛使用。主客见面时，都要用双手合十在胸前致意，口中念着“纳玛斯堆”（梵文，意思是“向您点头”，现在表示问好或祝福）。另外，印度人回答问题时，通常头部都会向左右两边点一下，这是代表“好的”“没问题”或“是的”的意思，这与我们的交流方式差别很大，易导致误会。对印度的女性不可行握手礼，只能合掌颔首（类似祈祷的姿势）。切记不要抚摸小孩的头。在印度，初次拜访公司或政府机关，宜穿西服，并事先预约。

很多印度教徒是素食主义者。因此，宴请印度商人时，事先必须确认对方是否是素食主义者。印度人吃饭大多使用盘子，并用右手抓取，特别忌讳用左手传递东西或食物，他们认为左手肮脏，右手干净。印度教徒最忌讳众人在同一盘中取食，也不吃别人接触过的食物，甚至别人清洗过的茶杯也要自己再洗涤一遍后才使用。伊斯兰教徒禁食猪肉，也忌讳使用猪制品。由于印度人敬牛如神，所以他们也禁食牛肉。印度人的主食主要有米饭和一种叫“加巴地”的小薄饼，还有一种油炸的薄饼。由于印度有很多人是素食主义者，为了补充蛋白质，豆类就成了他们每餐必吃的东西，并作为主菜。印度人也爱喝茶，大多是红茶，各种集会在休息时必备茶水。

印度商人善于讨价还价，喜欢凭样交易，洽谈中应多出示样品，广为介绍经济实惠的品种。和印度人交谈，宜谈论他们的公司业绩、印度的传统、有关其他民族和外国的情况，不要谈及个人私事、印度的负面情况等话题。

印度人在服装色彩方面喜欢红、黄、蓝、绿、橙色及其他鲜艳的颜色。他们认为红色表示生命、活力、朝气和热烈，蓝色表示真诚，阳光似的黄色表示光辉壮丽，绿色表示和平、希望，紫色表示心境宁静；而黑、白和灰色被视为消极的、不受欢迎的颜色，印度人认为白色表示内心的悲哀，习惯用百合花当作悼念品。印度人忌讳弯月的图案，不喜欢玫瑰花，在办公室和商业机关，喜欢把写字台放在东北角或西南角。

印度全国性的节日有元旦（1月1日）、印度共和国日（1月26日）、洒红节（3—4月）、兄妹节（7—8月）、独立日（8月15日）、甘地诞辰纪念日（10月2日）、排灯节（10月或11月）等。到印度进行商务访问，务必先了解好对方的假期。

印度大部分地区都没有门牌地址，当地人习惯以地标、桥梁、寺庙、市集作为标的物。印度的出租车免小费。旅馆、餐厅在账单中已加10%的小费。其他服务每次付2个或3个印度卢比即可。

第三节　欧美国家的商务礼仪

一、美国商务礼仪

美利坚合众国，简称美国，官方语言为英语，首都是华盛顿，货币为美元。

美国人很珍惜时间，浪费他们的时间等于侵犯了他们的个人权利，因此拜访美国朋友须预先约好。赴约要准时，不迟到，不早退，最好在即将抵达时先通个电话告知。要准备好话题，谈完事就告辞。如果送上小礼物，他们会很高兴。见面时，应互相问候，主人应主动向客人介绍自己的身份和其他来宾的姓名以及他们的工作、爱好。美国人与客人见面时，一般都以握手为礼，手要握得紧，眼要正视对方，微躬身。他们认为这样才算是礼貌的举止。美国人的另外一种礼节是亲吻礼，这是在彼此关系很熟的情况下施的一种礼节。称呼方面，美国人极少使用全称，见面时常直呼其名，如果是初次见面，一般只称呼姓。若非官方的正式交往，美国人一般不喜欢称呼官衔。一些能反映其成就与地位的头衔、职称，如“博士”“教授”“律师”“法官”“医生”等，美国人乐于在人际交往中用作称呼。任何情况下都不要询问对方的年龄（尤其是女士）、收入及婚姻状况。要吸烟时请注意是否有禁烟标志，并获得周围的人（特别是女士）的允许。无论任何时候，接受他人服务时都需要说声“谢谢”，否则会被视为无礼。

美国商界流行早餐与午餐约会谈判。美国人喜欢边吃边谈，一般洽谈活动从吃早点开始，晚上一般不谈生意或作重大决定。同美国人做生意，最重要的原则之一就是：“是”和“否”必须表述清楚，不能模棱两可。当无法接受对方提出的条款时，要清楚地告诉对方不能接受，而不要含糊其词，使对方存有希望。美国的商业习惯是每一种产品都要投保，非常重视专利与商标，美国工会的影响力很大，在美国进行商业活动应找与工会有一定联系的代理商，这样推介工作有可能做得更好。美国的商业活动节奏很快（特别是在纽约），决策也很迅速。中层管理者通常有相当的决定权，可以决定一些中型规模的交易。美国人崇尚个人主义，喜欢单枪匹马地行动，不愿意凡事请示上司，除非有职位、权力等限制。美国人喜欢开玩笑，能经常说几句笑话的人，往往易受美国人欢迎。

在美国，要取得谈判的成功，必须了解和进入对方的文化世界。很多美国人将美国视为最发达、最民主的国家，因而理所当然地认为只有美国的规矩是对的。会谈一开始，他们习惯于先谈妥大的原则，将自己的条件、要求等和盘托出，然后再谈具体操作细节，并与对方展开讨价还价的谈判。一旦对方不和他们开诚布公地交谈，他们便显得无所适从。美国人敢于承担风险，但会制订一个必须坚持的、明确的（资金）计划。他们在细节上会很认真，或者说很计较，会不顾表面上的相互信任而核对、检查所有的细节问题。与美国人谈判，绝对不要指名批评某人或指责客户公司中某人的缺点，或把以前与某人有过摩擦的事作为话题，或把处于竞争关系的公司的缺点指出来、进行贬低等。这是因为美国人谈到第三者时，都会顾及避免损伤对方的人格。这点务必牢记于心。万一发生了纠纷，就更要注意谈判的态度，必须诚恳、认真，绝对不要笑，这会使对方更生气，认为这是你自知理亏。会谈结束时，要把有关计划或反馈意见告诉他们。还有一点要切记，开会时要放置好手机，无论多忙都不宜在会上掏出手机看或接听，也忌在开会时把手机放在桌上产生明显的暗示，随时因等电话而忽略与会人员。

美国人乐于在自己家里宴请客人，不习惯在餐馆请客。他们行动喜欢自由自在，不受约束，惯于晚睡晚起，有拖沓的习惯。请美国人用餐，他们一般是不提前到达，而是准时或迟到 5 ~ 15 分钟。应邀去美国人家中做客或参加宴会，最好给主人带上一些小礼品，如儿童玩具、本国特产之类，不宜送香烟、香水、内衣、药品等。对家中的摆设，主人喜欢听赞赏的语言，而不愿听到询问价格的话。美国人的餐饮礼仪主要有以下几点：一是进餐时不得发出声响；二是不可替他人取菜；三是不允许吸烟；四是不可以向别人劝酒；五是不可当众宽衣解带；六是不能议论令人作呕之事；七是别人宴请时不要点太贵的菜；八是不要自己收拾餐盘；九是不要打包剩食等。

美国人很健谈，交谈时要注意举止文雅，不要用过于夸张的手势，也不得口吐飞沫，更不能用食指指着对方；不要左顾右盼、看表和随便打断对方等。谈话内容不要涉及个人隐私，如年龄、身体特征、婚姻状况、收入、财产、宗教信仰等。美国人有时会把手搭在你的肩膀上，表示肯定与鼓励。与美国人接触，会发现他们喜欢运用手势或其他体态语来表达自己的情感，但必须注意以下四个禁忌：一是注视他人；二是冲着别人吐舌头；三是用食指指点交往对象；四是用食指横在喉咙前。以上体态语言都具有侮辱他人之意。在公共场合，不要蹲在地上，也不要双腿叉开坐。交谈或者相处时，必须保持50厘米到150厘米的距离，因为美国人认为个人空间不容冒犯。平时无论是到饭馆还是到图书馆，也要尽量同他人保持一定距离，不得已与别人同坐一桌或紧挨着别人坐时，最好打个招呼，得到允许后再坐下。还有，在美国千万不要把黑人称作“Negro”，因为Negro主要是指从非洲贩卖到美国为奴的黑人，带有明显的歧视含义。到美国人家里拜访，贸然登门是失礼的，必须事先做好约定。

二、加拿大商务礼仪

加拿大位于北美洲北部，居民大部分是欧洲英法等国家移民的后裔，信奉天主教与基督教；加拿大的首都是渥太华；官方语言为英语和法语；货币为加元。

加拿大人性格开朗，不保守，重实惠，自由观念较强，对人朴实而友好，相处起来没有任何负担，讲礼貌但不拘泥于烦琐礼节。他们不喜欢外人过分地把他们的国家和美国及其他国家进行比较。加拿大是一个有着许多不同文化的国家。这主要是因为加拿大是由许多不同民族的人组成的，加拿大被称为“移民的国家”，除原有居民外，大多是外来移民。

在加拿大，认识的人见面时要互致问候，主要行握手礼；男女相见时，一般由女子先伸出手来，女子如果不愿意握手也可以只是微微欠身鞠一个躬；男子如果戴着手套，应先摘下右手手套再握手；女子间握手时则不必脱手套。亲吻和拥抱礼仪适合亲友和情人之间。双方握手后会说“见到你很高兴”“幸会”等。许多加拿大人喜欢直呼其名，以此表示友善和亲近。加拿大人的姓名同欧美人一样，名在前，姓在后。他们在作介绍时，一般遵循先少后长、先高后低、先宾后主的次序。在朋友众多的场合，他们总是顺着次序介绍，让大家互相认识，有地位较高的人士或辈分较高的长者在场的话，加拿大人总是先把朋友介绍给他们。在隆重的场合，加拿大人总是连名带姓地作介绍。作介绍时，双方都应站起来，友好地正视对方，面带笑容。加拿大人在作自我介绍时，音量适中，一边与别人握手，一边说出自己的姓名。他们对那种扯开嗓门向所有宾客介绍自己的方式很反感。在加拿大从事商务活动，首次见面一般要先作自我介绍，在口头介绍的同时递上名片。加拿大人喜欢别人赞美他的衣服、手表或向他请教一些关于加拿大的风俗习惯、游览胜地等方面的问题，这样双方一开始就容易找到共同语言。交谈中不宜询问对方的年龄、收入和私生活，这会引起他们的反感和不安。

他们在介绍朋友时，手的姿势是胳膊往外微伸，手掌向上，手指并拢，不用手指来指人。加拿大人喜欢用手指比画“V”字形或“OK”字样，因为“V”象征胜利、成功，而“OK”表示“对”“行”“可以”等意思。加拿大人常用耸肩、两手手指交叉置于桌上等姿态来缓和紧张气氛或掩饰窘态。有人遇到心情不好时，他们一般会采用这种姿势来表达理解与同情。有时，加拿大人耸肩也表示无可奈何、无能为力的意思。在公共场合，加拿大人厌恶那种抢着插嘴、边说话边用手指人的人。他们不喜欢别人老盯着自己。

加拿大人一般无论公事、私事都要预约，如找工作面谈、请客、去朋友家做客等，不速之客是不受欢迎的。商务洽谈宜以谨慎、正式方式提出，预约宜安排在上班时间。加拿大人不像美国人那样随便，大部分招待会在饭店和俱乐部举行。如果应邀去加拿大人家里做客，可以事先送去或随身携带一束鲜花给女主人，但不要送白色的百合花，在加拿大，白色的百合花只有在葬礼上才用。加拿大人时间观念较强，他们会在事前通知你参加活动的时间，不宜过早到达，如有事稍晚几分钟，他们一般不会计较，不必为此作过多的解释。在商务谈判中，要集中精力，不要心不在焉、东张西望或打断别人讲话。谈判中，不要涉及宗教信仰、两性问题或批驳对方的政见，以免引起误解和争执。

加拿大生活水平较高，加拿大人范围广，从手工艺品、日用品、家电产品到大型机电产品均有需求。随着亚洲移民的增多，当地对中国商品的需求量逐渐扩大。由于加拿大气候寒冷，羽绒服、滑雪服、冰鞋等冬季商品的需求量大。同时，夏季运动商品，如帐篷、运动鞋、气垫船和山地车等，在加拿大也有一定的销路。若要参加当地的商品展销会或国际博览会，一定要事先做好宣传工作。与加拿大商人洽谈时，需向对方提供样品和说明书。

加拿大因历史和人种的构成因素，生活习俗及饮食习惯与英、法、美等西方国家相仿。其独特之处是由于受地理环境的影响，加拿大人养成了爱吃烤制食品的习惯。他们习惯饭后喝咖啡和吃水果。加拿大人讲究菜肴的营养和质量，注重菜肴的鲜和嫩；他们一般不喜欢太咸的食物，偏爱甜味，不喜欢带有怪味、腥味的食物和动物内脏。餐桌礼仪与英美等西方国家基本相同。加拿大人喜欢喝凉水，无论档次高低的宴席，加冰块的凉水总占有一席之地。由于卫生得到保障，人们平时会直接饮用自来水。

加拿大人热情好客，亲朋好友之间请客吃饭一般在家里而不去餐馆，他们认为这样更友好。客人来到主人家，进餐时由女主人安排座位，或事先在每个座位前放好写有客人姓名的卡片。在加拿大还有一种请吃饭的方式更加随便，即“自助餐”或“冷餐会”形式。由主人把饭菜全部摆在桌上后，客人可各自拿一只大盘子（或由主人发放）自己动手盛取自己喜欢吃的食品，可以离开餐桌到另一房间随便就座进餐，这样人们便可有更多的时间交谈。

在商务活动中赠送礼品，最好赠送具有民族特色的、比较精致的工艺美术品。礼物要用礼品纸包好，附带一张写有对方和送礼人姓名的卡片。出席商务性的宴会，如对方在请柬上注明“请勿送礼”，那你应尊重主人的意见，不要携带礼品出席宴会。

加拿大除了受宗教教规影响的少数村庄外，一般并无显著的色彩爱好，为了了解市场形势，应根据国际色彩用语和芒赛尔色系记号阅读色彩样本进行产品色彩设计，否则易失去市场竞争力。

商务活动应避开圣诞节及复活节前后两周。

三、英国商务礼仪

英国全称是“大不列颠及北爱尔兰联合王国”，是欧洲西部的群岛国家，首都伦敦，货币名称英镑，是世界上工业化最早的国家。玫瑰是英国的国花。

英国人十分崇尚贵族气质和绅士风度，尊重妇女，“女士优先”的观念很强。英国的礼俗丰富多彩，彼此初相识一般都行握手礼，随便拍打客人被认为是失礼的行为，即使在公务完结之后也如此。

在商务活动中，英国也和别的国家一样，有了商业关系后就会有私下的应酬。英国人一般不喜欢邀请客人至家中赴宴，聚会大都在酒店进行。英国不流行邀请对方在早餐的时候谈生意。一般他们的午餐比较简单，英国人对晚餐比较重视，视其为正餐；重要的宴请一般都安排在晚餐。英国人在穿戴方面比较讲究，在会客、拜访或参加酒会、宴会、晚会时，他们的穿戴会十分正式。英国的燕尾服被认为是最能体现绅士风度的服饰，女士则一般是穿深色套裙或是素雅的连衣裙；庄重、肃穆的黑色服装是首选。英国人的饮宴一般以俭朴为主，反对浪费。英国人有饮下午茶的习惯，即在下午3~4点时放下手中工作，喝一杯红茶或配块点心，休息一刻钟，称为“茶休”。下午茶在乡间也叫荤茶或饱茶。英国还有五时茶，这是上流妇女的社交活动，目的多是约朋友下午五时茶叙，见面谈心。

英国人是较保守的民族，与他们谈生意一定要注意两点：一不要以王室的家事为谈笑话题；二不要直接称“English”，他们很乐意被称为“British”。与英国人谈话，最保险的话题就是从天气或足球开始，忌谈个人私事、家事、婚丧、年龄、职业、收入、宗教等问题。

英国人也像其他大多数欧洲人一样，礼品一般有高级巧克力、名酒、鲜花等，但不要送百合花；并十分欣赏具有特色的民间工艺美术品。西方人在送礼时十分看重礼品的包装，多数国家习惯用彩色包装纸和丝带包扎，西欧国家则喜欢用淡色包装纸。赠礼的方式一般以面交为好。圣诞节、新年和对方的生日，寄上一张贺卡也会加强双方的友好合作关系，有利于促成生意。英格兰人新年到别人家拜访时必须带一块煤，并亲手把煤放进主人家的炉子里，作为敬贺新年的礼品，同时要送上一句祝福的话："祝你家的煤炭长燃不熄!"在英国，收到礼物一般不宜当众打开。

英国人视绿色和紫色为不吉利的颜色，但在图案中点缀性的使用也可接受。英国人喜欢熊猫图案，认为纯黑色的猫能招来好运气；视马蹄铁为吉祥之物。忌讳白象、山羊、仙鹤等图案，因为在英国白象被视为无用的东西，山羊被认为是"不正经的男子"，仙鹤代表愚蠢。

由于宗教原因，英国人非常忌讳"13"这个数字，认为不吉祥。日常生活中尽量避免"13"，如用餐时不准13人同桌，13楼以"12A"代替等。若13日又是星期五的话，这一天许多人宁愿待在家里不出门。忌讳四人交叉式握手，忌点烟连点三人。不能手背朝外用手指表示"二"，这种"V"形手势代表蔑视与敌意；用手捂着嘴笑的动作是嘲笑人。英国人还有一些忌讳：一是从不在梯子下走过，若不得不这样做时，得把食指和中指交叉着，以求赶跑坏运气；二是不在屋里打开雨伞，认为这会给开伞的人或屋子的主人带来坏运气；三是不要打烂镜子，否则会带来七年的霉运。在英国购物忌讳砍价，英国人不喜欢讨价还价，认为这是很丢面子的事。如果购买的是一件贵重的艺术品或数量很大的商品，应小心地与卖方商定一个全部的价钱。英国人不喜欢别人称他老，言谈中也不允许出现对他的年龄段的暗示；他们不接受不必要的搀扶和谦让，这样会导致不快。

在英国一般服务行业以全部费用的10%付小费。

商务活动在2—6月、9—11月最宜，最好避开圣诞节及复活节前后两周。英国每年有许多贸易博览会和展览会，出访时间最好和对口展览会一致，这样可以了解英国市场和接触大批商人。这类展览很少超过一星期。博览会印制的目录上会刊有展出者的名字和展品，对商务活动很有帮助。绝大部分英国商人每周工作5天，星期六和星期日是假日。8月不宜赴英，因为大部分人都去休假。

伦敦的商店在星期天都停止营业，所有的剧场和大多数电影院也都关门，因为伦敦人都喜欢在星期天出城去郊游。

四、法国商务礼仪

法兰西共和国简称法国，位于欧洲西部，是一个半海半陆的国家，官方语言为法语，首都巴黎，货币为欧元，国花是香根鸢尾，国鸟是高卢鸡、云雀，国石是珍珠。

法国人爽朗、热情，比较幽默、诙谐，喜欢交谈，特别爱好音乐、舞蹈。法国人很重视社交礼仪，初次见面接触，一定要礼貌性地称呼对方“先生”或“女士”。在公共场合，法国与英国类似，也是秉承“女士第一”的观念，男士十分注意尊重、礼让在场的女士。法国人习惯轻快的握手方式，即轻轻地握住对方的手上下晃动两下；若你不适应这种轻快的握手方式，很可能令对方想尽快疏远你，因此在握手时要非常小心；若喜欢用美国式那种紧紧地握住上下晃动的握手方式，会导致对方有一种被压制的不良感觉；客人对社会地位较高的人不应主动伸手。在法国商务环境中，人们经常使用教名和姓进行自我介绍，即西方人名字中第一个名字和姓，或直接使用全名。有时会听到有人先说姓，然后再说自己的教名，这在法国社交生活中也属正常。商务交往一般都应递上名片，如果你的全名又长又难读，应在名片上注明读音再递给对方。名片的正面以自己的母语印刷，另一面则以法语印刷，这可以显示出对交往方的尊重。法国人在写其姓氏时往往喜欢使用大写字母，因此最好也这样印制名片。在社交场合，如果名片盒显得很专业，会使你看起来训练有素、有条不紊；名片盒的空间和尺寸要适宜，不仅可以装下自己的，也要能装下对方递给你的名片。如果有时无法记住交往方姓名，应在接受名片时大声地念出对方名字，以利于记忆，并使对方感到备受尊重。

和法国人建立友好关系，需要做出长时间的努力。如果你和法国公司建立了多年的友好关系，互惠互利，并且未发生纠纷，你会发现他们是容易共事的伙伴。他们会热情地与你交往，以美酒佳肴招待。和法国人商谈，即使他们英语讲得很好，他们一般也会要求用法语进行谈判。在这点上他们很少让步，除非他们恰好是在国外而且在商业上对你有所求。法国人不会轻易成交大宗买卖的。法国人在商谈时作出决定的速度较慢，贸易谈判中被认为有如下一些特点：①立场极为坚定；②坚持在谈判中使用法语；③明显地偏爱横向式谈判（他们喜欢先为协议勾画出一个轮廓，然后再达成原则协议，最后确定协议上的各个细节）。

跟法国人进行商务会谈，一定要有耐心，法国人可能会不断跟你交换意见和讨论。在第一次会谈时，法国人往往不会做出最终的商业决定，往往在经过反复而详细的讨论之后高层人士才会作出最终决定。说话方还没说完便被打断，这在其他许多国家一般会被认为是极不礼貌的举动。但在法国，当有人说话时被打断，反而可以将此看成对方对说话者的话题感兴趣。因此，在谈话中如果要表现出对该话题感兴趣，不必怕打断对方。在法国人们往往把工作活动与家庭生活截然分开，这样才能持续地保持工作场合的职业性。因此，与商业伙伴交流或者参加一个商务活动时，应将话题局限于工作范围，避免问及对方的私人生活、家庭生活等，如不要问对方周末休息的活动安排。洽谈小休时可聊一些关于社会新闻或文化等的话题，以创造活跃的气氛，以利于商务交易的促成。

法国烹饪誉满全球，法国人在饮食上非常讲究。法国人一般喜欢晚宴，不喜欢在午餐时间会谈。设宴招待，主人总是无微不至地关照客人。若应邀到对方家里进晚餐，应先安排花店送花，巧克力之类小礼品也会很受欢迎；另外，能激起人们思维和美感的礼物特别受欢迎，但切记不要送印有被请方公司名称的礼品。法国的商务性饭局往往很正式，并且时间很长。喝酒时，每当喝空杯子，杯子就会被再次续满。如果不想继续喝酒，就要留一点酒在杯子里。当甜点上完之后，正式的商务谈判就开始了。饮食方面法国人最爱吃面食，面包的种类很多。肉食方面爱吃牛肉、猪肉、鸡肉、鱼子酱、鹅肝，不吃肥肉、宠物、肝脏之外的动物内脏、无鳞鱼和多刺的鱼。

商务用餐，首先应为有食物忌口的客人选择合适的餐厅。主人应和客人点等量的菜，否则会让气氛显得很尴尬。在赴宴或者参加圆桌会议时，不要因为没有人坐，就将空的椅子拉开，这也是一种对人不尊重的行为。用餐过程两手应放在餐桌上，但不可将两肘支在桌上，更不可放在自己的大腿上。就餐时应将食物（如面包、沙拉）放在餐盘中的左侧，饮料则放在餐盘的右边；不可端起盘子来吃东西，可以拿在手上的餐具只限于杯子类。不宜用刀来切开面包，应用手将面包分为两半，然后涂上黄油。在放下刀叉时，应将其一半放在碟子上，一半放在餐桌上，这一做法与英国人完全不同。吃完的空碟不要推开或者堆叠起来，应让服务生来处理。除非餐桌上有烟灰缸，否则就餐时不能吸烟。餐饮会面结束后，应主动和对方道别，并说道："很期待和你再次见面。"当写邮件给要感谢的人时不要将多人列在一起，应单独地给每个需要感谢的人写，同时记住要及时发出。

法国人喜爱花，法国也是盛产花卉的国家，探亲访友、应约赴会时，可以带上一束美丽的鲜花。法国人将鸢尾科的鸢尾花作为自己民族的国花（欧洲人把鸢尾花叫作"百合花"）；他们也很喜欢象征爱情的玫瑰花。在法国不要送菊花，因为在法国（或其他法语区）菊花代表哀伤，只有在葬礼上才用；其他黄色的花是象征夫妻间的不忠贞，也不能送；忌摆牡丹花及纸花；康乃馨被视为不祥之花。

法国人除非关系比较融洽，否则一般不互相送礼。法国本土出产的奢侈品，如香槟、白兰地、香水、糖栗等，是很好的礼品；一些有文化艺术性和美感的礼品，如唱片、画或一些书籍也很受欢迎。在法国，男人向女士赠送香水，有过分亲热和图谋不轨之嫌。也不要送刀、剑、具之类物品作礼物，否则意味着双方会割断关系。送花通常要按单数，但注意不能是不吉利的"13"。

如果没在法国待上相当长的一段时间，可能会难以理解法国人各种手势的具体含义，如我们中国人用拇指和食指分开表示“八”，法国人则表示“二”。当我们对法国人的诸多手势含义还不熟悉时，至少要清楚一点，即尽量少用“OK”手势（食指与拇指弯成一圈，竖起其他三个指头），在法国，这手势的含义往往是“没有”“无价值”和“零”等。

法国人大多喜爱蓝色、白色与红色（他们国旗的颜色），忌讳黄色，对墨绿色也极为反感。

商务活动在圣诞节及复活节前后两周不宜造访。7 月 15 日至 9 月 15 日为当地人的假期，加上其中 8 月天气也比较炎热，因此应尽量避免在这一时期访问法国。

五、德国商务礼仪

德国位于欧洲的中部，官方语言是德语是公用语，首都柏林，货币是欧元。德国的国石是琥珀，国花是矢车菊，国鸟是白鹳。

严谨、勤劳、守纪、守时、讲整洁、讲信誉、喜清静、重身份、待人诚恳、注重礼仪等是德国人普遍的性格特征，因此和德国人做生意要严肃认真，少开玩笑。德国谈判者对个人关系是很严肃的，他们希望你也如此。如果你和德国谈判对手不熟悉，你要称呼他“史密特先生”（或“史密特博士”），而不要直呼其名。如果对方是 20 岁以上的女士，你应该称呼她为“史密特女士”。与德国人交谈时，切勿疏忽对“您”与“你”这两种人称代词的使用；在德国称“您”表示尊重，称“你”则表示地位平等、关系密切。对于熟人、朋友、同龄者方可以“你”相称。穿戴方面要正规整齐，衣着一般多为深色。无论穿什么都不要把手放在口袋里，否则会被视为是无礼的表现。德国人在人际交往中对礼节非常重视，初次见面一般惯行握手礼。与德国人握手时，要特别注意以下两点，一是握手时务必要坦然地注视对方；二是握手的时间宜稍长，晃动的次数宜稍多，握手时所用的力量宜稍大。如果对方地位高，须得他先伸手再与之相握。不能不论男女长幼、地位高低而随便把一人介绍给另一人，一般的习惯是从老者和女士开始。与熟人、亲朋好友相见时，一般惯施拥抱礼；情侣和夫妻间见面惯施拥抱礼和亲吻礼。当接待方帮你穿、脱外套，宜大方接受并说声“谢谢”，有机会也可帮其他人穿脱外套。德国人很反感在交际场合四个人交叉握手，或进行交叉谈话或者窃窃私语，他们认为这些行为很不礼貌。

拜访一定要提前预约，德国人有很强的时间观念，如果在商务谈判时迟到，德国人对此所产生不信任的厌恶心理就会溢于言表。因此，赴约必须准时到达，并牢记他们通常比美国上班时间更早（早上 8 点以前），而下班更晚（有时到晚上 8 点）。准时、守序容易赢得尊敬。

德国商人不愿浪费时间，所以与德国人进行商务谈判时宜先熟悉问题，单刀直入。德国商人的谈判风格严谨、稳重。在谈判过程中，他们一般强调自己方案的可行性，不大愿意向对手做较大让步，有时显得十分固执。德国人最擅长讨价还价，这并不是因为他们具有争强好胜的个性，而是因为他们对工作一丝不苟，严肃认真。无论对方企业在自己的国家里多么有信誉，他们都要调查企业的情况，只要可能，还要让产品在他们或工厂中作实际演示。在他们开始讨论产品价值之前一定要向技术人员及客户了解情况。因此，在交易的初期不能太着急。

德国人尊重契约，订了契约之后，就绝对会依约履行。他们对他人的要求和对自己的要求同样地严格。

德国企业的技术标准极其精确，对于出售或购买的产品，他们都要求最高的质量。如果与德国人做生意，一定要让他们相信你公司的产品可以满足交易规定各方面的一贯高标准。

上午 10 时前，下午 4 时后，不宜进行商务约谈。交谈时应尽量使用德语，或携带翻译同往，这样有利于拉近距离。

德国由于身处欧洲大陆之中心，饮食文化与内陆地区之物产分布息息相关，整体上德国较为爱好肉类和啤酒，但吃饭时一般不喝啤酒。德国人尤其爱吃猪肉，不爱吃鱼，大部分有名的德国菜都是猪肉制品，如香肠。相较于欧洲中南部精致饮食，德国的传统饮食普遍较粗犷，但仍具特色。德国人在用餐时有以下几条特殊的规矩：一是吃鱼用的刀叉不得用来吃肉或奶酪；二是若同时饮用啤酒与葡萄酒，宜先饮啤酒，后饮葡萄酒；三是食盘中不宜堆积过多的食物；四是不得用餐巾扇风。宴会用餐席位原则是“以右为上”，一般男人要坐在妇女和职位较高男士的左侧，当女士离开饭桌或回来时，男士要站起来以表示礼貌。德国人很讲究会客或宴请的地点，注重设备的豪华和现代化程度，乐于在幽雅、卫生的厅堂里用餐。尽量不要在公共场合吸烟。在接受任何款待之后几天内应送去表示感谢的信笺。

在生意谈成后或者圣诞节时，可以互赠礼品。德国人通常不注重礼品价格，只要是被喜欢的就好，尤其忌讳送钱；一瓶香水、一条领带、一张贺卡，甚至自制的蛋糕、果酱，都可以是送给亲朋好友的好礼物；书籍、工艺品等都是合适的礼品。德国人对中国文化也很感兴趣，对中国的传统服装、民间工艺品、茶叶等也非常喜爱。礼品包装要精美好看，但忌用白色、棕色或黑色的纸品、彩带、丝带包装捆扎礼物。不宜选择刀、剑、剪、餐刀和餐叉等一切尖锐物作为礼品，德国人认为尖东西会带来厄运；按德国送礼习俗，若送了剑、餐具等，则对方会回赠一个硬币，以免所送的礼物伤害双方之间的友谊。德国人在所有花卉之中对国花矢车菊最为推崇，认为矢车菊象征着日耳曼民族爱国、乐观、俭朴等特征。被德国人邀请到家里做客时，男客应带鲜花，在门厅里解开包装纸，亲手献给女主人，花的数量不要是偶数，特别是不要送12支花；也不能是13，与许多欧洲国家一样，德国人也极度厌恶“13”与“星期五”。在德国，不宜随意以玫瑰或蔷薇送人，因为前者表示求爱，后者则专用于悼亡。此外，在德国送上一束包好的花也是不礼貌的。颜色方面，德国人对黑色、灰色比较喜欢，南方人偏爱鲜明的色彩。按德国的习俗，生日不得提前祝贺。

德国人对国鸟白鹳特别喜爱，把白鹳在屋顶筑巢看成吉祥之兆。

与德国人交谈时，不宜谈论政治话题，也不宜谈及棒球、篮球或美式足球，可多谈谈德国的乡村生活、业余爱好以及英式足球之类体育运动。

在德国，一些商店星期六开业，但星期天则一律停业休息；银行周末都休息。

8月是德国多数工商企业的夏季休假时间，圣诞节与复活节前后两周不宜前往商务拜访，慕尼黑啤酒节和科隆狂欢节也应避免。

六、俄罗斯商务礼仪

俄罗斯位于欧亚大陆的北部，是世界上国土最辽阔的国家。俄语是俄罗斯联邦全境内的官方语言，首都是莫斯科，国花是洋甘菊，国鸟是铁翅。

俄罗斯人素来以热情、豪放、勇敢、耿直著称于世。在交际场合，俄罗斯人惯于和初次会面的人行握手礼；但对于熟悉的人，尤其是久别重逢时，则大多会与对方热情拥抱。在迎接贵宾时，俄罗斯人通常会向对方献上“面包和盐”，这是给予宾客的一种极高的礼遇，来宾应该对其欣然接受。在称呼方面，正式场合也采用“先生”“小姐”“夫人”之类的称呼。俄罗斯非常看重人的社会地位，因此对有职务、学衔、军衔的人最好以其职务、学衔、军衔相称。依照俄罗斯民俗，在用姓名称呼俄罗斯人时，可按彼此之间的不同关系具体采用不同的方法。只有与初次见面之人打交道时，或是在极为正规的场合，才有必要将俄罗斯人姓名的三个部分连在一起称呼。俄罗斯人的姓名共由三部分组成，按其正常的排列顺序分别为名字、父称和姓。在日常生活交往中，这三部分在称呼中并不总是同时使用的，而是根据不同场合、不同谈话对象而有所变化，共分为七种情况：一是当谈话对象是已经熟识的人，而且年纪较自己大时，只用名字和父称来称呼对方，以表示亲热和尊敬，如Александр Павлович（亚历山大·巴甫洛维奇）、Елена Николаевина（叶莲娜·尼古拉耶夫娜）等；二是谈话对象为熟人，但年纪与自己相仿或较自己小时，则可以仅以名字相称，也可以用名字的小称，以表示亲切，如 Александр（亚历山大）；三是与年纪较大的熟人打招呼时，如果带有表示辈分的称谓时，通常只用名字的小称，如 Дядя Ваня（万尼亚舅舅）、Тетя Таня（塔西娅大婶）等；四是如果与谈话对象初次接触或不太熟悉，则应以姓氏称呼对方，并在其姓氏之前加上合适的称谓，如 Господиа Иванов（伊万诺夫先生）、Професор Петров（彼得罗夫教授）等；五是俄罗斯人通常在介绍自己或向别人介绍第三者时，才将姓名的三个部分全部说出；六是当谈话对象不熟识、不知其姓名，但知道其职业或职务时，可以以职业或职务称呼，并应在前边加上“先生”或“同志”等合适的称谓，但若在商店招呼营业员时，一般都称呼 девушка（姑娘）或 Молодой человек（年轻人）；七是当与完全陌生的人交谈时，则可以按其年龄、性别选用如 Молодой человек（年轻人）等称呼；在与陌生人打招呼、请求帮助或有所询问时，亦可完全不用称呼而采用一些礼貌常用语，如“对不起”“请问”等。

俄罗斯大都讲究仪表，注重服饰。在俄罗斯民间，已婚妇女必须戴头巾，并以白色的为主；未婚姑娘则不戴头巾，但常戴帽子。在城市里，俄罗斯人多穿西装或套裙，妇女往往还要穿一条连衣裙。前去拜访俄罗斯人，进门之后务请自觉地脱下外套、手套和帽子，并且摘下墨镜，这是一种基本的社交礼貌。商人们初次交往时，往往非常认真、客气，见面或道别时一般要握手或拥抱以示友好。俄罗斯商人非常看重自己的名片，一般不轻易散发自己的名片，除非确信对方的身份值得信赖或是自己的业务伙伴时才会递上名片。与俄罗斯商人进行交往时宜穿庄重、保守的西服，但最好不要穿黑色，俄罗斯人较偏爱灰色、青色。衣着服饰考究与否，在俄罗斯商人眼里不仅是身份的体现，而且是此次会面是否重要的主要判断标志之一。在公共场合，俄罗斯人也是讲究“女士优先”。

俄罗斯人虽然热情好客，但在商务交往中会表现出一些令人难以适应的特点，如守时方面，尽管俄罗斯人尽力了，但是仍然很少准时。会议常常在预定时间之后一个小时甚至更晚的时候开始，结束的时间也比预定的时间要拖后，并且常常被打断。俄罗斯的高层管理者似乎认为同时进行三个或四个不同内容的谈话是十分正常的，其中有些谈话是面对面进行，而一些则是通过一个或更多的电话来进行。在进行商务谈判时，俄罗斯商人对合作方的举止细节很在意，如站立时身体不能靠在别的东西上，而且最好是挺胸收腹；坐下时，两腿不能抖动不停等。俄罗斯的谈判代表习惯于使用较为直接、生硬的语言和激动的形式来表达自己的意见，这一点与许多重视关系的国家不同。和俄罗斯人谈判时要平和宁静。

俄罗斯公司的组织管理十分强调等级观念，这个特点会减缓谈判进程，并且会造成一定的延迟。因此，在同俄罗斯人进行谈判的时候，需要明确谈判对象是否是真正的决策者。

在饮食习惯上，俄罗斯人讲究量大实惠，他们喜欢酸、辣、咸味，偏爱炸、煎、烤、炒的食物，尤其爱吃冷菜。总的来看，他们的食物在制作上较为粗糙一些。具有该国特色的烈酒伏特加，是俄罗斯人最爱喝的酒。

俄罗斯人一般对晚餐要求较为简单，对早、午餐较为重视，用餐时间一般都习惯拖得很长。一般以吃俄式西餐为主，大多使用刀叉用餐，也有个别人习惯用手抓饭吃，通常吃饭时只用盘子不用碗。他们用餐忌讳发出声响，并且不能用匙直接饮茶，或让其直立于杯中。参加俄罗斯人的宴请时，宜对其菜肴加以称赞，并尽量多吃一些。俄罗斯人若将手放在喉部，一般表示已经吃饱。

在俄罗斯，遇到需要送对方礼物的情况，应先了解一些俄罗斯人在这方面的习俗和爱好。俄罗斯商人认为礼物不在于贵重而在于别致，太贵重的礼物反而使受礼方过意不去，常会误认为送礼者另有企图。俄罗斯商人对请喝酒吃饭也不拒绝，但并不在意排场和价格，而主要看是否能与他们建立长期关系，一般情况，可以向俄罗斯朋友赠送一些有中国特色的手工艺品，如折扇、围巾、丝织手帕、双面绣、陶瓷制品等，这些工艺品通常很受俄罗斯人青睐。另外，可以根据不同对象、不同情况，送一些其他礼物，如应邀到俄罗斯朋友家中做客聚餐时，可以带上白酒、香槟酒或蛋糕等。如果对方为女性，则可以在其生日或妇女节等一些重要节日时赠送一束鲜花。俄罗斯人通常喜欢赠送的鲜花有玫瑰、石竹、水仙、苍兰等。按俄罗斯人的习俗，正常赠送鲜花的朵数只能是单数（但注意不能是13），只有当别人家中有人过世出殡或向墓地献花时，才可以送双数的花朵，这一点切不可忘记或弄混。而且，一般不能送一朵鲜花，通常是送3朵、5朵或7朵。按俄罗斯习俗，白色象征着纯洁、清白，所以通常以白花送新郎、新娘；而红色象征着胜利、勇敢、尊严，所以红花既可以送女性，也可以在5月9日胜利节或男性朋友的生日时送给他。在俄罗斯，黄色象征着别离、背叛，一般不宜以黄色鲜花送人。

俄罗斯人十分热情好客，在俄罗斯学习、生活，经常会被邀请到家中做客。对俄罗斯朋友发出的邀请也要区别对待，当他们说任何时间都可以到家里玩时，不要当真，这只是一种礼节性的邀请；但当对方非常认真地邀请而且定有具体的时间、地点和内容时，则一般应表示感谢并接受邀请，否则会引起对方的误会或不快。如果接受邀请后又改变主意，应尽量提前通知主人。在接受邀请时不宜追问还邀请了其他什么人，邀请人如果认为有必要，会主动告知。如果想带其他人一起前往，一定要事先通知主人征得其同意。如果被邀请到家中吃晚饭，应准时出席或略微迟到几分钟，不宜提前到达，因为提前到达会让主人感到不便。做客时不宜不断地观察主人的住房，更不要随意评论，吸烟者应尽量少吸，并要征得主人和女士的同意才能在室内或主人指定的地点吸烟。吃饭时，应等待主人分配座次，人多时也可以自己选择位置。主人布菜时，不要拒绝，如果吃不下或不喜欢吃，可以少吃一些。俄式西餐的晚餐通常由三个部分组成：冷盘、热菜和茶。如果是午餐的话，在冷盘之后还有一道汤。

俄罗斯人性格豪爽，一般在饭桌上都离不开饮酒，俄罗斯人习惯上每次举杯饮酒都要有一个祝酒词，如为客人身体健康、为了双方友谊等。此时，客人也应找一些说辞来祝酒，如祝主人家身体健康、万事如意，祝在座的女士青春永驻等。

做客的时间长短可视情况而定，如果主人只请你喝茶或咖啡，则主人晚上可能会另有安排，不宜久留；如果主人请你吃饭，则宜看大家情绪如何，如情绪高涨，可以在主人家多留一会儿。做客结束离开时，要切记感谢主人的热情邀请和盛情招待，表达出在主人家做客很愉快的心情。

俄罗斯人对盐和马十分崇拜，认为盐具有驱邪除灾的力量。如果有人不慎打翻了盐罐，或是将盐撒在地上，他们便认为这是家庭不和的预兆。为了摆脱凶兆，他们总习惯将打翻在地的盐拾起来撒在自己的头上。他们有“左主凶、右主吉”的传统观念，认为左手握手或左手传递东西，都属于一种失礼、不吉利的行为。在数字方面，与许多欧洲国家一样，俄罗斯人也极度厌恶忌讳“13”和“星期五”；他们最偏爱的是数字“7”，认为它是成功、美满的预兆。他们对兔子的印象很坏，认为兔子是一种怯懦的动物，若兔子从自己眼前跑过，他们会认为这是一种不好的兆头。他们忌讳黑色，认为黑色是丧葬的代表色，因此他们对黑猫更为厌恶，并认为黑猫从自己面前跑过是不好的预兆。

思考与练习

1. 请列举涉外商务礼仪的基本原则。
2. 请谈谈亚非国家商务礼仪的特点。
3. 请谈谈欧美国家商务礼仪的特点。
4. 比较亚非国家商务礼仪与欧美国家商务礼仪的差异。

案例分析

吸烟遭谴责

一位日本商人在完成了礼节性拜访后，坐进等候在外边的车子里，懂得阿拉伯语的司机去提冷却水了，他只能在车子里稍候片刻。他不知道那时正好是当地的斋戒时间，便拿出香烟来吞云吐雾。当地居民很快发现了有人在车子里吸烟，立刻聚集在车子周围，其中还有些人指着他大声呐喊。由于语言不通，他不懂他们在说什么，他以为这些人对他好奇，便微笑着和他们打招呼。结果，当地居民的呐喊声更大，最终成为不可收拾的状态。

问题讨论

这位日本商人为什么会遭到当地居民的斥责？

参考文献

[1] 金正昆. 商务礼仪教程 [M]. 北京：中国人民大学出版社，1999.
[2] 曹浩文. 如何掌握商务礼仪 [M]. 北京：北京大学出版社，2004.
[3] 周裕新. 公关礼仪艺术 [M]. 上海：同济大学出版社，2004.
[4] 索菲娅·O·约翰. 礼仪手册 [M]. 北京：中国发展出版社，2003.
[5] 吕维霞，刘彦波. 现代商务礼仪 [M]. 北京：对外经济贸易大学出版社，2003.
[6] 黄曼青. 社交礼仪教程 [M]. 广州：广东高等教育出版社，2004.
[7] 熊超群，潘其俊. 公关策划实务 [M]. 广州：广东经济出版社，2003.
[8] 李柠. 现代商务礼仪与就业指导 [M]. 北京：中国财政经济出版社，1996.
[9] 胡晓娟. 商务礼仪 [M]. 北京：中国建材工业出版社，2003.
[10] 何伶俐. 高级商务礼仪指南 [M]. 北京：企业管理出版社，2003.
[11] 林恩·布伦南. 21 世纪商务礼仪 [M]. 北京：中国计划出版社，2004.
[12] 普诚雨. 秘书礼仪基础 [M]. 北京：高等教育出版社，2004.
[13] 熊经浴. 现代实用社交礼仪 [M]. 北京：金盾出版社，2003.
[14] 刘跟科，张和平. 社交礼仪 [M]. 北京：中国商业出版社，1994.